LA MÉDIATION RELATIONNELLE

Rencontres de dialogue
et justice réparatrice

Collection Criminologie
dirigée par Robert Cario

La criminologie apparaît comme un champ pluri et transdisciplinaire de connaissances, d'investigations, d'expertises et de traitement qui peine à être reconnu en France. Principalement mise en œuvre dans le domaine de la prévention, elle occupe également, au cas d'échec, une place prépondérante dans le procès pénal. Plus largement encore, la criminologie contribue à la restauration psychologique et sociale des protagonistes, dans l'endroit comme dans l'envers du crime.

Dans de nombreux pays, la discipline fait l'objet d'enseignements, de recherches et d'applications à la mesure de la complexité du phénomène criminel qui la nourrit. Dans d'autres encore, la profession de criminologue s'inscrit en totale harmonie avec les métiers de la justice, de la médecine, de la psychologie et du social.

La présente collection ambitionne de rassembler des ouvrages scientifiques et des travaux de terrain, appuyés tant sur les théories dominantes que sur les bonnes pratiques en agressologie ou victimologie, à l'intention de publics variés : étudiants, enseignants, chercheurs, magistrats, praticiens de toutes disciplines confrontés aux problématiques délinquantes, citoyens épris de justice.

Derniers ouvrages parus

C. Rossi, Homicides : les proches des victimes
M. Herzog-Evans, Le Juge de l'application des peines : Monsieur Jourdain de la désistance
P.V. Tournier, La naissance de la contrainte pénale
J. Motte dit Falisse (Dir.), Du sens de la peine
C. Trotter, Le suivi des usagers involontaires
Y. Gérin, La clinique des agresseurs sexuels au défi du dispositif pénal

Traité de sciences criminelles

2.1. R. Cario, Victimologie. De l'effraction du lien intersubjectif à la restauration sociale (4è éd. 2012)
2.2. R. Cario, Sylvie Ruiz-Vera, Droit(s) des victimes. De l'oubli à la reconnaissance (2015)
4. R. Cario, Introduction aux sciences criminelles. Pour une approche globale et intégrée du phénomène criminel (6è éd. 2008)
8. R. Cario, C. Rossi, Justice restaurative. Principes et promesses (3è éd. 2020, en préparation)

Controverses

R. Cario (Dir.), Les rencontres détenus-Victimes : l'humanité retrouvée
C.E Laguerre, Événements traumatiques à la Martinique
M. Herzog-Evans, Moderniser la probation française. Un défi à relever !
F. Rognon, B. Deymié (Dir.), Punir, guérir, restaurer
I.Dréan-Rivette, Des sentences et des peines
G. Arandel, Pour une criminologie interculturelle
R. Cario, La justice restaurative en France. Une utopie créatrice et rationnelle

V. également la collection Sciences criminelles

N. Pignoux, La réparation des victimes d'infractions pénales
P. Mbanzoulou, La médiation pénale (nouvelle édition)
Y-C Quéro, La gouvernance nodale du réseau de sécurité locale
N.Y. Doumbia, Le maintien de l'ordre en Côte d'Ivoire
La Parole Libérée, Pour un Ségur des violences sexuelles : un enjeu de société

Série Champ pénitentiaire

P. Mbanzoulou, M. Herzog-Evans, S. Courtine (Dir.), Insertion et désistance
P. Mbanzoulou, F. Dieu (Dir)., Administration pénitentiaire et justice
H. Hedhili-Azema, Sciences et pratiques pénitentiaires en France. XIX et XXè siècles
P. Mbanzoulou, P. Pottier (Dir.), Santé et justice
S. Jacopin, J.M. Larralde (Dir.), Le droit aux visites des personnes incarcérées
R. Chazot, F. Violet, (Dir.), La souffrance en prison

Serge CHARBONNEAU
Catherine ROSSI

LA MÉDIATION RELATIONNELLE

Rencontres de dialogue et justice réparatrice

L'Harmattan
Criminologie

5-7, rue de l'École polytechnique, 75005 Paris

http://www.librairieharmattan.com
diffusion.harmattan@wanadoo.fr
harmattan1@wanadoo.fr

ISBN : 978-2-343-20668-4
EAN : 9782343206684

à Caroline, pour son indéfectible soutien

Serge Charbonneau

à Robert Cario, bien sûr

Catherine Rossi

Les auteurs remercient :

L'ensemble des professionnels, du Conseil d'administration et de l'Équipe des formatrices d'Équijustice, le centre de Recherches Appliquées et Interdisciplinaires sur les violences intimes, familiales et structurelles, l'Université Laval, le Conseil de recherches en sciences humaines du Canada, le ministère de la Justice du Québec, France Victimes, l'Institut Français pour la Justice Restaurative

Alexandre Béland Ouellette, Jean-Pierre Bonafé-Schmitt, Robert Cario, Jacques Faget, Theophilos Rifiotis, Marie-Eve Lamoureux, Evelyne Leblanc, Mathilde Martin, Luc Simard

Serge Charbonneau remercie particulièrement les personnes suivantes : Xavier Cléroux Charbonneau, Maxime Cléroux Charbonneau, Camille Turcotte Charbonneau, Marie-Thérèse Locas et Roger Charbonneau

Catherine Rossi remercie particulièrement les personnes suivantes : Sophia Rossi Asselin, Christiane Farrer, Robert Rossi, Michel Asselin, Imane Lahrizi et Joey Chartrand

PRINCIPALES ABRÉVIATIONS

AFPAD	Association des Familles de Personnes Assassinées ou Disparues
AQPV	Association québécoise Plaidoyer-Victimes
Art.	Article
AssoJAQ..................	Association des organismes de justice alternative du Québec
BAVAC	Bureau d'aide aux victimes d'actes criminels
C.A.	Cour d'appel
CAVAC	Centre d'aide aux victimes d'actes criminels
C.c.	Code civil du Québec
C.cr.	Code criminel
Cf.	Confer
Chap.	Chapitre
Coll.	Collègues
Comp.	à comparer
Comm.	Commentaire
Concl.	Conclusion
Contra	Solution contraire
C.P.	Cour provinciale
C.Q.	Cour du Québec
C.S.	Cour supérieure
Dir.	Ouvrage publié sous la direction de
Doct.	Doctrine
EYB	Éditions Yvon Blais
FAVAC	Fonds d'aide aux victimes d'actes criminels
Ibid.	Ibidem, même référence que celle citée précédemment
INAVEM	Institut national d'aide aux victimes et de médiation
Infra	Ci-dessous
IVAC	Indemnisation des victimes d'actes criminels
L.C.	Lois du Canada
L.C.J.	Lower Canada Jurist
L.C.R.	Lower Canada Report
LIVAC	Loi sur l'indemnisation des victimes d'infraction
L.G.D.J.	Librairie générale de droit et de jurisprudence
L.N.	Legal News
L.Q.	Lois du Québec
L.R.C.	Lois révisées du Canada
L.S.J.P.A.................	Loi sur le système de justice pénale pour les adolescents
OJA........................	Organisme de justice alternative
Op. cit.	Opere citato, ouvrage précédemment cité
Ord.	Ordonnance
PMRG.....................	Programme de mesures de rechange général pour adultes
pp.	Pages
R.C.S.	Rapports de la Cour suprême
R. de B.	Revue du Barreau
R. du B. can	Revue du Barreau canadien
R.E.J.	Revue d'études juridiques
REJB	Répertoire électronique de jurisprudence du Barreau
RGD	Revue générale de droit

R. de J. ………………. Revue de jurisprudence
RJDT ………………... Revue juridique de droit du travail
RJQ ………………….. Revue de jurisprudence du Québec
ROJAQ………………. Regroupement des organismes de justice alternative du Québec
S.C.C. ……………….. Service correctionnel du Canada
TSPT …………………. Trouble de stress post-traumatique
Supra …………………. Ci-dessus
TAQ …………………. Tribunal administratif du Québec
T.D.P.Q. ……………... Tribunal des droits de la personne du Québec
V. …………………….. Voir
Vol. ………………….. Volume

Introduction

Il y a quelques décennies, l'univers de la justice criminelle et pénale ouvrait ses frontières à la justice réparatrice, aussi appelée justice restaurative. Intervenants, juristes, cliniciens et scientifiques commençaient à s'intéresser à ce que l'on nomme désormais les rencontres de dialogue entre infracteurs [1] et victimes, et aux formes de médiation que l'on peut réaliser en matière criminelle. Cet ouvrage est consacré à ce sujet aussi fascinant que particulier.

La seule évocation d'une possible rencontre entre victimes et infracteurs, dans un dessin de réparation des torts subis et causés, déclenche bien souvent de vives passions. D'aucuns y sont fermement opposés, criant au scandale. D'autres y voient une méthode miracle qu'il faudrait absolument essayer. Ces discours dichotomiques sur ce sujet ont longtemps détourné l'attention de la seule question intéressante : il ne s'agit pas de savoir s'il faut être pour ou contre de telles pratiques, mais se demander comment, et à quelles conditions elles peuvent avoir lieu.

Cet ouvrage est consacré aux personnes qui semblent, parmi tous les destinataires de la Justice, ceux qui en sont les plus négligés en tant que *personnes* (et non réduits à leurs seuls actes préjudiciables ou préjudices). Ces personnes sont les victimes et les infracteurs, leurs familles et leurs proches, et particulièrement celles et ceux qui ont été touchés par des événements dramatiques

1. La justification de l'emploi du terme *infracteur* permet de désigner une personne ayant commis un geste criminel, que ce dernier ait été, ou non, poursuivi ou condamné par des institutions criminelles, pénales ou correctionnelles, à la manière du terme « offender » en anglais. On consultera R. Cario et C. Rossi, *Justice restaurative : principes et promesses*, nouvelle édition. À paraître, Paris : L'Harmattan, 2020.

et potentiellement irréparables. Ces personnes, ce sont celles pour lesquelles on croit souvent, judiciairement parlant, qu'on ne peut plus faire grand-chose, sinon aider à prévenir que d'autres situations semblables ne se reproduisent. Cet ouvrage présente une méthode qui a été créée pour ces personnes en priorité. Cependant, cette méthode a également fait ses preuves dans les cas où le conflit ne serait pas criminel mais social, professionnel, scolaire, institutionnel, ou même quotidien, que le crime ou conflit ait été dénoncé ou non, qu'il soit juxtaposé, ou non, à des procédures institutionnelles et judiciaires. On appelle cette méthode la médiation de style relationnel, ou, plus communément, la médiation relationnelle.

La médiation relationnelle est une technique de médiation particulière. Elle permet de pourvoir à l'organisation de dialogues entre des personnes que tout oppose et que tout continuera d'opposer, et entre des personnes qui n'auraient pas intérêt à conserver une relation ou à partager des torts, contrairement à la clientèle des formes plus traditionnelles de médiations. Le modèle présenté prétend que chaque personne qui participe à dialogue en vue de réparation - victime, infracteur ou « partie » - doit avant tout rester en sécurité, physique bien sûr, mais morale et psychique surtout, tout au long du processus de médiation. Il prétend également que cette sécurité doit rester pérenne bien audelà de ce processus. Pour ce faire, la médiation relationnelle s'appuie sur trois constats essentiels. Le premier : il n'existe que peu de modèles d'intervention, notamment en matière criminelle et pénale, qui soient dédiés *aux personnes et à leurs attentes*, et non qui ne soient créés sur la base de ce que, professionnellement, on croit généralement *bon pour elles*. Le second : si certains conflits peuvent aisément donner lieu à une entente de réparation, il n'existe, pour certains autres, aucune réparation possible a priori. Mais que l'on soit touché par un conflit gérable ou, au contraire, un drame irréparable, il existe des méthodes, basées sur le dialogue, qui permettent de retrouver une grande partie de son intégrité et de son honneur. Le troisième : ce que l'on appelle généralement les « rencontres de dialogue » appartiennent aux deux domaines scientifiques que sont la justice réparatrice et la médiation. Ces deux domaines mettent généralement au centre de leurs propositions la rencontre physique, et le plus souvent en face-à-face, entre des personnes et un médiateur animateur, sous forme de discussion à trois ou de cercle de parole. Or les auteurs de cet ouvrage tenteront de démontrer que cette confrontation en personne n'est pas toujours souhaitable et nécessaire pour permettre la réalisation d'un dialogue réparateur. La médiation relationnelle ne présume pas qu'une rencontre physique entre deux personnes qui s'opposent est indispensable. En cela, cette méthode est particulièrement originale, et se trouve adaptée à toutes les situations où une confrontation serait moins recommandée. Elle est donc parfaitement compatible avec des crimes d'intensité maximale, parmi lesquels le meurtre, les violences faites aux personnes vulnérables – enfants et personnes aînées - et, bien sûr, les violences de type agressions sexuelles et violences intimes, familiales et conjugales.

L'approche relationnelle revendique une double appartenance, l'une au paradigme de la justice réparatrice, l'autre à la grande famille de la médiation, entendue ici dans son sens large et non dans le sens restreint d'une rencontre de discussion guidée. Le monde de la justice réparatrice et de la médiation sont des mondes complexes, difficilement accessibles au grand public. Ils sont composés de nombreux sous-domaines, théories et programmes. Par exemple, la justice réparatrice est un paradigme dans lequel entrent toutes sortes d'initiatives : des rencontres de dialogue, des travaux de réparation de type travail d'intérêt général, des commissions vérité-réconciliation, des formes de justice coutumière, des *gacacas* [1], etc. La médiation, de son côté est un ensemble de pratiques ayant en commun la prise en charge d'un conflit opposant deux parties par un médiateur. Elle comprend autant les médiations politiques qu'environnementales, urbaines, professionnelles, familiales que criminelles ou pénales, et même bien d'autres encore. La médiation relationnelle se situe à la croisée de ces deux mondes. Elle est une méthode destinée à organiser une forme de médiation (restreinte ou élargie, à trois ou en cercle), puisqu'elle a pour objet une opposition entre des personnes ou deux groupes de personnes ; et elle est une approche qui se revendique du paradigme de la justice réparatrice puisqu'elle a pour objet le travail autour des conséquences du conflit, et non autour de ses causes ou de son encadrement judiciaire.

On entend par *médiation* un ensemble de pratiques, institutionnelles et sociales, qui apparaissent dans les états occidentaux à compter des années 1970-80 et dont le champ d'application ne cesse, depuis, de s'étendre [2]. Le concept est large et fait référence à une manière particulière de communiquer et d'échanger entre des individus, et il existe un nombre considérable de manières de définir et circonscrire le champ de la médiation : par ses formes, ses lieux ses objets [3] ; selon que l'on privilégie une méthode nominative, substantialiste, ou encore normative dans la manière de voir les choses [4] ; nous renvoyons le lecteur à ses classiques. Cet ouvrage ne concerne qu'une infime partie d'entre elles : celle consistant à désigner un dialogue (direct, indirect ou substitué) entre des personnes qui ont subi ou causé un geste de type criminel ou infractionnel, ou qui se trouvent tout simplement en conflit. Mais même

---

1. N. EPHGRAVE, Women's Testimony and Collective Memory : Lessons from South Africa's TRC and Rwanda's Gacaca Courts. *European Journal of Women's Studies*, vol. 22, no2, 2015, pp. 177-190.

2. J. FAGET, *Médiations : Les ateliers silencieux de la démocratie*. Toulouse : Érès, 2010 ; J. FAGET, *Sociologie de la délinquance et de la justice pénale*. Toulouse : Érès, 2013.

3. *Ibid.*

4. J. FAGET, *La médiation – Essai de politique pénale*. Toulouse : Érès, 1997.

encore là, il existe, au sein de la petite famille des dialogues interpersonnels, différents modèles de rencontres de dialogue. En faire la liste est également un défi heuristique. Disons, simplement, qu'il existe plusieurs modèles de médiation. Il existe en effet des façons de faire, ou des « tours de mains » différents en fonction des médiateurs, en fonction de ce qu'ils recherchent, en fonction de leurs obédiences [1]. La plupart des ingénieurs de la médiation post-moderne ont créé, chacun de leur côté, des « recettes de cuisine [2] » destinées à présenter comment ils pratiquent la médiation, et en quoi leur manière de faire obtient des résultats particuliers, en quoi elle est différente des autres.

La création d'un modèle de médiation tel que l'approche relationnelle relève d'une double gageure : la première est celle d'ajouter l'approche relationnelle à la liste des modèles de médiations officiels existants, ce qui n'est pas rien. La seconde est celle d'effectuer, ce faisant, une nécessaire démarche d'émancipation et de distanciation par rapport à ces autres modèles.

Le présent ouvrage est le fruit du travail combiné et complice d'un praticien et d'une chercheure. Le premier est l'ingénieur et créateur de l'approche relationnelle. Il a inventé et éprouvé les principes et la méthode de l'approche relationnelle, en la fondant sur son savoir scientifique autant que sa pratique professionnelle. La seconde, professeure et chercheure universitaire, a repoussé les limites théoriques, pratiques et scientifiques de l'approche, en a limé et limité les contours et les concepts, couvert les angles morts et testé scientifiquement les applications. La démarche commune, nous l'espérons, respecte le plus possible les conditions de ce qui constitue une théorie, sinon scientifique, du moins pratique. L'approche relationnelle est basée sur des observations et des faits, a fait l'objet de vérifications juridiques, théoriques et empiriques ; ce faisant, elle reste pourtant une théorie seulement, et n'a aucunement la force d'une vérité parfaite. Elle propose une nouvelle manière de faire les choses. Elle n'est qu'un nouveau regard parmi d'autres portés sur un même phénomène. En cela, et parce qu'elle est une théorie, nous espérons : 1- qu'elle est originale et nouvelle, bien que basée sur un cadre scientifique préexistant ; 2- qu'elle est simple et parcimonieuse, et donc qu'elle parviendra à faire le plus possible avec peu ; 3- qu'elle est pertinente et qu'elle couvrira, ce faisant, un champ d'action en matière criminelle qui, selon nous, est bien trop délaissé ; 4- qu'elle est vérifiable ; 5- qu'elle est prédictible et qu'elle permettra de prévoir des utilisations postérieures ; et enfin 6- qu'elle est féconde : qu'elle entraînera la création de nouvelles théories, ou qu'elle pourra être appliquée sur de nouveaux objets.

---

1. J. FAGET, *op. cit.,* 2010.

2. *Ibid.*

La méthode relationnelle est souvent qualifiée de « modèle relationnel » ou d'« approche relationnelle ». La différence entre le terme de « modèle » et celui d'« approche » est intéressante, mais n'a pas sa place dans un ouvrage qui s'espère accessible et plutôt pratique. Tout au plus rappellerons-nous qu'un modèle est plutôt synonyme de catégorie ; en l'occurrence, ce concept désigne une représentation abstraite de données que l'on agglomère ensemble en respectant un certain formalisme, à la manière d'un genre de théorie des ensembles. Une approche, cela fait plutôt référence à la *stratégie* avec laquelle on crée un modèle. À cet égard, comme il sera possible de le voir dans les différentes parties de cet ouvrage, il est bien davantage question d'« approche relationnelle » que de « modèle relationnel ». Ce faisant, nous n'accorderons que peu d'importance à un tel débat conceptuel, et utiliserons indifféremment les deux termes, en laissant au lecteur le droit de décider s'il préfère l'appeler modèle ou approche. L'idée reste la même : il existe une « manière de faire relationnelle » en médiation, objet de cet ouvrage.

La médiation est un outil intimement lié à la condition humaine : les êtres profondément sociaux que nous sommes s'emparent volontiers de la médiation, du dialogue, pour résoudre spontanément leurs différends. L'univers de la médiation est donc particulièrement protéiforme. Mais, même s'il existe autant de pratiques qu'il y a d'individus, nous jugeons qu'il est important de circonscrire certains modèles pour leur donner des assises solides, voire leur conférer une crédibilité scientifique. Puisqu'on n'utilise bien que ce qu'on comprend bien, le fait de pouvoir décrire, expliquer, éprouver un modèle n'est-il pas le meilleur moyen de le rendre accessible au plus grand nombre ? C'est du moins ce à quoi les auteurs adhèrent. En créant et publicisant la médiation relationnelle, ils tenteront de convaincre du bien-fondé et des promesses de ce modèle. Ils estiment avoir, pour cela, quatre excellentes raisons. La première : les auteurs ont tous deux fait des études supérieures en criminologie. Ils se préoccupent donc des personnes vulnérables ; parmi elles, les personnes ayant causé et subi des événements criminels, qu'on les appelle « parties » ou « victimes et infracteurs ». Or victimes et infracteurs ne disposent pas toujours de la possibilité de s'approprier des formes libres de médiation qui leur permettraient de réguler librement les « troubles » qui les opposent - les crimes. Il est donc important de créer des modèles qui leur soient dédiés.

La seconde : afin de permettre aux usagers de savoir que des pratiques de médiation leur sont accessibles, et afin de leur permettre de bien choisir, il semble important non seulement que le maximum de modèles soit diffusé, mais aussi que les informations qui les concernent soient accessibles. Les gens ont le droit de savoir ce que le médiateur va faire d'eux et quels services vont leur être dispensés. À partir du moment où un médiateur se déclare compétent et se rattache à une organisation (qu'il soit bénévole ou salarié), il doit pouvoir expliquer comment il travaille. L'improvisation libre autour de la pratique est donc exclue pour ceux-là.

La troisième : dans notre monde actuel du « tout criminel », il reste extrêmement difficile de s'affranchir du pouvoir institutionnel. Le modèle relationnel proposé dans cet ouvrage permet une bulle d'accès à une forme de réparation, en dehors, en dedans ou à côté des institutions incontournables que sont les tribunaux et les prisons, les associations ou groupes communautaires d'intervention, les hôpitaux et les centres de thérapie. L'approche relationnelle, bien qu'elle en soit capable, n'a pas pour vocation de lutter contre les forces institutionnelles.

La dernière : en publiant cet ouvrage, les auteurs espèrent qu'idéalement les médiateurs en devenir, quels qu'ils soient, auront le choix de l'approche – ou de la non-approche – qui sera la leur. Il est tout aussi souhaitable que les usagers qui désirent s'engager dans une médiation soient libres de décider du modèle d'intervention qui leur convient, comme cela est le cas dans toutes les autres professions du même acabit (un intervenant ou un psychologue déclarent leur approche et leur méthode, tout comme un avocat ou un médecin déclament leurs spécialités). Il n'y a pas lieu de vanter le mérite de ceux qui inventent les modèles ou qui les justifient scientifiquement : le mérite revient au praticien qui sait mettre son travail, quel que soit sa forme ou son style, au service des gens.

Cet ouvrage est composé de trois parties. Dans la première seront énumérés, décrits et expliqués les origines et les fondements de l'approche relationnelle. Dans une seconde partie, l'approche relationnelle sera présentée en détail dans ses principes. La troisième partie sera dédiée à ses applications et à ses défis.

Première partie :

Origines et fondements de l'approche relationnelle

Consacrée aux origines et aux fondements de l'approche relationnelle, cette première partie est davantage théorique, historique et offre une réflexion épistémologique sur l'existence et les fondations du modèle. Une telle démarche est incontournable : avant de pouvoir décrire une méthode de travail, encore faut-il savoir pourquoi elle a été créée, et comment.

Origines et fondements : il y a lieu ici de distinguer ce qui constitue une origine de ce qui constitue un fondement. L'approche relationnelle tire ses origines (I) du champ de la justice réparatrice et du champ de la médiation. Mais puisqu'elle provient de ces deux mondes, c'est avec le contenu de ceux-ci qu'elle va tenter de se poser en rupture épistémologique, pour réussir à s'y frayer une place. Ses fondements (II) sont tout autre chose : ce sont les fondations théoriques, historiques et pratiques sur lesquelles elle s'appuie, et envers lesquels elle ne peut se poser en rupture. Au contraire, elle tentera de leur rester fidèle.

Section 1 : Les origines de l'approche relationnelle

L'approche relationnelle est une approche destinée à ouvrir la voie à de nouvelles stratégies de dialogue et de réparation consécutivement, essentiellement, à la commission d'un acte criminel, ou plutôt de tout type de conflit susceptible de faire l'objet d'une plainte, personnelle ou judiciaire. Elle a été créée pour diffuser une manière particulière de travailler lorsqu'il est question d'organiser des dialogues entre infracteurs et victimes. Elle met au centre de ses priorités la sécurité physique, psychologique, morale, sociale des personnes qui y participent, dans le cadre de dialogues dont nous verrons qu'ils ne seront pas nécessairement toujours directs, encore moins en face-à-face. Comme elle se revendique d'une double appartenance au courant de la justice réparatrice (I) et à celui de la médiation (II), il sera question ici, avant tout autre chose, de la situer par rapport à ces deux domaines.

I. Le rattachement de l'approche relationnelle au paradigme de la justice réparatrice

L'approche relationnelle se revendique du paradigme de justice réparatrice : les prochaines lignes permettront de justifier une telle position. Cependant, il n'existe aucune définition consensuelle de la justice réparatrice, même si de nombreux ouvrages tentent d'en trouver de simples, officielles ou académiques [1]. Pour les fins de cet ouvrage, elle sera donc définie comme un *mode de réaction sociale* (ou une philosophie dans la manière de répondre) *à un trouble* [2] (crime, conflit, infraction, tension) *dans le cadre de laquelle ce trouble est pris et analysé sous l'angle du tort qu'il cause aux personnes, plutôt que sous l'angle de sa cause* (l'infracteur, son geste, ou le contexte ayant permis la survenance du crime).

La justice réparatrice a été réinventée il y a une plus d'une quarantaine d'années dans les pays anglo-saxons au regard des dysfonctionnements majeurs que connaissent les systèmes de justice pénale dans la plupart des pays

1. Le lecteur désirant se procurer une définition de la justice réparatrice pourra consulter des ouvrages de référence que sont H. ZEHR, *Changing Lenses : A New Focus For Crime nd Justice.* Harrisonburg : Herald Press, 1990. ; L. WALGRAVE, *Restorative Justice, Self-Interest and Responsible Citizenship.* Cullompton, Devon : Willan publishing, 2008. Ainsi que certains articles tels que R. CARIO, La justice restaurative : vers un nouveau modèle de justice ? *AJ pénal*, 2007, pp. 372-375. Nous nous permettrons aussi de le renvoyer simplement aux excellentes définitions prévues par le Service correctionnel du Canada : GOUVERNEMENT du CANADA, Service correctionnel du Canada. *Programme Possibilités de justice réparatrice.* [en ligne]. 2002. [Consulté le 3 mai 2020]. Disponible à l'adresse : https://www.csc-scc.gc.ca/justice-reparatrice/003005-1000-fra.shtml. ; et également par le Code de procédure pénal français qui prévoit désormais, à son article 10.1, une excellente définition inspirée notamment des pratiques québécoises : LEGIFRANCE. *Code de procédure pénale.* [en ligne]. [Consulté le 3 mai 2020]. Disponible à l'adresse : https://www.legifrance.gouv.fr/affichCode.do;jsessionid=779F25472188AB524410A6535A73F7A0.tpdila15v_3?idSectionTA=LEGISCTA000029370752&cidTexte=LEGITEXT000006071154&dateTexte=20151030 ; H. ZEHR, *The Little Book of Restorative Justice.* Pennsylvania : Good books ed., 2015 ; Nous ne reviendrons également pas sur toutes les confusions existantes entre justice réparatrice et médiation, ou encore entre médiation pénale (qui est, le plus souvent, un programme de justice réparatrice) et médiation civile ou familiale en droit québécois : nous renvoyons le lecteur à des ouvrages tels que J. FAGET, *op. cit.*, 2010.

2. F. VANHAMME, Une approche de la régulation des troubles. La socialité vindicatoire, à titre heuristique. *Justice*, 2012, pp. 31-43.

au monde [1]. Elle connaît désormais un grand succès, forte de sa capacité à entreprendre, à titre de complément ou d'alternative, une réforme majeure des institutions pénales actuelles. Pourtant, à l'origine, elle n'était pas destinée à jouer ce rôle révolutionnaire. Elle a trouvé son appellation usuelle, justice réparatrice ou restaurative (en anglais, *restorative justice*) après qu'Albert EGLASH a commencé à répandre l'expression « *restorative approach of creative restitution* » dans une série d'articles datant des années 1950 [2] et dans un ouvrage qu'il publiera en 1977 [3]. Il opposait alors les concepts de restitution/restauration/réparation à celui de réhabilitation. La « *restorative approach* » a commencé à s'opposer au modèle pénaliste [4], et à devenir « *restorative justice* », seulement dans les années 1990, grâce à l'influence du Mennonite Howard ZEHR [5]. Cette initiative a immédiatement été complétée d'un large mouvement académique et universitaire initié, de son côté, par l'Australien John BRAITHWAITE [6]. Aujourd'hui, la justice réparatrice est un domaine de spécialisation, un champ disciplinaire universitaire, un ensemble de programmes, une spécialité académique ou professionnelle. Elle possède ses propres théories, ses propres programmes, ses propres lois, ses propres enseignements, et même, au Québec, ses propres organismes et institutions [7] et sa

---

1. R. CARIO et C. ROSSI, *op. cit.*, 2020.

2. A. EGLASH, Adults Anonymous : A Mutual Help Program for Inmates and Ex-Inmates. *Journal of Criminal Law, Criminology, and Police Science*, vol. 49, 1958, pp. 237–239. ; A. EGLASH, Creative Restitution : Some Suggestions for Prison Rehabilitation Programs. *American Journal of Corrections*, vol. 20, n° 6, 1958, pp. 20–34. ; A. EGLASH, Youth Anonymous. *Federal Probation Journal*, vol. 22, 1958, pp. 47–49. ; A. EGLASH, Creative Restitution : Its Roots in Psychiatry, Religion and Law. *British Journal of Delinquency*, vol. 10, 1959, pp.114-159 ; S. MARUNA, The Role of Wounded Healing in Restorative Justice : an Appreciation of Albert Eglash. *Restorative Justice*, vol. 2, n°1, 2014, pp. 9-23.

3. A. EGLASH, Beyond Restitution : Creative Restitution. Dans : J. HUDSON and B. GALAWAY (eds.), *Restitution in Criminal Justice*, Toronto : Lexington Books, 1977, pp. 91–129.

4. R. CARIO, *Justice restaurative. Principes et promesses*. Paris : L'Harmattan, 2010. ; R. CARIO et C. ROSSI, *op. cit.*, 2020.

5. H. ZEHR, *op. cit.*, 1990.

6. J. BRAITHWAITE, Restorative justice. Dans : TONRY, Michael (éd.), *The Handbook of Crime and Punishment*. New York : Oxford University Press, 1998, pp. 323-344. ; J. BRAITHWAITE, Restorative Justice and Corporate Regulation. *Restorative Justice in Context : International Practice and Directions*, 2003, pp. 161-172.

7. ÉQUIJUSTICE. *Une justice équitable et accessible à tous*. [en ligne]. [Consulté le 4 mai 2020]. Disponible à l'adresse : http://equijustice.ca/fr. ; ASSOCIATION des ORGANISMES de JUSTICE ALTERNATIVE du QUÉBEC(ASSOJAQ) [en ligne]. [Consulté le 4 mai 2020]. Disponible à l'adresse : https://www.assojaq.org/ ; CENTRE de SERVICES de JUSTICE RÉPARATRICE (CSJR) [en ligne]. [Consulté le 4 mai 2020]. Disponible à l'adresse : http://csjr.org/fr/

propre direction au ministère de la Justice [1]. Mais dès le départ, elle crée, en même temps qu'elle, des débats qui ne cesseront de la suivre : parce qu'elle est, dans son essence, différente du modèle pénaliste d'un côté et du modèle réhabilitatif de l'autre, elle est sans cesse condamnée soit à être opposée, soit à être confondue à eux.

La justice réparatrice n'est ni un complément ni une alternative ; elle ne s'oppose ou ne complète ni le champ répressif ni le champ réhabilitatif. Théoriquement, elle existe en soi, seule, et est censée se déployer en parallèle de tous ces mondes. Elle est une forme de réaction sociale à part entière et il convient, pour le comprendre, de se référer aux travaux de Lode WALGRAVE [2], à qui revient le mérite de l'avoir expliqué simplement [3]. Selon WALGRAVE, il n'y a que trois façons de réagir à un conflit ou un trouble. La première, la manière *pénale* (répressive, ou punitive) a pour point de référence le délit, pour moyen d'action l'infliction d'un « mal » (d'une peine), et pour objectif l'équilibre moral de la société. La seconde, la manière *réhabilitative* ou clinique, a pour objet central l'individu délinquant, pour moyen d'action son traitement, pour objectif de réadapter celui-ci à une société qui impose des normes ou valeurs de « normalité » précises. La troisième, la manière *réparatrice,* est unique dans son essence. Elle a pour point de référence les préjudices causés, pour moyen d'action l'obligation de réparer les torts, pour objectif la réparation et la satisfaction des parties. Dans ce dernier modèle, la position des victimes ou des infracteurs est centrale.

La confusion est grande entre ces trois paradigmes, parce qu'ils sont des modèles théoriques, philosophiques, des manières de voir les choses. Ils *ne sont pas des programmes*. Prenons l'exemple suivant : après un vol par effraction, le voleur interpellé doit restituer les biens à sa victime. En fonction de l'inflexion donnée au geste, le « dédommagement » peut tomber sans problème dans le paradigme pénal, réhabilitatif ou réparateur. Dans le paradigme pénal, le voleur est arrêté et poursuivi, les biens sont saisis et rendus à la victime par voie de justice. Le voleur est condamné à une ordonnance de dédommagement (une injonction de rendre les biens et/ou compenser la perte finan-

---

1. ÉQUIJUSTICE. *Équijustice et Ministère de la Justice du Québec : une entente réaffirmée* [en ligne]. [Consulté le 4 mai 2020]. Disponible à l'adresse : http://equijustice.ca/fr/actualites/equijustice-et-ministere-de-la-justice-du-quebec-une-entente-reaffirmee ; MINISTÈRE de la JUSTICE du QUÉBEC. *Formation midi - Programme de mesures de rechange général pour adultes (PMRG).* [en ligne]. [Consulté le 4 mai 2020]. Disponible à l'adresse : http://www.barreaudemontreal.qc.ca/loads/Infolettre/ActPart_Inv-Formation%20midi_commCR_Janv2020.pdf.

2. L. WALGRAVE, La justice restaurative : à la recherche d'une théorie et d'un programme. *Criminologie*, vol. 32, no 1, 1999, pp. 7-29.

3. R. CARIO et C. ROSSI, *op. cit.,* 2020.

cière éventuelle restant à combler). On peut ajouter à cet ordre de dédommagement une peine dans la communauté, ou même d'incarcération, afin que la leçon serve également à dissuader et marquer publiquement l'opprobre. Le juge pourrait même demander au voleur de choisir entre rendre les biens et aller en prison. Dans ce cas, même si le voleur choisit de restituer les biens à la victime, c'est un juge qui le lui a ordonné ou fortement conseillé, pour rétablir l'équilibre moral de la société et pour livrer un message dissuasif. La victime récupère ses biens, mais elle comprend ce faisant que l'agresseur les lui rend à contrecœur - il ne les lui aurait jamais remis s'il ne s'était pas fait attraper.

Reprenons cet exemple en lui appliquant cette fois le paradigme réhabilitatif. Dans ce cas, le voleur est non pas considéré comme un brigand, mais comme un individu problématique refusant de se conformer aux normes sociales (du fait de ses valeurs, de sa situation, d'un diagnostic, de ses dépendances, ou encore d'un trouble mental). Lorsque ce dernier se fait attraper, on tente alors de le réhabiliter : l'enjeu de la démarche se situe avant tout dans le cadre de la réadaptation et de la lutte contre la récidive. Ici, on cherche d'abord à ce que l'individu reconnaisse ses torts et comprenne qu'il ne faut plus recommencer. Dans ce cas, le voleur sera encore une fois condamné à rendre les biens, mais la démarche de dédommagement sera sûrement accompagnée d'un soutien clinique. On peut même se servir de la présence de la victime, en lui demandant de raconter au voleur ce qu'elle a subi. La victime est à ce titre souvent un peu « instrumentalisée » : on ne se préoccupe pas tant que cela de sa réparation à elle. On est surtout impatients de voir les effets de sa présence sur l'infracteur. Au final, ce qu'on recherche, c'est expliquer au voleur *pourquoi ce n'est pas bien de voler*. En l'exposant au récit de la victime, on essaie de le convaincre des torts causés et de susciter, chez lui, de l'empathie. On espère l'éduquer : on veut le *réadapter*, lui réapprendre en quoi consiste un comportement social conforme. Dans ce cas encore, la victime récupère son bien, et même, pourquoi pas, dialogue avec le voleur. Mais l'objectif de la démarche est la leçon au voleur, pour que ce dernier prenne conscience de ses gestes.

Un dédommagement réparateur est celui qui est offert par les individus de leur plein gré. Il faut ici que la victime ait l'occasion d'exprimer ce qu'elle a subi (le vol, mais aussi la peur, l'humiliation, le sentiment de vulnérabilité ou d'avoir été trahie), non pas pour convaincre le voleur, mais pour faire le point elle-même sur *ce qu'elle attend* (qu'on lui rende son bien, mais également que l'on fasse preuve de regret, enfin, qu'on reconnaisse les torts subis qui sont loin de n'être que matériels). Le voleur, lui aussi, va devoir exprimer ses attentes : expliquer (non pas à la victime mais à un médiateur) comment il s'est retrouvé dans la situation, ce qu'il peut faire – ou plutôt a envie de faire, ou non - pour avancer et changer les choses. L'idée, ici, est de mettre *un terme au trouble*, le plus complètement possible, afin que l'un et l'autre puissent reprendre le cours de leur vie dans les moins mauvaises conditions. Ce qu'il est important de comprendre, c'est que la réparation ne vise ici que les personnes elles-mêmes, et pas un objectif « plus grand » qu'elles. Il n'est pas question de conscience collective, pas question de pacifier la société, de lutter contre la récidive, de créer de nouveaux individus conformes aux valeurs sociales. Il n'est question que des personnes concernées, de leur intimité, et de ce qu'elles-mêmes considèrent comme étant dans leur intérêt propre.

Dans ces trois exemples, le voleur a rendu ses biens à la victime. Il a même pu être en contact avec elle. Mais ces trois situations montrent bien les nuances subtiles entre approche répressive, réhabilitative et réparatrice. Ce n'est pas ce qu'on fait qui compte : *ce n'est pas la mesure imposée* (en l'occurrence le retour du bien à son propriétaire, ou un dialogue entre la victime et l'infracteur) *qui crée la réparation.* C'est *comment* on le fait, et surtout pourquoi.

Médiation, dédommagement, travaux de réparation, lettre d'excuses... toutes ces mesures sont utilisées dans le cadre de la justice réparatrice. Pourtant, elles ne sont pas réparatrices par essence. Une médiation civile ou commerciale entre deux adversaires financiers n'a rien de réparateur. Un remboursement à la victime par ordre de Cour dans un tribunal n'est pas de la justice réparatrice. Des travaux communautaires pourraient tout à fait ressembler à une peine plus qu'autre chose [1] ; mais ils peuvent être aussi parfaitement réparateurs si on « arrime » le travail réalisé à une institution ou un commerce qui en fait la demande pour son bénéfice de réparation propre. Une lettre d'excuse peut être une mesure extrêmement réparatrice ; elle peut avoir un tout autre sens si c'est un juge qui l'exige d'un infracteur, en lui imposant d'écrire une lettre à la victime (surtout si on ne prépare pas la victime à la recevoir, et qu'on ne lui demande même pas son avis). Bref, on l'aura compris, les mesures ne définissent pas la justice réparatrice. Elles ne deviennent réparatrices que si on leur confère la bonne inflexion.

La situation est encore plus complexe aujourd'hui où il existe une hybridation de paradigmes et une pluralité de programmes. On aurait tort d'affirmer que la prison est répressive ; que l'injonction de soin est réhabilitative ; que la lettre d'excuse ou la rencontre de dialogue sont réparatrices. Aujourd'hui, les plus solides programmes cliniques ou de réinsertion, et même de traitement de la santé mentale, se trouvent en prison [2]. Les injonctions de traitement telles

1. J-F. Cauchie, *Peines de travail : justice pénale et innovation.* Bruxelles : Larcier, 2008.

2. Service Correctionnel Canada. *Rapport d'évaluation - Service de santé du Scc* [en ligne]. Mars 2017. Dossier no. 394-2-96. [Consulté le 4 mai 2020]. Disponible à l'adresse : csc-scc.gc.ca/publications/092/005007-2017-fra.pdf.

que l'échange d'une peine pénale contre un stage de désintoxication s'ordonnent au sein des tribunaux et ont démontré depuis quelques années leur caractère punitif [1] (étant, pour certains, plus cruels et plus longs qu'une peine d'emprisonnement). Les lettres d'excuses et ordonnances de dédommagement sont en première place de l'éventail des sanctions du Code criminel à la disposition des juges canadiens [2]. La justice pour les adolescents, notamment au Québec, se trouve la championne toute catégorie de l'hybridation des modèles : elle parvient à réaliser, pour 75% des adolescents québécois arrêtés dans une année, le prodige de mêler les trois inflexions de manière tout à fait harmonisée et égale [3]. Elle exige en effet 1-une arrestation pénale par la police ainsi qu'une évaluation de la preuve disponible par un procureur, 2- l'orientation de l'adolescent vers un centre jeunesse pour une évaluation clinique, 3- le transfert à un organisme spécialisé en justice réparatrice pour la réalisation d'une mesure extrajudiciaire. Les adolescents québécois subissent ainsi les avantages et les inconvénients non seulement des trois modèles, mais également de leurs effets combinés [4]. Enfin, la création récente d'un programme de rechange pour adultes [5] complexifie encore la situation, en tentant de combiner approches pénales et réparatrices tout en contournant les inflexions réhabilitatives. Quelques exemples de cette hybridation sont illustrés dans la figure suivante.

---

1. D. Bernier. *Le droit pénal dans le continuum des soins de santé – Réflexions sur le rôle des acteurs du systèmejudiciaire et sur les mécanismes de protection de l'usager de drogue ou d'alcool dans les formes de prise en charge thérapeutique*, Université d'Ottawa, 2017.

2. J. Desrosiers, K. M'Seffar, H. Parent et A. Stylios, *Détermination de la peine*. New York, NY : Lexis Nexis Canada, 2015.

3. C. Rossi et S. Charbonneau, Le système pénal pour les adolescents et les mesures de rechange au Québec, quel modèle pour quel paradigme ? *Journal du droit des jeunes (JDJ)*, vol. 375, 2018, pp. 29-42. ; C. Rossi et S. Charbonneau, The Development of Restorative Justice in France : A Quebec's Viewpoint. *Restorative Justice : an International Journal*, 2018.

4. D. Lafortune, M-N. Royer, C. Rossi, et coll., *La loi sur le système de justice pénale pour les adolescents sept ans plus tard : portrait des jeunes, des trajectoires et des pratiques*, 2015.

5. C. Rossi, J. Desrosiers, V. Brassard, L. Marceau, M. Cloutier, A. Béland Ouellette, *Le Programme de mesures de rechange général pour adultes, portrait, analyse et enjeux du projet pilote 2017-2019*. Rapport de recherche soumis au ministère de la Justice du Québec, Université Laval, Québec, 2020.

Figure 1 : la situation hybride de certains programmes proposés au Québec

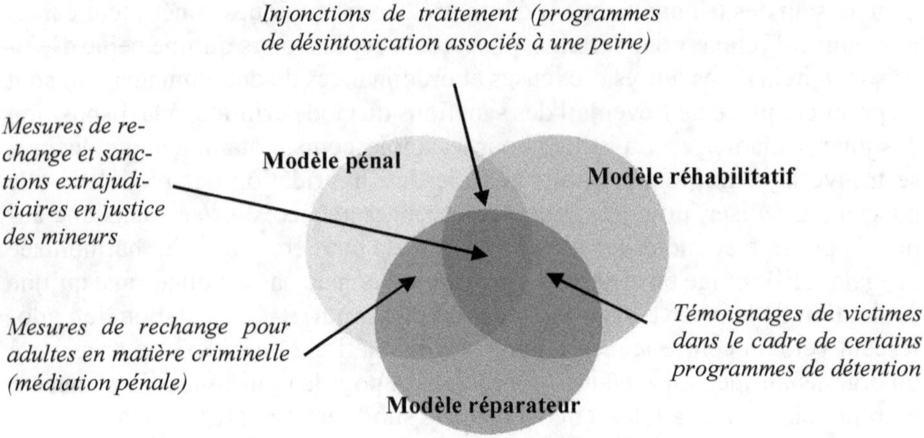

Par ce métissage des modes de réaction face au crime et l'absence de consensus quant à sa définition, on comprend alors que de nombreux mythes tenaces collent encore et toujours à la justice réparatrice [1] qui reste tributaire de l'idéologie de celui qui la met en œuvre. Voici quelques-uns de ces mythes parmi les plus récurrents. On confond encore et toujours, malheureusement, la justice réparatrice avec le pardon (amalgame qui, pourtant, a été étouffé dès les années 1990 [2]). On prête à la justice réparatrice des vertus thérapeutiques (le pouvoir de « guérir ») ou carrément spirituelles (en la réservant aux penseurs vertueux qui promeuvent la paix, l'amour et l'harmonie, comme si le reste du monde des humains ou des professionnels du droit ou de l'intervention en étaient dépourvus). On entend que les programmes de justice réparatrice fonctionnent surtout quand les crimes sont les moins graves, on prétend que les programmes de justice réparatrice sont des reproductions « occidentales » de rites autochtones. On dispense l'idée qu'elle est l'outil prodige moderne permettant de lutter le mieux contre la récidive. Tous ces mythes sont déstabilisants, car ils ne sont l'effet que de la confusion des trois paradigmes (pénal, réhabilitatif et réparateur) et de leurs inflexions.

Un dernier exemple permettra de poser les dernières nuances nécessaires : celui de l'utilisation des témoignages de victimes pour faire de la sensibilisation dans des quartiers, des prisons, des écoles. Est-ce de la justice réparatrice ? De telles initiatives sont certainement louables. La plupart d'entre elles

---

1. C. Rossi, La médiation en justice pour les adolescents au Québec de 1980 à 2012 : contexte et développement d'un programme original et unique. Dans : M. Alain et S. Hamel, (dir), *Défis, adaptation et innovation : Intervenir auprès des adolescents contrevenants ou dix ans d'expérience de la Loi sur le système de justice pénale pour les adolescents au Québec*. Québec : Presses de l'Université du Québec, 2015.

2. H. Zehr, *op. cit.*, 1990.

sont bienfaisantes, elles ont souvent des effets bénéfiques indéniables sur les victimes comme sur les infracteurs. Mais ces initiatives ne sont pas considérées, dans cet ouvrage du moins, comme des programmes de justice réparatrice tant et aussi longtemps que les victimes qui s'y engagent le font *par altruisme ou dans un but thérapeutique, et non parce qu'elles ont des attentes précises générées par le crime subi.* Dans ces cas, la démarche d'une victime ou d'un infracteur, même si elle tient d'une volonté d'émancipation (réelle et absolument louable) ne consiste pas pour autant à rechercher la réparation des torts *directement en lien avec l'événement vécu.*

Retenons par conséquent que la définition choisie, pour les fins de la démonstration au cœur de cet ouvrage, fait de la justice réparatrice une manière de rendre justice qui considère le crime comme étant avant tout *un préjudice ou un tort causé à des personnes*, plutôt que le considérer en premier lieu comme une atteinte aux normes prescrites par un État. La justice réparatrice ne prétend pas répandre le pardon, la guérison, pas même l'harmonie généralisée. Elle ne doit pas avoir pour objectif de lutter contre la récidive. Elle a pour objectif d'*inclure de leur propre gré* des personnes concernées par *un événement précis* – que l'événement soit un crime ou un conflit – dans le but de les rendre *actives* dans la prise en charge de leur propre réparation, et en leur permettant de définir *leurs propres préjudices et torts* de la manière qu'elles le souhaitent réellement, faire des choix qui leur sont propres, s'exprimer et exprimer leur libre arbitre, prendre des décisions sans jamais qu'elles leur soient conseillées ou suggérées.

La justice réparatrice demeure une grande famille protéiforme dans laquelle peuvent entrer de nombreuses initiatives, formelles ou informelles, très institutionnalisées ou encore sociales et bénévoles, qui, au final, n'ont pour seul objectif déclaré que de remettre les personnes au centre de leur propre histoire à propos d'un événement précis, et de les rendre à nouveau maîtresses de leurs propres parcours. Pour cette raison, l'approche relationnelle se revendique du paradigme réparateur.

II. Le rattachement de l'approche relationnelle au mouvement de la médiation

L'approche relationnelle, qui entre par essence dans le paradigme de la justice réparatrice, n'en prétend pas moins appartenir à la grande famille de la médiation, puisqu'elle est même qualifiée de « médiation relationnelle ».

Les premières formes de médiation contemporaines (et occidentales) émergent aux États-Unis, dans les années 1970-80. Elles répondent à un modèle organisé de négociation ouverte, de type commercial ou civil, nommé « *pro-*

blem solving » ou résolution des conflits. Particulièrement performant en matière économique, contractuelle ou commerciale, le modèle originel de la médiation-négociation impliquait, au fond, une forme de marchandage à la dure. Dans un tel modèle, puisque c'est le règlement du conflit qui importe, la technique a souvent pour méthode de couper la poire en deux. Dans un litige commercial, si on ne parvient pas à s'entendre sur le montant d'une transaction, la médiation sert à créer une solution consensuelle, un prix médian qui ne satisfera pleinement personne, mais qui sera un juste milieu très acceptable. En médiation-négociation, le médiateur est souvent très directif (il veut régler le différend). Il est aussi toujours considéré comme un expert par les médiés (pour avoir le droit de régler le différend, il doit être initié aux problématiques : ici par exemple, en matière de finances ou en affaires). Et, le plus important, il peut être amené à trancher, bien que la négociation soit le plus possible laissée aux parties.

Les modèles de médiation récents ont tous pour point commun d'avoir tenté de s'opposer à l'approche originelle du « *problem solving* ». On en connaît, à l'heure actuelle, une trentaine d'officiellement déclarés, mais ils ne font pas l'objet d'une liste précise. Dans ses travaux, BELLEAU [1] a entrepris de les lister, les décrire et les cartographier : les outils développés au final (dictionnaire wiki de type « Wiktionnaire », atlas et mappemonde des pratiques) sont des objets fascinants qui doivent faire l'objet de mises à jour fréquentes. Établir, dans cet ouvrage, une liste ou un tableau des modèles en présence aurait été vain. Pourtant, nous avons été mis en contact, au fil de nos carrières respectives, avec un nombre certain de modèles de médiations qui auraient mérité d'être mentionnés ici. Parmi eux, nommons notamment le modèle narratif de

1. M-C. BELLEAU et M. LAPLANTE-DUBE, *L'Atlas des modes d'intervention en situation de conflits accessible au monde*. Semaine du libre accès [en ligne]. Université Laval, 2015. [Consulté le 4 mai 2020]. Disponible à l'adresse : https://www.bibl.ulaval.ca/fichiers_site/services/libre_acces/semaine-la-2015/Atlas_des_Modes_Intervention_en_situation_de_Conflits.pdf. ; M-C. BELLEAU et C. ROSSI, *Une cartographie des modes d'intervention en situation de conflits au Québec*, IXème conférence du Forum Mondial de Médiation, Regards croisés sur les médiations interpersonnelles et les médiations internationales, Estérel, Québec, mai 2017.

MONK et WINSLADE [1] ; l'approche participative de ROBERGE [2], l'approche intuitive de MELCHIN et PICARD [3], elle-même découlant de celle de LONERGAN [4]; le modèle thérapeutique de IRVING [5]. Il a été décidé de ne mettre en exergue que les trois modèles qui ont, pour des raisons totalement différentes, joué des rôles déterminants dans l'élaboration de l'approche relationnelle. Le premier est le modèle de négociation raisonnée (1), le second le modèle transformatif (2) ; le dernier est le modèle humaniste (3).

1. Le modèle de négociation raisonnée

Le premier modèle ayant joué un rôle notable dans l'avènement de l'approche relationnelle est le modèle de négociation raisonnée. Sans l'avoir inspiré, il a permis au modèle relationnel de trouver ses marques et son propre terrain de spécialisation.

Les premiers auteurs à avoir tenté, pour la première fois, de s'opposer officiellement au modèle de médiation-négociation de type *problem solving* sont le juriste Roger FISHER, professeur de droit à l'Université Harvard et directeur du *Harvard Negociation Project*, et son collègue anthropologue William URY [6], dans les années 1980. Ce qui est désormais connu comme étant le *modèle de Harvard* est en réalité l'un des premiers modèles pensés et structurés de médiation, bien que sa dénomination française de *négociation raisonnée* engendre quelques confusions avec un modèle de type négociation. La première raison d'être de ce modèle a été l'opposition que les auteurs ont proposée aux habituels rapports de force dans la négociation des conflits. Ils ont désiré pouvoir influencer les syndicats et les patronats à cesser de négocier en employant la méthode du « couteau sous la gorge ». Le modèle de négociation raisonnée s'est particulièrement illustré en droit contractuel et droit de la famille, au fil des années. Ce modèle s'est vite imposé au Québec : à compter

1. J. WINSLADE et G. MONK, *Narrative Mediation : A New Approach to Conflict*. Hoboken, NJ : John Wiley & Sons, 2000.

2. J-F. ROBERGE et V. FRASER, Cooperative Design Lawyering : How Can Lawyers Prevent Disputes Through Value Innovation. *Cardozo Journal of Conflict Resolution*, vol 20, n° 3, 2018, pp. 557-582.

3. K.R. MELCHIN et C.A. PICARD, *Transforming Conflict Through Insight*. Toronto, ON : University of Toronto Press, 2008.

4. B.J.F. LONERGAN, *L'insight : étude de la compréhension humaine*. Anjou : Les Éditions Fides, 1996.

5. H.H. IRVING et M. BENJAMIN, *Family Mediation : Contemporary Issues*. London : Sage, 1995.

6. R. FISHER, W. URY, B. PATTON et coll., *Comment réussir une négociation*. Paris : Édition du Seuil, 1982.

des années 2010, il est devenu le modèle privilégié des instituts de médiation et arbitrage (en droit civil et administratif) de la Belle Province. Cette pratique de médiation est prévue au sein du Code de procédure civile québécois [1] à titre de méthode de « prévention et règlement des différends », elle est la voie prioritaire à tenter avant de solliciter un juge. Le modèle de FISHER et URY est enseigné aux médiateurs juristes formés à la médiation en droit civil ; il est désormais le modèle privilégié dans le cadre des séparations conjugales et divorces, et préconisé dans les questions touchant, par exemple, les conflits de garde d'enfants.

Sans qu'il soit utile de présenter l'ensemble des caractéristiques et des subtilités de ce modèle, nous en rappellerons les principes fondateurs. Le premier : le conflit entre deux parties (deux professionnels se disputant les termes d'un contrat, ou un couple qui se sépare) est, ici, vu comme étant subjectif, et non objectif. Les parties sont considérées d'un point de vue permettant de prendre en compte leurs dimensions humaines, leurs émotions. Le modèle de négociation raisonnée incite donc le médiateur à comprendre et envisager non plus les seuls intérêts, mais également *les positions* personnelles des médiés. Par exemple, dans une séparation, l'on comprend que le partage du patrimoine n'est pas le seul enjeu en cause. Deux personnes qui se séparent ont également des émotions à gérer, qui expliquent souvent leurs positions au-delà du simple enjeu patrimonial (on ne revendique pas seulement des meubles ou des immeubles, mais des souvenirs, des occasions de garder un lien avec l'autre, etc.). Le second : le modèle de négociation raisonnée implique, pour les médiés, de tâcher, dans leurs discussions et négociations, de « se mettre à la place de l'autre », ne serait-ce que pour comprendre ses demandes. Par exemple, une mère qui revendique la garde exclusive des enfants est invitée à imaginer la situation du père qui ne pourrait plus jamais les voir. Le troisième : les solutions sont imaginées par les parties, mais doivent donner lieu un bénéfice mutuel (une garde partagée par exemple). La quatrième : l'accord doit néanmoins reposer sur des critères objectifs, et puisqu'il s'applique au droit civil, doit respecter les normes en vigueur, notamment les obligations parentales prévues par la loi et auxquelles personne ne peut déroger. La présence d'un médiateur compétent et ayant suivi la formation adéquate est donc requise.

Afin de résumer ce modèle, il est possible de l'illustrer avec la célèbre métaphore des auteurs eux-mêmes, nommée « métaphore de l'orange ». Si deux membres d'une même fratrie convoitent la même orange, le modèle de négociation à la dure aurait pour simple solution que la mère des deux enfants prenne l'orange et la coupe en deux. Les deux personnes visées seraient donc toutes les deux insatisfaites. Le modèle de négociation raisonnée permet d'aller chercher les intérêts des parties (*pourquoi* chacune des personnes veut

1. *Code de procédure civile*, chapitre C-25.01, 2014, c. 1, a. 1.

l'orange) et non pas leur seule position. On découvre alors que l'une des personnes ne veut que le zest de cette orange, pour faire un gâteau ; la seconde veut en presser le jus. Il devient alors possible de partager l'orange afin que chaque personne soit entièrement satisfaite, et profite d'un bénéfice mutuel.

Le modèle de négociation raisonnée semble, aux auteurs de cet ouvrage, l'un des modèles les plus intéressants et performants en médiation. Cela étant, il parait inapproprié lorsqu'appliqué à la question criminelle. L'une des raisons de la création de l'approche relationnelle est donc liée à la nécessité de créer un modèle de médiation qui puisse s'appliquer aux situations propres au monde de la criminologie en priorité. Cela s'explique pour des raisons de fond tout d'abord. En effet, la négociation raisonnée a pour avantage majeur – c'est d'ailleurs ce qui fait sa renommée – de parvenir à préserver une relation, même mise à mal, lors de la négociation d'un différend. Des parents qui se séparent en mauvais termes, des concurrents financiers ont, malgré leurs mésententes, tout intérêt à se préserver d'une guerre ouverte. Toutefois, en matière criminelle - du moins pour les crimes dits graves - tenter de préserver la relation entre des parties dont l'une a déjà, par définition, largement abusé de l'autre, peut être une démarche dangereuse, fort peu souhaitable. Pour le reste, la sémantique du modèle raisonné ne saurait convenir en matière criminelle : des objectifs tels que celui de trouver une solution « gagnant-gagnant », en appliquant des méthodes consistant à « exprimer ses émotions », « dépasser ses positions », « se mettre à la place de l'autre » pour parvenir à une solution procurant un « bénéfice mutuel » ne pourraient s'appliquer à une jeune personne ayant été, durant des années, victime d'inceste par son père ; ou encore aux parents d'un enfant assassiné, ou à une victime de violence conjugale. Pour cette raison et celle-là seulement, le modèle de négociation raisonnée se voit empreint d'une légitimité à toute épreuve en matière civile, mais il a bien moins de légitimité à s'appliquer en matière criminelle.

Sur la forme, le modèle raisonné invite les parties à discuter, négocier, faire ressortir leurs intérêts et leurs émotions. La rencontre en face-à-face constitue le point saillant de la rencontre. L'entente finale est un enjeu majeur du modèle. Les médiateurs orientent le plus rapidement possible vers des options, des solutions, même si celles-ci restent totalement ouvertes à l'imagination des parties. Pour parvenir à de tels résultats, les médiateurs doivent avoir à leur disposition des moyens techniques précis : des techniques de communication - notamment la méthode de l'écoute active (en intervenant dans la résolution du conflit) d'avec lesquelles le modèle relationnel se distanciera bien vite.

Si, malgré les arguments qui viennent d'être soulevés, le modèle de négociation raisonnée se trouve opposé dans sa philosophie au modèle relationnel, il n'est pourtant pas du tout en concurrence avec lui. Les promoteurs de l'approche relationnelle travaillent même fort volontiers, et certains d'entre eux souvent, avec des médiateurs appliquant le style de Harvard lorsque, par exemple, les conflits à traiter se trouvent sur la frontière civile et criminelle : un conflit de cohabitation, par exemple, se gère très bien avec l'un ou l'autre des deux modèles. Il serait même permis de penser qu'alors même que, de tous les modèles de médiation, le modèle de Harvard est le plus éloigné de ce que l'on nomme la médiation de style « humaniste », c'est, au fond, de très loin, celui qui s'en distancie le moins et qui respecte le plus, à cet égard, les attentes des personnes.

2. Le modèle transformatif

Le second modèle qui a influencé, cette fois à contrepied, l'approche relationnelle est le modèle transformatif développé par Barush BUSH et Joseph FOLGER en 1994 [1]. C'est d'avec ce modèle que la médiation relationnelle entend le plus s'opposer, de lui qu'elle entend au maximum se distancier, et avec lequel elle est le plus en rupture épistémologique. Il se trouve donc directement en contradiction avec elle.

L'approche transformative a pour objectif de permettre à deux parties de *transformer le regard qu'elles portent sur le conflit*, pour changer une mauvaise expérience en une expérience leur permettant à tous deux de grandir. Pour ce faire, les auteurs de l'approche emploient deux principes : celui de l'*empowerment* (reprise de pouvoir) et de *recognition* (reconnaissance de ce que vit l'autre, ou altérité). Dans le modèle transformatif, les médiés sont incités à s'autonomiser, à prendre conscience d'autrui et à se servir de ces deux enseignements pour développer de nouvelles capacités. L'idée pourrait est résumée par le slogan suivant : « *Plus je me sens fort, plus j'offre ma reconnaissance à l'autre. Et plus j'offre ma reconnaissance à l'autre, plus je me sens fort* [2] ». Le médiateur agit vite : une seule rencontre de médiation est souvent nécessaire. Hyper qualifié, le médiateur est un artiste de la communication ; spécialiste du non-jugement, il porte sur la situation un regard toujours optimiste. Son expertise particulière lui permet de trouver, dans le discours des personnes, des preuves que ces derniers développent *empowerment* et *recognition,* signes de leurs efforts à transformer le regard qu'ils portent sur le conflit.

Même si aucun modèle, en médiation, ne vaut mieux qu'un autre - chacun a son lot de qualités, de défauts, d'admirateurs et de détracteurs - c'est à ce modèle transformatif que les ingénieurs du modèle relationnel se trouvent le

1. R.B. BUSH et J. FOLGER, *The Promise of Mediation. Responding to Conflict Through Empowerment and Recognition.* San Francisco : Jossey-Bass, 1994.

2. R.B. BUSH et J. FOLGER, *op. cit.*, 1994.

plus opposés. La première raison est que ce modèle apparaît quelque peu moraliste. En effet, en mettant au centre de son approche l'*empowerment* et la *recognition*, l'on suggère aux parties, avant même qu'elles commencent, qu'elles n'ont pas les qualités nécessaires en arrivant, et qu'il est important qu'elles progressent (ne serait-ce qu'en *empowerment* ou en *recognition*). La médiation, loin de ne servir qu'à gérer une situation, est utilisée pour créer de meilleures personnes, et les transformer en transformant le regard qu'elles portent sur le conflit ou sur l'« autre ». Or les principes mêmes de l'approche relationnelle s'opposent totalement à l'idée de changer les personnes.

La seconde raison de cette opposition a trait aux outils employés par les médiateurs qui utilisent dans leurs interventions des techniques telles que le résumé, la reformulation, les questions fermées (nommées par les auteurs la méthode du « *checking in* »). Le modèle, pourtant présenté comme un modèle non directif, apparaît en fait fortement suggestif. Le médiateur joue un rôle majeur en conduisant les personnes vers l'objectif souhaité. Ainsi, si on reprend les propos mêmes des auteurs [1], le médiateur doit encourager l'expression des émotions, car elles révèlent « des peurs, des croyances, des malentendus ». Le médiateur « stimule les discussions sur le passé », il aide à « approfondir les incertitudes et les doutes », il identifie, au fil de la conversation entre les parties, les « points de confusion », il « partage sa satisfaction avec les parties à chaque progrès » de ces dernières, parce que « chaque petit pas compte ».

La troisième est que le modèle transformatif n'inclut pas de préparations en personne, en amont de la rencontre. Les personnes sont contactées par téléphone (du moins dans les exemples que les auteurs publient ou enseignent) et sont invitées à une rencontre où médiateur et médiés se voient pour la première fois, sans plus de préparatifs. C'est à cette occasion que le médiateur donne des informations sur le processus aux personnes présentes, et les invite à expliquer de quoi il retourne dans la situation qu'ils vivent. Une telle approche est, en matière criminelle, certainement dangereuse. Elle suppose qu'une victime de crime grave accepte, après avoir été contactée par un médiateur au téléphone, de se rendre en personne rencontrer son agresseur sans savoir de quoi il retourne.

La dernière raison de cette distanciation, et la plus importante, c'est qu'à certains égards, l'approche transformative peut engendrer de nouvelles souffrances à certains participants sur lesquels repose l'entière responsabilité du processus. C'est aux participants – et non au médiateur - qu'il revient de décider de tout et en binôme : la manière de présenter le conflit, la manière de le résoudre. Le médiateur les laisse, à cet égard, prendre sur leurs épaules l'enjeu de la réussite de la rencontre, en leur affirmant qu'il s'agit de reprendre du

1. R.B. BUSH et J. FOLGER, *op. cit.*, 1994.

pouvoir sur la situation. Cet effet, s'il est performant dans certains conflits où les enjeux de pouvoir ne sont pas majeurs, peut avoir un effet inverse quand les personnes sont fragiles. Prenons l'exemple d'une personne qui a gravement été abusée dans le cadre d'une relation empreinte d'abus de pouvoir (violence intime ou familiale). Elle rencontre son agresseur devant un médiateur adhérant au modèle transformatif. Tout en comprenant qu'elle devrait reprendre du pouvoir sur la relation – et, pourquoi pas sur son abuseur - la personne victime est alors incitée, par le médiateur, à s'exprimer, livrer ses émotions, faire preuve d'*empowerment*. D'animal blessé, elle se transforme, grandit et finit par avoir assez de force en elle-même pour non seulement mettre des mots sur l'injustice qu'elle a vécue, mais aussi se permettre de mieux comprendre ce que l'« autre » a fait. Bien sûr, sur le moment, la sensation est grisante. Elle est également grisante pour le médiateur, heureux de voir la personne se transformer sous ses yeux. La question qui se pose est la suivante : que se passe-t-il une fois que la victime rentre chez elle ? Combien de temps durera cet effet grisant, avant qu'il ne retombe comme un soufflé ? La personne risque de se retrouver devant son miroir, incapable de retrouver, sans le médiateur, ces émotions qu'elle avait su développer. Elle risque de recroiser son agresseur sans jamais réussir de nouveau à lui tenir tête, tandis que ce dernier s'empressera de reprendre le pouvoir sur elle. Elle risque même de se mettre en danger en tentant de reproduire la scène de confrontation sans le médiateur.

3. Le modèle humaniste

Contrairement aux deux précédents, le modèle humaniste est celui des trois qui a véritablement inspiré le modèle relationnel, et même plus : il a été le modèle appliqué par les médiateurs québécois en matière criminelle jusqu'à la naissance du modèle relationnel dans les années 2000. De fait, il constitue non pas une simple origine, mais bien un fondement à part entière de ce dernier. Cela sera repris et développé dans des paragraphes ultérieurs.

Avant d'aller plus loin, il s'agit de s'entendre sur la définition de « modèle humaniste » en médiation, parce que le courant de médiation auquel ce concept fait référence est fort large. Inspiré par les préceptes du psychologue Carl ROGERS [1], il se fonde sur les principes de l'écoute active et du non-jugement. Dès lors, de nombreuses formes de médiations en sont nées, lesquelles ont ajouté au fil du temps à ces préceptes une forme de bien-pensance évidente

---

1. C.R. ROGERS, *On Becoming a Person : A Therapist's View of Psychotherapy* (1961). Trad. : *Le développement de la personne.* France : Dunod, 2005.

mettant au premier plan l'altruisme, la non-violence et la paix. Bien des médiations ou autres programmes de rencontres en cercle se déclarent humanistes ; on citera, par exemple, le courant français représenté par Jacqueline MORINEAU [1] duquel l'approche relationnelle se distingue fortement. Il existe également un rayonnement évident de ces approches qui vont bien au-delà de la grande famille de la médiation, et qui sont souvent, à tort, confondues avec elle : c'est le cas du mouvement de la Communication non-violente, par exemple celui initié par Marshall ROSENBERG [2], dont on ne compte plus les émules, et dont l'approche relationnelle tient à se distancier fortement aussi.

Pour certains penseurs, le modèle humaniste relève davantage du monde de la justice réparatrice que de celui de la médiation. Nous laisserons ces riches débats aux spécialistes de la question [3]. Les auteurs du présent ouvrage désirent restreindre ici, pour leurs fins propres (et sans rien enlever aux autres) le modèle humaniste au seul modèle développé aux États-Unis par le professeur Mark UMBREIT, de l'Université du Minnesota. Ce modèle a été publié notamment dans un article au titre célèbre : *Humanistic Mediation : A Transformative Journey of Peacemaking* [4].

À l'instar des questions épistémologiques que se posent les auteurs de cet ouvrage, il est intéressant de rappeler qu'UMBREIT s'est, au fil du temps, lui-même fortement distancié de la grande famille de la médiation dont l'objectif est de régler un conflit en trouvant des solutions à une situation problématique, si possible sans utiliser les forces institutionnelles. Car le modèle humaniste se pose bien en rupture par rapport à cet objectif. UMBREIT crée une nouvelle famille conceptuelle afin d'y ranger convenablement son approche, usant d'un vocabulaire nouveau : celle des *Victim Offender Sensitive Dialogue,* autrement dit les possibilités de dialogue infracteurs-victimes, catégorie pratique permettant de regrouper les rencontres détenus-victimes, cercles et autres médiations pénales et restauratives [5]. Sans nier que l'approche relationnelle tire le maximum de son efficacité durant une mesure de dialogue infracteur-victime, nous maintenons son appartenance au champ de la médiation ; nous espérons donner dans cet ouvrage suffisamment d'arguments pour clore définitivement ce débat.

---

1. J. MORINEAU, *La médiation humaniste, un autre regard sur l'avenir.* Toulouse : Érès, 2016.

2. M.B. ROSENBERG, *Les mots sont des fenêtres, ou bien ce sont des murs : initiation à la Communication NonViolente.* Paris : La Découverte, 2016.

3. J. FAGET, *op. cit.,* 2010.

4. M.S. UMBREIT, Humanistic Mediation : A Transformative Journey of Peacemaking. *Mediation Quarterly,* vol. 14, no3, 1997, pp. 201-213.

5. R. CARIO et C. ROSSI, *op. cit.,* 2020.

Il est impossible de passer à travers une description complète du modèle humaniste de UMBREIT en quelques lignes ; nous renvoyons le lecteur aux ouvrages de référence en la matière [1], ainsi qu'aux films et autres productions qui lui sont consacrés [2]. Nous nous permettrons de le résumer en quelques mots. Ce modèle met au centre du processus la *préparation* des personnes, jamais la rencontre finale éventuelle en face-à-face. Les parties sont, de fait, invitées à se réapproprier entièrement leur conflit, dans toutes les dimensions de sa subjectivité, et de le faire en amont, c'est-à-dire durant les périodes de préparation. Le médiateur intervient au minimum sur la subjectivité des discours, pour profiter d'une expérience de partage maximale avec les participants. Ce médiateur se distingue par un immense savoir-être, une grande non-directivité ; et comme les parties restent en contrôle permanent de la fréquence et de la durée des séances de préparation, le processus est souvent extrêmement long.

S'il ne fallait retenir qu'une chose de ce modèle humaniste et expliquer, en une seule raison, en quoi le modèle relationnel s'en inspire, la voici : c'est à UMBREIT, et à lui seul, que revient le génie d'avoir déclaré, pour la première fois, que *l'écoute active* crée beaucoup de suggestion chez les médiés. Autrement dit, un médiateur qui réagit au discours des gens qu'il accompagne en utilisant des techniques de communication, ou en tentant d'intervenir activement, abîme nécessairement la pensée de celui qui parle. UMBREIT développe au contraire ce que nous considérons comme une *écoute véritable*, à savoir un comportement qui consiste à écouter et *entendre* la personne, tout simplement, de tout son cœur et au premier degré, sans jamais réagir comme un expert, sans jamais la diagnostiquer, sans jamais prétendre amener la personne qui s'exprime sur un autre chemin, sans jamais tenter de lui suggérer quelque chose (surtout pas, d'ailleurs, la paix, le pardon ou l'harmonie générale). Les techniques habituelles de résumé, reflet, reformulation sont évitées, et rejetées pour être décrites comme des « *canned techniques of listerning skills* », autrement dit des techniques de communication en boîte, des outils de « prêts à communiquer [3] ».

Il est intéressant de se demander pourquoi l'approche relationnelle a été créée, alors que l'ensemble des médiateurs québécois en matière réparatrice et criminelle auraient très bien pu continuer à appliquer le modèle de Mark UMBREIT. Deux raisons peuvent être invoquées ici. La première est que la

---

1. M.S. UMBREIT, R.B. COATES et B. VOS. Restorative Justice Dialogue : A Multi-Dimensional, Evidence-Based Practice Theory. *Contemporary Justice Review*, vol. 10, no 1, 2007, pp. 23-41. ; T. LEWIS et M.S. UMBREIT. A Humanistic Approach to Mediation and Dialogue : An Evolving Transformative Practice. *Conflict Resolution Quarterly*, vol. 33, no 1, 2015, pp. 3-17.

2. C. KONOWAL, *Lueur d'espoir* [en ligne]. 1997. [Consulté le 3 mai 2020]. Disponible à l'adresse : https://www.onf.ca/film/lueur_despoir/.

3. Selon la jolie expression de M. MARTIN, du réseau Équijustice.

médiation humaniste est et demeure, malgré tout, fortement teintée de valeurs optimistes et spirituelles. Or le modèle relationnel appartient aux courants de la criminologie et des sciences sociales qui seront présentés dans les prochaines sections ; il a vocation à se déployer dans des institutions où les valeurs spirituelles ne sont pas toujours faciles à revendiquer.

La seconde raison est que les auteurs de cet ouvrage ont lu UMBREIT, le connaissent, ont participé à des formations qu'il a données. Mais les techniques humanistes, si elles peuvent être comprises, ne peuvent pas facilement être enseignées. Elles ne disposent pas vraiment de contenu technique pédagogique ; l'approche humaniste semble ne pouvoir s'enseigner que par des valeurs ou des principes, sous la forme d'un savoir-être. Elle est plus difficile à enseigner en termes de savoir-faire. Le modèle n'a, sur le plan pratique, pas grand-chose de tangible : il est constitué, tout au plus, d'une dizaine de recommandations pour l'exercice de la médiation. En voici quelques-unes : il faut partir du principe que « toutes les choses sont reliées entre elles ». Il faut reconnaître l'importance de la présence du médiateur dans une rencontre de dialogue, et les capacités de ce dernier à se « connecter » avec les parties. Il faut croire en la capacité de libération par le dialogue. Il faut croire que chaque personne a pour seul objectif de vivre apaisée. Il faut croire que chacun désire grandir de son expérience. Il faut croire que chacun utilise son propre potentiel pour vaincre l'adversité. Il faut croire en la dignité, et l'auto-détermination des personnes dans leur capacité à s'approprier le conflit.

De tels principes, respectables bien sûr, ne permettent pas de comprendre réellement comment on prépare les parties, comment le médiateur travaille. Dès lors, il est permis de penser que toute la force du modèle consiste surtout en la rupture qu'il opère avec les autres modèles de médiation, et non pas vraiment en la somme des techniques qu'il propose. Ceux qui ont la chance d'avoir été formés directement par UMBREIT peuvent être séduits par l'approche, ils peuvent même s'en revendiquer, mais ils ne sauront jamais s'ils sont véritablement capables de l'appliquer. L'approche relationnelle, même inspirée du modèle humaniste, mettra au cœur de ces principes le fait de pouvoir constituer une approche facile à transmettre, et pas seulement une approche à incarner.

Maintenant que les origines de l'approche relationnelle ont été présentées, il est à présent possible d'en exposer les fondements.

Section 2 : Les fondements de l'approche relationnelle

L'idée de créer une nouvelle approche, qui aurait pour nom « approche relationnelle », date de 2004, à l'initiative de Serge CHARBONNEAU. La technique du « M.A.I.S. » qui la soutient a trouvé son nom définitif en 2008, à l'occasion d'une séance de travail entre Serge CHARBONNEAU et Catherine ROSSI. Pour autant, cette approche est loin d'avoir été inventée en un jour. Il aura fallu de nombreuses étapes et autant d'influences, cela sur de nombreuses années, pour que toutes les pièces qui composent sa structure finale s'additionnent et se complètent. De nombreux partenaires et collaborateurs ont permis d'en élaguer et renforcer les contours. L'approche relationnelle n'est pas une invention que l'on peut réifier aisément et à laquelle il doit être conféré des frontières imperméables. Elle est au contraire une coalescence de plusieurs influences. Bien entendu, ces influences ne comptent pas celles qui proviennent directement du courant de la justice réparatrice et des approches en médiation, qui ont été déjà mentionnées dans la section précédente. Il est plutôt question, dans le prochain paragraphe, des influences qui ont permis l'édification de l'approche en tant que telle.

Ces influences sont au nombre de cinq exactement, et elles ont mis plusieurs années avant de pouvoir être réunies. Pour comprendre les fondements de l'approche relationnelle, il faut se la représenter sous la forme d'une table à cinq pieds, ou encore d'une étoile à cinq branches, chaque branche représentant l'une de ces influences. Chacune a eu un apport à peu près équivalent et elles continuent ensemble, aujourd'hui, de l'alimenter et d'en renforcer les assises. Ces cinq influences sont illustrées dans la figure suivante.

Figure 2 : Les cinq influences extérieures à l'origine de l'approche relationnelle

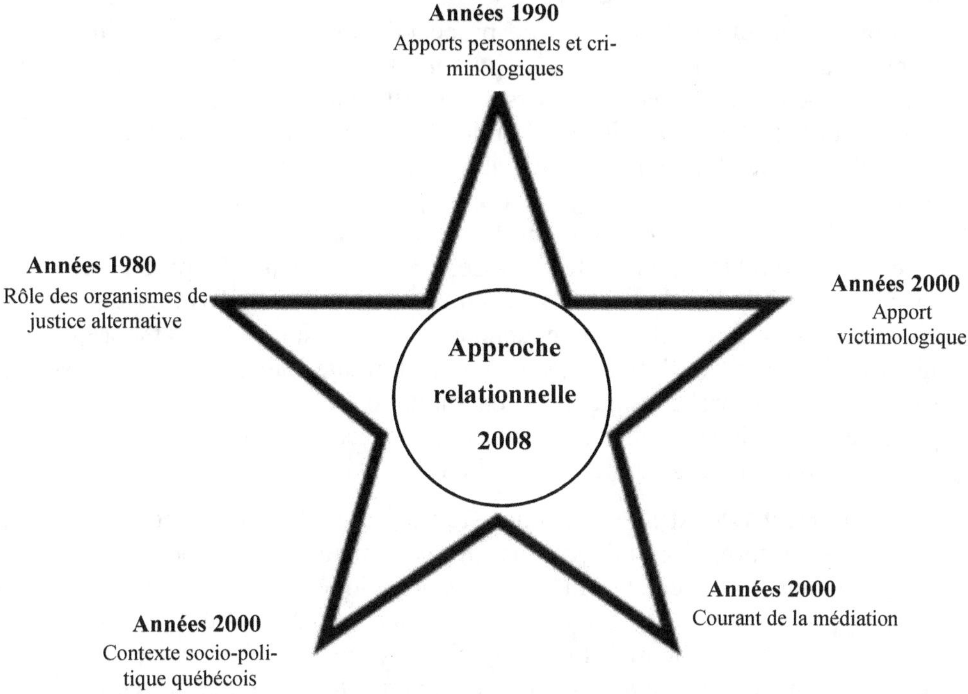

Ces cinq influences seront détaillées dans les prochains paragraphes. La première est criminologique : elle se fonde sur la formation originale ainsi que le parcours antérieur personnel de son ingénieur principal, Serge CHARBONNEAU (I). La seconde influence provient de la justice des mineurs au Québec : l'approche relationnelle s'est inspirée du travail d'organismes de terrain qui évoluent, depuis les années 1980, en justice pour les adolescents (II). La troisième arrive d'Europe et est étroitement liée à l'apport du courant européen de la médiation (III). La quatrième est un apport victimologique, essentiellement scientifique (IV). La cinquième et dernière est à mettre sur le compte du contexte-socio politique québécois. Sans qu'il constitue à proprement parler une « influence », ce dernier contexte, en évoluant considérablement entre 2000 et 2010, est celui qui a réellement obligé l'approche relationnelle à se structurer et se déclarer comme une approche officielle (V).

I. Les influences provenant du courant de la criminologie et de la formation antérieure de Serge CHARBONNEAU

L'objet d'un tel paragraphe est de procéder à une forme d'« effeuillage épistémologique », pour reprendre les jolis mots de Jacques FAGET [1]. Il peut surprendre ; en quoi le parcours personnel d'un individu (en l'occurrence Serge CHARBONNEAU) peut-il se prétendre pertinent dans le cadre d'une démonstration sur les fondements d'une approche ? La présente démarche doit être comprise comme éthique et méthodologique. Elle se rapproche d'une manière de faire que l'on croise souvent dans toutes recherches en sciences humaines : elle consiste en un « retour sur ses propres biais ». L'approche relationnelle a été mise au point dans sa version finale par un individu, dans un contexte, dans un pays. Elle a été conçue en se basant sur un cadre théorique criminologique précis : l'interactionnisme symbolique, cadre utilisé, en l'espèce, dans une démarche d'ingénierie tentant de reproduire au mieux les principes du constructivisme. Pour cette raison, et par jeu de mise en abîme, l'approche relationnelle reste teintée par les biais de son auteur.

Serge CHARBONNEAU, destiné à des études criminologiques, débute dans sa jeunesse une formation universitaire en toxicomanie. Il sera fortement influencé par une figure célèbre du monde scientifique des années 70-80 : le psychologue états-unien Stanton PEELE qui publie, en 1975, l'ouvrage « *Love and addiction* [2] » dans lequel il déconstruit l'idée que la dépendance puisse être une maladie ou un trouble. Il compare la dépendance à l'alcool à certains types de relations, notamment l'amour et le sexe. Il remet en question la tendance clinique qui commence à être associée à la dépendance et qui en deviendra le courant dominant dans les années ultérieures. Il affirme que la toxicomanie ne peut pas s'expliquer par des variables individuelles, et que les dimensions sociales et culturelles jouent aussi un rôle important. Selon PEELE, un individu serait *dépendant* non pas lorsqu'il est cliniquement atteint mais lorsqu'il entretient, avec son objet de dépendance, un rapport qui, à la longue, détériore sa vie et l'empêche de vaquer à ses occupations quotidiennes [3]. Au Québec, les travaux de PEELE sont diffusés notamment par Louise NADEAU [4] : cette dernière affirme que loin de fabriquer des affirmations définitives, le psychologue permet une nouvelle lecture de la réalité. PEELE devient rapide-

---

1. J. FAGET, *op. cit.,* 2010.

2. S. PEELE et A. BRODSKY, *Love and Addiction.* Watertown, MA : Broadrow Publications, 1975.

3. B. QUIRION et C. PLOURDE, Mot de présentation. *Drogues, santé et société*, vol. 8, n° 2, 2009, pp. 7-26.

4. L. NADEAU, Stanton Peele, ou l'extension du concept de dépendance, *Psychotropes*, vol. 1, n° 1, 1983.

ment une figure marquante de la révolution psychosociale de l'époque : la dépendance peut désormais être envisagée comme un mode de vie qui évolue au gré des conditions sociales dans lesquelles les individus sont appelés à évoluer [1]. Une idée en particulier retient l'attention de Serge CHARBONNEAU : alors que PEELE explique la dépendance comme un *attachement à une expérience* qui se transforme en une source de gratification, et ce faisant empêche l'individu de prendre du recul sur son habilité à gérer son environnement, se pourrait-il que le rapport au conflit ou au crime crée lui aussi un « rapport à une expérience » ? Pour les infracteurs ou les victimes, l'expérience de la confrontation au phénomène criminel crée, en effet, une sorte de « relation » : après un crime, les personnes touchées se voient contraintes de redessiner leur vécu en lien avec le sens qu'a pris, pour eux, l'événement criminel. Le « rapport au crime » pourrait-il être retravaillé afin qu'il cesse d'affecter la vie quotidienne ?

Serge CHARBONNEAU est embauché au sein des organismes de justice alternative [2] (à l'époque « organismes orienteurs ») en 1985. Il entre au Regroupement des organismes de justice alternative du Québec (ROJAQ), aujourd'hui Équijustice [3], en 1993, et poursuit, à cette époque, une maîtrise en criminologie qu'il obtiendra en 2001. Déjà séduit par les idées de PEELE, il découvre alors les théories interactionnistes en criminologie. En rupture paradigmatique totale avec la psychologie de l'époque (bien avant de remettre en question le sens de la pénalité moderne), le courant de l'interactionnisme symbolique, initié par MEAD [4], propose une approche nouvelle des phénomènes sociaux, basée sur l'interrelationnel et la co-construction, ainsi que sur les processus d'interaction interindividuels. La découverte de ces courants marque encore une fois l'ingénieur de l'approche relationnelle, et lui permet également de faire des liens entre ce que l'interactionnisme décrit des effets de la communication verbale et non-verbale, au sein des premières expériences de médiation auxquelles Serge CHARBONNEAU assiste dans son quotidien professionnel. Aux travaux des interactionnistes de la première vague initiée par MEAD s'ajoutent les influences de son disciple BLUMER [5]. Serge CHARBONNEAU lit abondamment sur la notion de sens que les hommes attribuent aux

---

1. B. QUIRION et C. PLOURDE, *op. cit.*, 2009.

2. Qui deviendront en 2018 le réseau Équijustice, consulter la page http://www.equijustice.ca/.

3. Pour des fins de simplification, lorsqu'il sera question du ROJAQ dans le texte, les auteurs mentionneront à la place le nom Équijustice, la nouvelle raison sociale du réseau.

4. G.H. MEAD, *Mind, Self and Society*. Chicago, IL : University of Chicago Press, 1934.

5. H. BLUMER, *Symbolic Interaction : Perspective, and Method.* Berkeley, CA : University of California Press, 1969.

choses sociales, sur les déviations de sens que l'interaction sociale avec autrui impose.

À ces influences de jeunesse, il faudra, au fil des années, en ajouter d'autres : celles, indiscutables, du célèbre Pierre BOURDIEU [1], mais aussi de Jean PIAGET [2] (et notamment de son explication du phénomène de la « décentration »), et enfin, et bien sûr, la psychologie humaniste de Carl ROGERS [3]. Ce dernier est probablement celui dont, ultimement, les travaux teinteront le plus l'approche relationnelle. On retiendra notamment l'influence plus que notable du concept d'« approche centrée sur la personne », copiée-collée au sein du modèle relationnel ; ainsi que de très nombreux clins d'œil à la psychologie humaniste. L'utilisation de l'empathie et du regard positif inconditionnel de ROGERS deviendra, en médiation relationnelle, l'« acceptation inconditionnelle » et donnera naissance au principe de l'*écoute attentive* ; celle de la congruence du thérapeute se transposera à celle du médiateur.

Une dernière influence doit être mentionnée. Toujours fort vivace, elle provient cette fois du Brésil : elle est celle du professeur et chercheur Theophilos RIFIOTIS, de *l'Universidade Federal de Santa Catarina*, à Fioranopolis. Anthropologue de formation, ayant consacré ses recherches aux violences conjugales et aux pouvoirs policiers, il continue d'alimenter, presque quotidiennement, les concepts se trouvant au centre de l'approche relationnelle. C'est grâce à son savoir, en particulier, qu'ont pu être identifiés les enjeux de ce qui peut être qualifié d'« hégémonie communicationnelle ». Médiation, dialogues, justice réparatrice : ces concepts sont toujours associés à une rencontre en face-à-face. Mais les personnes, femmes, hommes, infracteurs, victimes, majeures, mineures, ne sont pas égales face au besoin de dialoguer en face-à-face ; elles n'ont pas une situation ou un pouvoir en permanence symétrique. Ce sont les séances de travail avec RIFIOTIS qui permettront d'obtenir la confirmation scientifique de l'un des éléments les plus centraux de l'approche relationnelle. Plutôt que de modifier les personnes pour qu'elles s'adaptent au modèle et qu'elles performent en face-à-face, n'est-il pas plus simple, et plus éthique, de modifier plutôt le modèle pour qu'il s'adapte aux personnes, même lorsque leur situation n'est pas symétrique ? L'approche relationnelle met au cœur de sa méthode des rencontres individuelles avec le médiateur, nommées « ateliers de communication ». Jamais le face-à-face. Elle met également en valeur d'autres issues possibles de dialogues indirects, ou par média interposés. Ce faisant, les promoteurs de l'approche relationnelle, et parmi eux les auteurs de cet ouvrage, ont trouvé ici les derniers arguments leur permettant

1. P. BOURDIEU, *La misère du monde*. Paris : Seuil, 1993.

2. J. PIAGET, *L'équilibration des structures cognitives : problème central du développement*. Paris : Presses universitaires de France, 1975.

3. C.R. ROGERS, *op.cit.*, 1961.

de s'opposer définitivement à l'hégémonie du face-à-face, et à tous ceux qui pensent que la rencontre en personne a quelque chose de magique.

II. Les influences provenant du courant de la justice pour les adolescents : l'apport du réseau Équijustice

Une seconde influence majeure liée au développement de l'approche relationnelle est le travail effectué en justice réparatrice par les organismes québécois du réseau Équijustice, autrefois connus sous le nom d'organismes de justice alternative [1].

Lorsqu'elle est née, l'approche relationnelle n'avait pas vocation à devenir une « approche », encore moins à s'appliquer à tous les programmes de justice réparatrice du réseau. Jusqu'au milieu des années 2000, elle devait uniquement servir de cadre de référence en médiation pénale à l'intérieur d'un même réseau d'organismes à but non lucratif œuvrant en justice pour les adolescents au Québec. Ce réseau, composé à l'époque de 37 organismes communautaires répartis dans chacune des régions du Québec et couvrant l'ensemble de son territoire, est celui au sein duquel Serge CHARBONNEAU est embauché en 1985, et dont il devient le directeur général en 1993. L'approche relationnelle est à ses débuts un simple projet interne, destiné à un public limité, afin d'en harmoniser et soutenir les pratiques professionnelles. Elle a pour but que la pratique de la médiation pénale se fasse de la manière la plus identique possible d'un organisme à un autre, d'une région à une autre. Le Québec est vaste, et ses régions variées ; les organismes vivent tous des réalités différentes. Certaines régions sont fortement urbaines (Montréal et sa banlieue), d'autres sont au contraire très éloignées et rurales ; certaines abritent des populations particulières, par exemple beaucoup de touristes ou d'étrangers dans les villes, des populations autochtones en région, davantage de « gangs de rue » (crime organisé impliquant des mineurs) près des zones fluviales ou portuaires. L'harmonisation des pratiques au sein des organismes devient un enjeu important, qui compte plus de 150 intervenants professionnels qui auraient pu, ce faisant, pratiquer la médiation différemment les uns des autres.

Les intervenants, médiateurs et formateurs des organismes pratiquant la médiation au Québec reçoivent les premières directives associées à l'approche relationnelle non pas comme une injonction, mais comme une invitation à y contribuer en fonction de leurs réalités locales particulières. Entre les années 1980 et les années 2010, l'ensemble de ces professionnels vont abondamment

---

1. Un peu moins d'une quinzaine D'OJA se déclarent encore sous cette dénomination au Québec, et ont choisi de se fédérer sous une autre bannière associative, L'ASSOJAQ, pour Association des organismes de justice alternative du Québec. Voir en ligne : https://www.assojaq.org/

contribuer à alimenter l'approche, à la critiquer, à l'améliorer, à la renforcer. L'approche relationnelle n'aurait jamais pu voir le jour sous sa forme définitive si elle n'avait pas été testée simultanément, au quotidien, sur le terrain et lors des formations, et si quelques ingénieurs *ad hoc* (pour la plupart des intervenants) n'y avaient pas ajouté leur grain de sel.

Afin de mieux comprendre l'histoire de ce réseau d'organismes et son influence (3), il est approprié de revenir sur l'évolution du droit des mineurs au Québec (1) et d'envisager l'existence d'un réseau québécois d'intervention (2).

1. L'évolution du droit des mineurs au Canada

L'histoire du droit des mineurs au Canada est indissociable de la création de l'approche relationnelle. Les prochains paragraphes sont consacrés à des retours historiques sur l'évolution de différentes lois canadiennes qu'il nous semble indispensable de mentionner.

Avant 1857 au Canada, les délinquants mineurs subissaient le même sort que les criminels adultes. Il faut attendre le milieu du 19e siècle pour qu'émerge l'idée de « réformer » les jeunes plutôt que de les punir, au Canada comme au Québec [1]. Mais tout au long de la fin du 19e siècle, la stratégie canadienne dominante de prévention de la délinquance des jeunes est orientée vers la protection de l'enfance plutôt que vers un modèle de justice pénale. Prisons adaptées pour les « jeunes délinquants », création des écoles d'industrie (ancêtre du système moderne de protection de la jeunesse) : à l'époque, les jeunes délinquants se confondent avec les enfants abandonnés ou laissés à eux-mêmes par leurs parents, pour ne former qu'un ensemble de jeunes problématiques devant recevoir, de gré ou de force, la protection de l'État providence. L'adoption du premier Code criminel canadien en 1892 permet la création, au Québec, des premières institutions pour mineurs. Ces dernières posent définitivement le principe d'un régime institutionnel différent entre jeunes et adultes [2]. L'édification des premiers tribunaux pour mineurs dans l'ensemble du Canada suit immédiatement.

1. J. TRÉPANIER, La justice des mineurs. Dans : M. LE BLANC, M. OUIMET et D. SZABO, *Traité de criminologie empirique*, troisième édition, Québec, QC : Les presses de l'Université Laval, 2003, pp. 585-646.

2. V. STRIMELLE, *La gestion de la déviance des filles et les institutions du Bon-Pasteur à Montréal (1869-1912)*. Montréal, Université de Montréal. Thèse de doctorat en criminologie, 1998.

En 1908 entre en vigueur, au Canada, la *Loi sur les jeunes délinquants*[1]. Elle applique à tous les mineurs, délinquants ou en danger, un modèle de *protection de l'enfance*. Les jeunes délinquants ne sont pas considérés, alors, comme des criminels responsables d'actes délibérés, mais comme des enfants « mal dirigés, ayant besoin d'aide, d'encouragement et de secours », comme le spécifie l'article 31 de la loi. Ce modèle, loin d'être une panacée, atteint sa limite dans les années 60, alors que les grandes révolutions populaires commencent à modifier considérablement le tissu social, et que le Canada se met, comme tous les pays occidentaux, à entrer dans une ère de progrès scientifique. En criminologie et en psychoéducation s'amorce une période féconde. Celle-ci permet de poser les premiers jalons de l'intervention clinique en matière de « troubles de comportement ». Le mineur de plus de 12 ans devient « adolescent » ; les causes de son comportement commencent aussi à être considérées comme des causes individuelles, et non plus seulement familiales ou sociales.

De leur côté, intervenants et juristes commencent à dénoncer de terribles abus en droit des mineurs et les failles des systèmes dits « protecteurs » (les mineurs n'ayant pas la possibilité de se défendre à l'époque). En 1975, des incidents importants surviennent dans des centres d'accueil et des centres de détention du Québec, exigeant la mise sur place de comités d'enquête. On dénonce les abus policiers envers les jeunes [2], on demande l'obtention des droits à la défense dans les tribunaux canadiens pour mineurs, et l'on voit apparaître les premiers avocats de la défense ayant pour clients des délinquants mineurs [3]. Mais acquérant de nouveaux droits, les mineurs commencent à avoir de nouveaux devoirs et de nouvelles responsabilités. L'adoption de la première *Charte québécoise des droits et libertés* en 1975 aura finalement raison du modèle « protectionniste » et provoquera la mise en place d'un contexte de réforme important.

La *Loi sur les jeunes contrevenants*, deuxième étape marquante du droit des mineurs au Canada et au Québec, entre en vigueur en 1984 [4]. Elle pose un certain nombre de messages forts qui modifient considérablement le régime du droit canadien pour les mineurs, notamment à travers deux modifications fondamentales. En premier lieu, l'intervention judiciaire n'y est plus un principe obligatoire. Chaque province – dont le Québec – est désormais autorisée à mettre en place un *programme de mesures de rechange* permettant le traite-

1. *Loi sur les jeunes délinquants (LJD),* S.C. 1908, ch. 40, abrogée.

2. E.M. SCHUR, *Radical Nonintervention : Rethinking the Delinquency Problem.* Upper Saddle River, NJ : Prentice Hall, 1973.

3. J. TRÉPANIER, *op. cit.*, 2003.

4. *Loi sur les jeunes contrevenants (LJC),* L.R. 1985, ch. Y-1, abrogée.

ment extrajudiciaire d'un nombre conséquent de situations rapportées. En second lieu, plutôt que 16 ou 17 ans, le seuil de la majorité est fixé à 18 ans pour tout le Canada (il était déjà fixé à 18 ans au Québec, mais certaines provinces fortement peuplées n'avaient pas emboité le pas). Cela a pour conséquence non négligeable de faire entrer dans les tribunaux pour mineurs des jeunes autrefois considérés comme des adultes dans les autres provinces. Cette dernière réforme aura elle-même deux conséquences très importantes : la première, l'incidence des problématiques de délinquance des jeunes de 16 à 18 ans donnera lieu à un accroissement considérable, en gravité, des activités du monde judiciaire et parajudiciaire pour mineurs, sur le plan fédéral (un jeune de 17-18 ans a souvent un dossier bien plus lourd et bien plus fourni qu'un « primo-délinquant » de 13 ou 14 ans). La seconde : la clientèle des tribunaux pour mineurs est décuplée également en nombre, puisque les jeunes de 16 à 18 ans constituent une population déviante beaucoup plus nombreuse. La clientèle des tribunaux pour mineurs augmentant fortement dans beaucoup de provinces, le contexte est fébrile quand est abordé le virage de la fin du 20e siècle. Le modèle entier de la justice pénale canadienne se voit fortement remis en question [1].

La *Loi sur les jeunes contrevenants* de 1984 ne parviendra pas à résister à quelques faits divers dramatiques. Elle deviendra un enjeu majeur de la campagne électorale fédérale de 1993, faisant basculer le droit des mineurs dans une nouvelle ère : celle de la responsabilisation. Les adolescents sont désormais considérés comme des êtres de droit, capables de prendre leurs propres décisions, préférant les conseils de leur avocat à ceux de leurs parents. En 2003 entre en vigueur l'ultime cadre légal canadien du droit des mineurs : la *Loi sur le système de justice pénale pour les adolescents* [2] (LSJPA), encore en vigueur aujourd'hui. Les principes de détermination de la peine y sont revus, tandis que de nouvelles peines spécifiques sont créées, tel le programme d'assistance et de surveillance intensive [3]. En 2015, ce cadre légal sera additionné de nouvelles inflexions punitives lors de l'entrée en vigueur d'une loi au nom sans équivoque (*Loi sur la sécurité des rues et des communautés* [4]), autorisée par le gouvernement fédéral conservateur, qui rend possible, par exemple,

---

1. C. Rossi et S. Charbonneau, *op. cit.*, 2018.

2. *Loi sur le système de justice pénale pour les adolescents (LSJPA)*, L.C. 2002, ch. 1.

3. S. Moyer, *Comparaison : dossiers traités sous le régime de la Loi sur les jeunes contrevenants et dossiers traités pendant les six premiers mois d'application de la Loi sur le système de justice pénale pour les adolescents*. Rapport au ministère de la Justice Canada, 2005. ; D. Lafortune, *La loi sur le système de justice pénale pour les adolescents sept ans plus tard : portrait des jeunes, des trajectoires et des pratiques, devis de recherche, action concertée du Ministère de la santé et des services sociaux et du Fonds québécois pour la recherche sur la société et la culture*, Document de travail, 2011.

4. *Loi sur la sécurité des rues et des communautés*, L.C. 2012, ch. 1.

l'assujettissement de certains mineurs à des peines d'emprisonnement à réaliser dans des pénitenciers fédéraux pour adultes.

2. Le « modèle québécois d'intervention »

L'évolution législative canadienne a eu une influence très nette sur la nécessité de créer une approche adaptée en justice réparatrice. Mais pas seulement. Elle a également permis au Québec de se démarquer des autres provinces du Canada et de montrer une philosophie différente de traitement de la délinquance juvénile. L'approche relationnelle doit sa création au fait qu'il existe bien un aussi unique qu'efficace « modèle québécois d'intervention ».

Dès l'entrée en vigueur de la *Loi sur les jeunes contrevenants* en 1984, on remarque de grandes différences entre le Québec et le reste du Canada [1]. Le Québec ne désire pas de réforme légale, et considère que de telles lois imposent des changements difficiles à intégrer. Le Québec entend résister aux nouvelles inflexions du courant de la responsabilisation. L'influence des groupes communautaires, appuyés par l'ensemble des professionnels du droit, commence à s'imposer sur le terrain. En 2003, la LSJPA entre en vigueur dans un contexte de résistance des professionnels du milieu de l'intervention jeunesse du Québec [2].

Entre les années 1984 et 2003, la toile du réseau d'intervention québécois s'est en effet tissée et fait connaître dans les autres provinces canadiennes comme un modèle du genre. Le puissant réseau des Centres jeunesse du Québec [3] (responsables de l'essentiel des décisions en matière de protection ou judiciarisation des jeunes) a bien compris la possibilité d'offrir, aux mineurs accusés, des mesures de rechange permettant de ne pas les judiciariser. Les intervenants sont fortement soutenus par la recherche scientifique, notamment celle qui émerge des écoles de criminologie et de psychoéducation : les professeurs Marcel FRÉCHETTE et Marc LEBLANC [4] mettent de l'avant le principe de « l'appariement ». Ce principe consiste à offrir à un jeune accusé « la bonne

1. J. TRÉPANIER, Les transformations du régime canadien visant les jeunes contrevenants : les frontières de la justice des mineurs en mutation. *Revue de droit pénal et de criminologie*, vol. 85, no 6, 2005, pp. 559-602. ; D. LAFORTUNE, *op. cit.*, 2011.

2. R. HASTINGS, La criminalisation de la jeunesse : les tendances au Canada. *Déviance et société*, vol. 33, no 3, 2009, pp. 351-365.

3. Autrefois fédérés sous la bannière de l'Association des Centres Jeunesse du Québec, aujourd'hui disparue et dont les tâches sont réparties au sein du vaste réseau de la santé et des services sociaux québécois.

4. M. FRÉCHETTE et M. LE BLANC, *Délinquances et délinquants*. Boucherville, QC : Gaétan Morin Éditeur, 1987.

mesure au bon moment » pour lui éviter l'application de mesures punitives en cascade [1]. Au Québec, c'est un intervenant jeunesse (le directeur de la protection de la jeunesse) qui décide si un jeune doit être, ou non, judiciarisé. Si le jeune est arrêté et que l'on possède des preuves suffisantes contre lui, il est immédiatement transféré dans le réseau des Centres jeunesse, lesquels l'évaluent dans différents aspects de sa vie et de sa personne. À la suite de cette évaluation, il est orienté vers la « bonne mesure ». Il peut être alors judiciarisé (renvoyé aux tribunaux jeunesse). Cependant, dans le cas le plus courant, il est renvoyé à un programme de *sanctions extrajudiciaires* étant en réalité un programme de justice réparatrice. Entre 2005 et 2010, 74% des adolescents accusés y ont été renvoyés [2], contre 41% seulement de jeunes judiciarisés [3].

Inspiré par le succès de la LSJPA, le ministère de la Justice du Québec adopte en 2017 un *Programme de mesures de rechange pour adultes*. À l'instar du volet pour mineurs, ce nouveau programme de déjudiciarisation est déployé sur l'ensemble de la province et se poursuit les mêmes objectifs : offrir aux infracteurs québécois la possibilité de réparer leur geste.

3. La naissance des organismes de justice alternative, futurs « Équijustice »

Si les détours historiques précédents étaient importants à rappeler, le présent paragraphe l'est encore plus. Il concerne la naissance au Québec des organismes qui ont permis l'avènement de la pratique de la justice réparatrice. Or les initiatives de ces organismes précèdent de 20 ans la soi-disant redécouverte de la justice réparatrice par Howard ZEHR en 1990. Au Québec, les pratiques de réparation, en termes de médiation ou de travaux à la communauté, en guise non pas d'alternative à la peine mais bien d'alternative à la poursuite pénale, existent effectivement depuis les années 1970.

Remontons à la fin des années 1960-1970. Pendant qu'évolue le droit des mineurs, le mouvement états-unien de la médiation traverse la frontière canadienne et les premiers programmes de médiation éclosent au Québec, bien avant que ne soit officialisé le courant de la justice réparatrice (qui viendra un peu plus tard, dans les années 90). En effet, des ouvrages scientifiques majeurs qui sont parus à cette époque ont amené la criminologie, la sociologie et la psychologie dans une nouvelle ère. Ces ouvrages seront lus par la plupart des

1. D. LAFORTUNE, *op. cit.*, 2011.

2. D. LAFORTUNE, M-N. ROYER, C. ROSSI et coll., *op. cit.*, 2015.

3. Le total fait plus de 100 car entre 2005 et 2010 certains adolescents ont fait l'objet à la fois d'une sanction extrajudiciaire et d'une sanction pénale, et sont comptabilisés dans les deux catégories.

intervenants québécois et ont un impact majeur sur les orientations de leur travail : ce sont les intemporels *Asylums* de Erving GOFFMAN [1], *Outsiders* de Howard BECKER [2], *Radical Non-intervention* de Edwin SCHUR [3], *Surveiller et punir* de Michel FOUCAULT [4]. En 1976, à peu près en même temps que s'engage cette petite révolution épistémologique, la Commission de réforme du droit du Canada rend une déclaration historique, selon laquelle la « *réparation directe permet de faire quelque chose pour autrui* » tout en permettant au délinquant « *de dédommager la société* » [5]. Il n'en faut pas plus pour que l'idée de réparation directe séduise un organisme communautaire montréalais : le Bureau de consultation jeunesse. De 1977 à 1979, ce dernier propose de lancer un projet pilote inédit de déjudiciarisation des jeunes, en associant le travail des intervenants jeunesse à celui des policiers. Les bases des premières « solutions de rechange » sont imaginées : elles prennent la forme d'une conciliation avec la victime, d'une lettre d'excuse, de travaux au profit de la victime ou de la communauté. Il est également possible au jeune de suivre un programme de « conscientisation » (ou admonestation, de type « *counseling* » [6]) qui deviendra quelques années plus tard le programme de « développement des habiletés sociales ». La fin de ce projet va coïncider avec les réformes légales en matière de justice pour les adolescents et de protection de la jeunesse.

L'expérience montréalaise est un succès. En 1980, à Montréal, deux étudiants en criminologie élaborent, de leur côté, un projet de « travaux communautaires » qui consiste à démarcher des institutions de la région afin que le jeune accusé puisse y effectuer des travaux en lieu et place de sa judiciarisation[7]. Le projet séduit l'ensemble du réseau jeunesse et quelques bailleurs de fonds. Ces expériences ont un effet d'entraînement immédiat : d'autres organismes ouvrent à Victoriaville et Québec en 1981 et mettent sur pied des « projets d'activités réparatrices » (près de 10 ans avant l'entrée fracassante de la

---

1. E. GOFFMAN, *Asylums. Essays on the Social Situation of Mental Patients and Other Inmates*. Anchor. 1968.

2. H.S. BECKER, *Outsiders : études de sociologie de la déviance*. Paris : Éditions Métailié, 1985.

3. E.M. SCHUR, *op. cit.,* 1973.

4. M. FOUCAULT, *Surveiller et punir*. Paris : Gallimard, vol. 1, 1975.

5. CANADA, COMMISSION de RÉFORME du DROIT, *Sentences et mesures non-sentencielles dans le processus pénal*. Ottawa, Information Canada, 1976.

6. D. BÉLIVEAU avec la coll. de C. GUILLOTTE et S. CHARBONNEAU, *Les organismes de justice alternative dans le mouvement communautaire québécois*. Document interne, Montréal, 1997.

7. S. CHARBONNEAU et D. BÉLIVEAU, Un exemple de justice réparatrice au Québec : la médiation et les organismes de justice alternative. *Criminologie*, vol. 32, no1, 1999, pp. 57-77.

justice réparatrice dans le monde scientifique). Devant le succès de leurs interventions, ces organismes décident de s'incorporer. Puis un organisme ouvre à Trois-Rivières, un autre à Gatineau : ces derniers commencent à mettre sur pied les premiers programmes de médiation. Lors de l'entrée en vigueur de la *Loi sur les jeunes contrevenants* en 1984, et alors que l'on commence à vouloir recourir officiellement à des mesures de rechange, ces organismes sont déjà plus de 30. Ils deviennent officiellement habilités à participer à l'application de la loi et responsables de la bonne mise en œuvre des mesures de rechange. En 1988 nait le *Regroupement des organismes orienteurs du Québec* : le ROOQ. Entre 1989 et 1994, ce regroupement va se consolider ; les organismes vont se rebaptiser « organismes de justice alternative » et le ROOQ deviendra le Regroupement des organismes de justice alternative, ROJAQ. En 2018, il prendra enfin le nom d'Équijustice, mettant de l'avant son appartenance au paradigme de la justice réparatrice.

Les organismes sont au nombre de 37 lorsqu'entre en vigueur la *Loi sur le système de justice pénale pour les adolescents* en 2003 [1]. Ce réseau entier est devenu le principal acteur à faire appliquer les mesures de rechanges aux adolescents québécois. En 2001, il conclut une entente-cadre historique avec le réseau des Centres jeunesse : pour la toute première fois, la victime va y occuper une place de choix [2].

Mais à l'époque, la médiation pratiquée au sein des OJA n'a pas grand-chose de sa forme actuelle, et elle est une mesure très marginale. Elle est bien moins utilisée que les mesures de travaux communautaires ou de développement des habiletés sociales. Par ailleurs, elle n'a de médiation que son nom : en réalité, les organismes pratiquent plutôt, à l'époque, une sorte de conciliation avec la victime [3], dont l'objectif premier est vraiment d'être « alternative », pas vraiment « réparatrice ». Autrement dit, à l'époque, ce n'est pas encore la recherche de la réparation des préjudices causés aux victimes qui justifie les premiers essais de médiation, mais plutôt la recherche d'un consensus et d'un règlement du conflit. Elle doit avoir principalement pour effet d'« éduquer » le jeune [4], en l'amenant à prendre conscience des conséquences de ses gestes, et à lui éviter à tout prix un procès. La médiation (pénale) est

---

1. *Loi sur le système de justice pénale pour les adolescents (LSJPA),* L.C. 2002, ch. 1.

2. ASSOCIATION des CENTRES JEUNESSE du QUÉBEC et REGROUPEMENT des ORGANISMES de JUSTICE ALTERNATIVE du QUÉBEC (Acjq/Rojaq). *La concertation au profit des jeunes et des victimes.* Entente-cadre sur le programme de mesures de rechange, Montréal, document interne, 2001.

3. S. CHARBONNEAU, Justice réparatrice et justice des mineurs, considérations sur l'objet et enjeux pour la pratique. Dans : R. CARIO (Ed.), *Victimes : du traumatisme à la restauration*, Paris : L'Harmattan, coll. Traité de Sciences Criminelles, 2002, pp. 257-274.

4. C. ROSSI et S. CHARBONNEAU, *op. cit.*, 2018.

d'ailleurs réalisée par des néo-médiateurs ne cachant pas leur formation initiale en intervention jeunesse (et n'ayant aucune formation en victimologie), en dépit d'une réelle préoccupation à l'égard des victimes [1].

C'est donc dire que la médiation pénale n'est pas, au Québec, une pratique récente ; c'est donc dire aussi que dès ses premiers moments d'existence, les critiques à son égard fusent immédiatement [2]. D'un côté, quelques professionnels craignent de voir les clientèles adolescentes obligées de répondre désormais, en sus des mesures punitives ou réhabilitatives qu'ils doivent accomplir, à des demandes de réparation, d'excuses ou de responsabilisation abusives de la part des victimes. De l'autre côté, les milieux d'aide aux victimes du Québec, qui n'avaient pas été consultés sur la question, accusent les intervenants de se servir des programmes de médiation pour instrumentaliser les personnes victimes – et la souffrance victimale – à des fins d'éducation pour les jeunes [3]. Autour de ces deux camps, la communauté scientifique se positionne avec scepticisme et multiplie les attaques : les chercheurs adeptes de la réhabilitation et de la psychoéducation voient en la médiation une mesure sans fondement scientifique réel et dont les résultats ne sont pas mesurables ; certains dénoncent le détournement de la médiation de ses fins originelles, puisqu'elle est littéralement devenue une « sanction extrajudiciaire » [4].

Ce vent de contestation est subi par les professionnels de la médiation, qui sont pourtant armés d'une immense volonté de bien faire. Ils réagissent immédiatement et entreprennent de se fédérer dans les années 1990. Ils évaluent leurs pratiques, les enrichissent, les harmonisent et les solidifient, dans une volonté de pérenniser un nouveau professionnalisme et une qualité d'intervention toujours plus crédibles et populaires. À la fin des années 1990, les médiateurs ont créé des guides de pratiques, des documents de formation et se sont munis de lignes d'action. Ils se forment aussi considérablement en matière de justice réparatrice et parviennent à raccrocher leurs premières initiatives au contexte occidental de développement de la criminologie critique et interactionniste. La médiation, représentant désormais 10 à 15% de leurs activités en sanctions extrajudiciaires, doit se trouver un nouveau visage : au milieu des années 2000, l'approche relationnelle devient, bien malgré elle, un enjeu de taille dans ce qui s'annonce comme un combat déjà presque gagné pour la reconnaissance. Malheureusement, sous la pression exercée par ces nouvelles

1. S. CHARBONNEAU et D. BÉLIVEAU, *op. cit.,* 1999.

2. C. ROSSI, *op. cit.*, 2015.

3. *Ibid,* 2015.

4. V. STRIMELLE, La justice restaurative : une innovation du pénal ? *Champ pénal*, 2007, https://journals.openedition.org/champpenal/912 ; M. JACCOUD, Innovations pénales et justice réparatrice. *Champ pénal,* 2007, http://champpenal.revues.org/1269.

règles du jeu, les 37 organismes concernés se séparent en 2009 : 23 organismes désirent amener plus loin encore les orientations communes et les réformes amorcées ; mais les 15 autres, désirant conserver leur indépendance et leur liberté d'action, quittent le regroupement. En mars 2018, le regroupement restant de 23 membres se rebaptise « Équijustice », ses membres se dotent d'un logo commun et d'une identité commune. Ils vont de l'avant en ouvrant de nouveaux bureaux, embauchent de nouveaux intervenants, créent de nouvelles collaborations scientifiques et institutionnelles.

La même année, la présentation de leurs nouvelles lignes directrices et leur ralliement à la pratique de l'approche relationnelle les amène à obtenir le marché des mesures de rechange en justice pour les adultes, et à tester de nouveaux projets pour des cas de crimes intimes et graves tels que les agressions sexuelles, la violence conjugale et les homicides, tout en continuant leurs activités en justice pour les adolescents. Portant désormais définitivement et délibérément l'étendard de la justice réparatrice, ils se déclarent spécialistes des mesures de réparation, peu importe que ces dernières s'inscrivent en matière adulte ou juvénile, en matière pénale, sociale, scolaire, correctionnelle ou extrajudiciaire. Ils mettent désormais les victimes au cœur de leurs priorités, et se dissocient littéralement et définitivement de la notion de justice « alternative ».

III. Les influences provenant du courant de la médiation

La création de l'approche relationnelle a été permise par l'évolution du droit des mineurs au Canada en général, et dans sa philosophie québécoise en particulier. Mais pas seulement. Elle a été grandement facilitée par une autre réalité typiquement québécoise : il a été possible de regrouper, au sein de mêmes organismes, la pratique de la justice réparatrice dans son ensemble. Dans les paragraphes précédents, il était essentiellement question de l'application de mesures réparatrices en droit des mineurs et en justice criminelle et pénale. Mais les organismes québécois ont, dès le départ, été responsables de toutes les formes de réparation et de médiation. La médiation n'est pas uniquement, au Québec, dédiée à la justice pour adolescents. Elle s'applique aussi en milieu urbain, communautaire, social. C'est pourquoi, en 2018, les organismes québécois responsables de la pratique de la médiation au Québec prendront le nom d'Équijustice, pour justice réparatrice. Il est donc important de rappeler que le droit civil, lui aussi, et le champ de la médiation sociale ont influencé l'approche relationnelle.

Le développement de la justice alternative, réparatrice ou du champ de la médiation est bien loin de faire l'objet d'un monopole pénal ou criminologique. Tandis que la médiation pénale se développe dans le champ sociopénal québécois, le droit civil québécois amorce, de son côté, une réflexion en profondeur. En Amérique du Nord, les victimes ne sont pas les seules personnes à fuir les procédures. Les couples, les familles, les gens d'affaires en font tout autant. Or, étant donnée son histoire complexe, le Québec, dont le droit criminel est de compétence fédérale (donc canadienne), possède cependant un droit civil qui lui est propre. Contrairement aux autres provinces canadiennes qui fonctionnent avec un droit civil provenant de la Common Law, le droit civil québécois provient du code français de Napoléon (le Québec, ayant appartenu un certain temps à la France, a conservé sa tradition civile française). La province possède aussi son propre Code de procédure civile, unique au Canada.

À compter des années 90, pour des raisons qu'il serait bien trop complexe de résumer ici, on constate une diminution importante du nombre de procès civils au Québec, jusqu'à perdre la moitié des demandes introductives d'instance en près de 20 ans [1]. Le nombre de juges et d'avocats québécois qui entrent en poste ne cesse pourtant d'augmenter ; on se rend compte alors que les procès sont de plus en plus rares, mais de plus en plus longs et coûteux. En 2001, le Québec entame une réforme en profondeur de son Code de procédure civile, modifiant le rôle des juges afin que les décisions se centrent davantage sur les intérêts des personnes plutôt que sur la norme [2]. En 2014, une autre réforme impose à tout le Québec une nouvelle culture juridique : dans son article premier, le Code de procédure civile énonce que désormais « les parties doivent considérer le recours aux modes privés de prévention et de règlement de leurs différends avant de s'adresser aux tribunaux ». À partir de 2016, les civilistes québécois s'attellent à ce changement de culture [3] : médiation, arbitrage et conciliation font entrer le droit dans l'ère de la coopération. Une véritable révolution judiciaire s'opère sur tous les plans [4]. La professeure québécoise Marie-Claire BELLEAU, spécialiste de la réforme du droit civil et de la médiation familiale, engage d'importants travaux de recherche sur les modes civils alternatifs de résolution des conflits qu'elle rebaptisera les MISC, pour « Modes d'intervention en situation de conflits ». Marie-Claire BELLEAU deviendra une ressource de premier ordre pour le réseau Équijustice, avec qui

---

1. M-C BELLEAU, La médiation familiale au Québec : une approche volontaire, globale, interdisciplinaire et accessible. Dans : P-C LAFOND, *Régler autrement les différends*. New York : LexisNexis Canada. 2016.

2. M-C. BELLEAU et G. TALBOT-LACHANCE, La valeur juridique des ententes issues de la médiation familiale : présentation des mésententes doctrinales et jurisprudentielles. *Les Cahiers de droit*, vol. 49, no 4, 2008, pp. 607-653.

3. J-F ROBERGE et S. HOUNTOHOTEGBE, Article 1 of the New Code of Civil Procedure of Quebec. *Revue juridique Thémis*, Vol. 49, n° 2, 2015, pp. 487-524. ; M-C BELLEAU, *op. cit.*, 2016.

4. On consultera sur ce point l'important partenariat de recherche dirigé par P. NOREAU au Québec : voir en ligne http://www.adaj.ca/.

elle collabore depuis 2014. Elle engage également la direction d'un important programme de recherche sur une cartographie des modes d'intervention extrajudiciaires québécois qu'elle dirige avec la collaboration de Linda BÉRUBÉ et de Catherine ROSSI [1].

À compter de ces mêmes années 1990, et tandis que se poursuit l'évolution décrite précédemment, le paradigme de la justice réparatrice fait son entrée au Québec, et le vent de contestation des institutions répressives prend de l'ampleur. Le futur réseau Équijustice publie son premier guide de médiation en 1998 dans lequel il la décrit comme « une entente » ou « un accord » entre le contrevenant et la victime, accord obtenu grâce à une tierce partie dans le but d'aplanir des divergences, de susciter des échanges et de parvenir à un règlement acceptable par les personnes impliquées dans le conflit [2]. Entretemps, la chercheure montréalaise Mylène JACCOUD commence à collaborer avec le réseau. Fortement influencée par le courant critique et abolitionniste en criminologie, elle travaille sur des recherches qui participent au déploiement des mesures au sein des organismes.

En 1998, l'OJA de la ville de Saint-Jérôme déploie le tout premier projet de Médiation-conciliation de quartier [3], et est très vite rejoint par un organisme voisin. Le projet est financé par des initiatives municipales et profite d'un vent de réforme de la santé des villes et des communautés. Ce projet de médiation, qui n'implique pas d'adolescents judiciarisés mais des citoyens, se décrit lui-même comme « indépendant du système pénal ». Il fonctionne sur la base du bénévolat et du volontariat, suivant un principe de réappropriation des conflits par la communauté – et avec l'intention non dissimulée de tenter de faire décroître le recours à la police pour gérer des problèmes de proximité. Les médiations sociale, bénévole et citoyenne commencent à prendre son essor au sein du regroupement, et ne le quitteront plus. Des projets de médiation en milieu scolaire naîtront quelques années plus tard et deviendront, eux aussi, une activité à part entière. On compte aujourd'hui, au Québec, plus d'une vingtaine d'organismes porteurs d'un programme de médiation citoyenne et sociale, et plus de 300 médiateurs bénévoles en activité. On compte aussi près d'une vingtaine d'institutions déployant des programmes de justice réparatrice en milieu scolaire, collégial ou universitaire (sous forme de médiations ou de cercles de parole). Ces pratiques sont déployées par les mêmes personnes qui

---

1. Consulter en ligne : https://www.atlas-misc.ulaval.ca/wiki/index.php/.

2. ÉQUIJUSTICE. *Médiation citoyenne*. [en ligne]. [Consulté le 4 mai 2020]. Disponible à l'adresse : http://equijustice.ca/fr/services/mediation-citoyenne.

3. M. JACCOUD, Origines et fondements de la médiation sociale au Québec : un double ancrage. *Nouvelles pratiques sociales*, vol. 21, n° 2, 2009, pp. 93-108.

sont responsables des programmes réparateurs en matière criminelle et pénale ; elles se basent sur la même approche [1].

Le fonctionnement de ces activités citoyennes et sociales au sein du réseau Équijustice, dont certaines se développent sous forme de médiation urbaine [2], commence à susciter l'intérêt scientifique. Cependant, on commence à reprocher au développement de ces programmes de ne pas suivre les expériences états-uniennes de médiation citoyenne, comme le célèbre « *community board* » de San Francisco. Il s'agit plutôt, ici, d'une transposition du modèle de médiation pénale, utilisé en justice pour les adolescents, dans les communautés citoyennes [3], ce qui prête flanc à la critique. La pratique de la médiation commence à entrer dans une ère plutôt paradoxale : d'un côté, on reproche à la médiation pénale telle que pratiquée d'être trop axée sur la résolution du conflit (et donc pas assez adaptée aux infractions criminelles et aux besoins des victimes) ; de l'autre, on l'accuse de n'être pas assez sociale, et bien trop influencée par le pénal. Le premier guide de médiation au Québec, pourtant rédigé en 1998, avait tenté une définition modérée et consensuelle de la médiation : il échoue donc sur tous les tableaux, ne parvenant à contenter ni les victimologues, ni les intervenants jeunesse, ni les puristes de la médiation citoyenne. Pire : à peine édité, il se confronte en sus aux grands principes de la médiation publiés dans un célébrissime ouvrage du français Jacques FAGET [4] : *La médiation : essai de politique pénale*. En 1998, les québécois découvrent également un ouvrage collectif dirigé par Robert CARIO, *La médiation pénale, entre médiation et réparation*. Grâce à la publication de cet ouvrage, le nom de Robert CARIO devient, à partir de cette année, de plus en plus présent dans les discussions. À compter de 2011, ce dernier devient le visage du déploiement de la justice restaurative en France : il est également à l'origine de la diffusion, sur le territoire français, de l'approche relationnelle.

La préférence naturelle des Québécois pour la langue française a pour effet que, en matière de médiation, et à l'orée des années 2000, le ROJAQ et ses

---

1. C. ROSSI et S. CHARBONNEAU, La justice réparatrice au Québec : mesures de rechange, non-judiciarisation, rencontres de dialogue et médiations. *Cahiers de la Sécurité et de la Justice*, vol. 43, 2018, pp. 167-177.

2. M. JACCOUD et N. ADMO, *Projet médiation/conciliation de quartier des Laurentides*, Rapport final 2001-2004, soumis au Centre national de prévention du crime, Centre international de criminologie comparée, Université de Montréal, 2004. ; M. JACCOUD et N. ADMO, *Service de médiation de quartier du Vieux-Longueuil*. Évaluation d'impact, Rapport final. Service de médiation de quartier du Vieux-Longueuil et Ressources alternatives Rive-Sud, Montréal, Médiation sans frontière inc, 2008. ; M. JACCOUD, N. ADMO et C. ROSSI, *Projet EMU-Équipe de médiation urbaine de Montréal*. Étude des pratiques d'implantation et d'intervention, Montréal, Médiation sans frontière inc, 2009.

3. M. JACCOUD, *op. cit.*, 2009.

4. J. FAGET, *La médiation – Essai de politique pénale*. Toulouse : Érès, 1997.

membres cessent de se préoccuper de l'évolution des initiatives états-uniennes et se tournent vers l'Europe. En 2000, Jean-Pierre BONAFÉ-SCHMITT forme l'ensemble des organisations sur les thèmes de médiation sociale et scolaire. Cette formation est suivie de nombreux échanges entre l'Association de médiation de Lyon (AMELY) et le ROJAQ. En 2001, un congrès international francophone sur la médiation et la justice réparatrice est organisé au Québec, dans la région des Laurentides. Le congrès est un véritable succès et marque un point tournant dans l'histoire de la médiation pénale au Québec. Il donne pour résultat un ouvrage collectif décrivant la médiation et la justice réparatrice comme des phénomènes convergents, mais divergents[1]. Ce congrès permet la rencontre des professionnels de la médiation québécoise avec quelques illustres chercheurs plus ouverts sur le droit (par exemple Pierre NOREAU [2]). Mais c'est surtout la rencontre, personnelle et directe, avec les chercheurs européens spécialistes de la médiation qui marque une étape déterminante dans l'évolution du réseau. À ce congrès de 2001, Jean-Pierre BONAFÉ-SCHMITT, Jacques FAGET, Robert CARIO, Lode WALGRAVE et Yves CARTUYVELS sont présents. Ils commencent à colorer de leur touche personnelle – et plus seulement sur la base de leurs seuls travaux - la pratique de la médiation québécoise. C'est enfin à ce congrès que Catherine ROSSI, encore étudiante, rencontrera pour la première fois Serge CHARBONNEAU.

À la suite de ce congrès, un premier cycle d'échange sera mis en place entre les services de médiation québécois et les associations françaises de médiation, essentiellement représentées par Jean-Pierre BONAFÉ-SCHMITT, témoin privilégié du mouvement français en la matière [3]. Cependant, en France, la culture de l'intervention de l'État est bien plus forte qu'aux États-Unis et est basée sur l'intervention du citoyen en tant que personne, au contraire du style états-unien porté par la notion de « communauté ». La médiation française a d'ailleurs son histoire bien à elle : avant que n'entre en scène la justice dite restaurative en 2015 en France, les pratiques de médiation de l'Hexagone se résument d'un côté à des projets délégués par des instances de poursuite, où elles sont intégrées aux processus judiciaires provenant des structures associatives telles que le réseau France-Victimes [4] ; de l'autre côté d'un mouve-

1. M. JACCOUD, *op. cit.*, 2003.

2. P. NOREAU, L'Institutionnalisation de la justice réparatrice. Dans M. JACCOUD (dir.) *Justice réparatrice et médiation pénale. Convergences ou divergences* ? France : L'Harmattan, 2003, pp. 209-226.

3. BONAFÉ-SCHMITT, *op. cit.*, 2010.

4. FRANCE-VICTIMES. [Consulté le 5 mai 2020]. Disponible à l'adresse : france-victimes.fr/

ment politique urbain, des villes et des institutions territoriales. Or contrairement à la France, la séparation de la justice réparatrice et de la médiation citoyenne ou sociale, au Québec, n'existe pas [1].

À compter de 2011, un second cycle d'échange est créé (et fait notamment l'objet de deux subventions consécutives du ministère des Relations internationales et de la Francophonie) qui permet cette fois d'organiser des échanges entre les organismes québécois [2] et les organismes français [3]. Cette collaboration, menée par Olivia MONS [4] dans son volet français, et Catherine ROSSI depuis le Québec, permettra de parfaire l'implantation de la pratique de l'approche relationnelle en France comme au Québec, sur le terrain particulier des rencontres de dialogue entre infracteurs et victimes.

IV. Les influences victimologiques

Parmi les influences théoriques et scientifiques qui ont conduit à la création de l'approche relationnelle, celle de la victimologie est de taille. C'est grâce au travail victimologique très important qui a été réalisé que l'approche relationnelle est particulièrement adaptée aux victimisations graves, aux crimes intimes et aux violences de genre. La sécurité des victimes, y compris lorsqu'elles sont parmi les plus vulnérables, est au cœur de l'approche. L'approche relationnelle est d'ailleurs l'une des premières approches de justice réparatrice et de médiation existante à affirmer qu'en matière de réparation et de dialogue, la rencontre directe en face à face ne doit pas être la mesure à privilégier. Une telle affirmation fait l'objet de longs développements pratiques dans les parties ultérieures de cet ouvrage. Il s'agit cependant ici d'en expliquer en détail les fondements scientifiques.

Si les fondements théoriques ayant conduit à développer la partie « médiation » et « justice réparatrice » de l'approche relationnelle sont arrivés plutôt des États-Unis, du Canada ou de la vieille Europe, en revanche sa partie victimologique est beaucoup plus locale et plus précise. Elle est presque entièrement québécoise. Entre les années 1970 et 2000, alors que le monde occidental est confronté à un retour en force des revendications victimales et cède à la

---

1. C. ROSSI et S. CHARBONNEAU, *op. cit.*, 2018.

2. ÉQUIJUSTICE, *op. cit.* ; ASSOCIATION des ORGANISMES de JUSTICE ALTERNATIVE du QUÉBEC (ASSOJAQ), *op. cit.* ; CENTRE de SERVICES de JUSTICE RÉPARATRICE (CSJR), *op. cit.*

3. FRANCE-VICTIMES et le premier *Institut français pour la justice restaurative*, créé en 2013 par Robert CARIO et son équipe.

4. FRANCE-VICTIMES, *op. cit.*

mode du discours dit « victimaire [1] » (1), le Québec, du fait de son histoire, continuera de prendre une position légèrement différente, davantage axée sur l'intervention directe auprès des personnes victimes (2). Ce positionnement aura un impact considérable sur l'évolution médiateurs québécois, qui seront influencés par le débat concernant la place des victimes dans le système pénal (3), celui du développement exponentiel des travaux cliniques sur la victimisation (4), ou encore les connaissances acquises sur le rôle des tiers, ou de la communauté, dans la prise en charge du crime ou du conflit (5). Le tout entraînera de nombreuses améliorations de l'approche relationnelle.

1. Un contexte mondialisé fébrile

À l'instar de bien des mouvements sociaux associés à la criminologie, la victimologie est née aux États-Unis. Sa naissance est à mettre sur le compte de la montée des courants de revendication sociale dans les années 1960 [2]. Ce sont les groupes de pression qui vont conduire à l'implantation d'une pensée victimologique. Ces groupes, bien qu'éparpillés à leurs débuts, vont rapidement cristalliser leurs actions sur certains enjeux, concernant notamment la revendication de droits et d'égards pour les victimes de crimes considérés alors comme les plus graves : les victimes d'agressions sexuelles, de violence conjugale, mais également, aux États-Unis surtout, d'homicide [3]. Les associations de parents d'enfants assassinés, les associations de proches de personnes décédées dans des accidents de la route causés par des conducteurs se trouvant sous l'emprise de drogue ou d'alcool, sont autant de lobbies qui prennent une place importante dans l'histoire de la montée des courants de revendication victimologiques en Amérique du Nord. Dans les années 1970 a lieu le *Victim's Rights Movement*, lancé par une réaction sociale massive à quelques arrêts de la Cour Suprême, et soutenu par le mouvement des droits sociaux de la même époque (*Civil rights*), ainsi que par le mouvement féministe. En 1986, une première association de proches de victimes d'homicide voit le jour : *Families of Murdered Victims,* qui fait alors office de pionnière. La mort violente ou le fait d'y survivre deviennent rapidement des enjeux politiques. Ils sont étroitement liés aux débats concernant le port d'armes ou la peine de mort. La population états-unienne est également fortement troublée par les souvenirs de la

1. R. CARIO, Changing lenses, autour de l'œuvre d'Howard Zehr. *Les Cahiers de la Justice*, revue semestrielle de L'ENM, 2006, pp. 45-58. ; C. ROSSI, Droits-égards ou droits-devoirs ? L'implication des proches des victimes d'homicide au sein des procédures pénales : conséquences et enjeux. Dans : F. VANHAMME (dir.) *Justice ! Entre pénalité et socialité vindicatoire.* Montréal, QC : Érudit, 2011, pp. 149-165.

2. J-A. WEMMERS, *Victimologie : une perspective canadienne.* Québec, QC : Presses de l'Université du Québec, 2017.

3. C. ROSSI, *Homicide, les proches des victimes.* Paris : L'Harmattan, 2013.

fin de la Seconde Guerre mondiale et l'importance des conséquences de la Shoah, par l'intensité et la fréquence des guerres qui, des années 1970 à 2000, viennent réquisitionner un nombre incalculable de vies, et par la reconnaissance des crimes contre l'humanité. La montée de la victimologie états-unienne, construite dans un tel contexte, s'explique enfin par le vent de réforme qui va commencer à souffler sur la société en général (et sur les populations marginalisées et les minorités en particulier) dès la fin des années 1960. Elle se manifeste par un puissant besoin de reconnaissance des souffrances du passé : un besoin de prise en charge et d'indemnisation, un besoin de se faire entendre, un besoin de rétablissement des traumatismes liés aux différentes guerres (mondiales et de décolonisation, du Vietnam ou du Golfe, notamment) ; un besoin de protection collective, un besoin de reconnaissance des droits des femmes, des Afro-Américains, des minorités. Il en sera de même en Europe. Cette influence ne cessera, par la suite, de croître : au 21e siècle, le règne de la terreur causé par les tueries de masse ou les actes terroristes de part et d'autre de l'Atlantique ont pour conséquence de dessiner un portrait bien particulier des formes de revendications victimales du monde occidental.

À la fin du 20e siècle, la majeure partie des pays occidentaux s'engagent activement dans les politiques pro-victimes [1]. Ce faisant, il est intéressant de noter qu'au même moment où les victimes trouvent, pour la première fois, la place qui leur est due (ou plutôt la retrouvent) dans le débat public et au sein du système de droit, l'étude des *personnes victimes* perd simultanément de l'intérêt et se voit préférer deux dérivés de la victimologie.

Le premier de ces dérivés est l'étude des objets restreints et spécialisés qui concernent principalement les émanations de la victimité, à l'instar de l'étude pointue du traumatisme ou de son rétablissement [2]. Chasse gardée du monde médical et du courant de la psychologie, ce courant victimo-traumatique est alimenté par le fait que ce sont les crimes liés à la mort ou à la terreur qui sont sur le devant de la scène. Autrement dit, l'intérêt pour la victime elle-même (en tant que personne) se voit préférer l'étude de ses traumatismes et la recherche de garanties de rétablissement.

Le second de ces dérivés concerne la place des victimes au sein des procédures pénales et criminelles. Un courant entier de la recherche en victimologie prend en charge l'étude du passage des victimes au sein des institutions judiciaires, mettant encore une fois entre parenthèses l'étude des personnes en tant que telles. Mais au sein des procédures criminelles, ce sont surtout les familles et les proches des victimes que l'on craint [3] : ne pas leur faire de place est

---

1. R. Cario, *Victimologie, de l'effraction du lien intersubjectif à la restauration sociale*. Paris : L'Harmattan, 2012.

2. C. Rossi, *op. cit.*, 2015. ; C. Rossi, *op. cit.*, 2013.

3. C. Rossi, *op. cit.*, 2013.

intolérable ; mais leur laisser trop de place risque de donner lieu à une augmentation drastique de la sévérité. La question est particulièrement importante aux États-Unis où existe encore la peine de mort. La victimologie se refuse donc, ici aussi, à étudier des souffrances sociales ; elle devient plutôt une source de revendication politique jouant un rôle de plus en plus grand dans la remise en question de la philosophie de la pénalité. Elle commence à peser un poids certain dans la balance de la justice, du côté contraire à celui des droits de la défense [1].

À la fin des années 1990 émerge, dans le monde occidental, une nouvelle sensibilisation à la souffrance des victimes, à la suite d'affaires tristement célèbres, essentiellement liées à des histoires de meurtres ou d'agressions sexuelles particulièrement terribles [2]. La figure de la victime vient justifier une culture du contrôle du crime et de la sécurité [3]. Le concept de victime devient le symbole de l'élévation des seuils de sensibilité, dans une société en transformation qui subit, ce faisant, une mutation irréversible en matière de droit de la responsabilité [4]. Paradoxalement, à mesure que la société se pacifie (le crime est en baisse constante), elle devient de plus en plus intolérante envers les gestes « violents » dénoncés comme insupportables, et conduit à un renforcement de la punitivité [5]. La figure de la victime est alors accusée de faire régner le discours de la douleur, la tendance au compassionnel [6] ; d'encourager des groupes sociaux qui se définissent dans la plainte [7] et, bien sûr, de justifier les nouvelles politiques de renforcement de la punition et de la sécurité [8].

---

1. A. PIRES, La rationalité pénale moderne, la société du risque et la juridicisation de l'opinion publique. *Sociologie et sociétés*, vol. 3-1, 2001, pp. 179–204. ; J-F. CAUCHIE, *op. cit.*, 2008.

2. Y. CARTUYVELS et P. MARY, Crise de la justice : et au-delà ? Dans : CARTUYVELS, Yves, *L'affaire Dutroux. La Belgique malade de son système*. Bruxelles : Complexe, 1997, pp. 97-127.

3. D. GARLAND (ed.), *Mass Imprisonment : Social Causes and Consequences*. London : Sage, 2001.

4. J. SAYAH, La victime et les mutations du droit de la responsabilité. Dans : E. BOGALSKA-MARTIN, *Victimes du présent, victimes du passé, vers la sociologie des victimes*. Paris : L'Harmattan, 2004, pp. 135-156.

5. L. MUCCHIELLI, Une société plus violente ? *Déviance et société*, 2008-32-2, pp.115-147.

6. N. CHRISTIE, *Limits to Pain : The role of Punishment in Penal Policy*. Eugene, OR : Wipf and Stock Publishers, 2007.

7. A. GARAPON, *Le gardien des promesses : justice et démocratie*. Paris : Odile Jacob, 1996.

8. J-F. CAUCHIE et J. SAUVAGEAU, Le deuil des proches de victimes au service de la pénalité. Quand livrer de la douleur met un peu de baume au cœur. Dans : F. TULKENS, Y. CARTUYVELS et C. GUILLAIN. *La peine dans tous ses états, Hommage à Michel van de Kerchove*. Bruxelles : Larcier, 2011, pp. 237-251.

2. Au Québec : le maintien d'un regard centré sur la personne victime et l'importance du courant féministe

L'approche relationnelle intègre une dimension victimologique fondamentale et originale. Cette dimension victimologique prétend être fortement adaptée aux victimes vulnérables et aux violences de genre et faites aux femmes. Cela s'explique par le phénomène suivant. Engagé activement dans le débat de l'arrivée de la victimologie sur la scène judiciaire et scientifique, et ne pouvant échapper à la réémergence du contrôle et de la sécurité, le Québec, notamment grâce à son bijuridisme et à son statut de province, parvient très étonnamment à rester un peu à l'écart des positionnements victimaires qui font légion sur la scène mondiale, et qui sont décrits dans le paragraphe précédent. Bien que le Québec possède son lot de problématiques et de drames, à l'instar, par exemple, de la tuerie à l'École Polytechnique de Montréal en 1989 [1], ou des attentats à la Mosquée de Québec en 2017 [2], ces événements se tiennent tout de même relativement loin des questions politiques associées à l'immigration, au terrorisme ou à la guerre.

Alors que des enjeux politiques majeurs se jouent certainement sur la scène fédérale et mondiale, et donnent lieu à de nombreux changements législatifs touchant de près le statut judiciaire des victimes (y compris au niveau des Nations Unies), la province du Québec, restant maître de l'administration de sa justice, se concentre au contraire sur le déploiement de son réseau d'intervention communautaire local.

Dans les années 1970, le Canada est l'un des premiers pays au monde à se préoccuper de l'indemnisation de ses victimes d'actes criminels. Mais derrière les grands sujets politiques, le débat, sur le terrain, est tout autre : l'influence marquée du féminisme (au Québec notamment) fait immédiatement dévier les premières initiatives victimologiques vers deux crimes emblématiques : l'agression sexuelle (alors encore limitée au viol jusqu'en 1983) et la violence conjugale (qui n'est pas une infraction en tant que telle au sein du Code criminel, mais un contexte infractionnel au sein duquel l'on trouve une pléthore d'infractions possibles). Contrairement au reste du monde occidental, préoccupé davantage par le terrorisme ou le meurtre, ce sont plutôt les violences conjugales et la victimisation sexuelle qui deviennent au Québec des symboles

---

1. M. Blais, F. Dupuis-Deri, L. Kurtzman et D. Payette (dir.), *Retour sur un attentat antiféministe. École polytechnique 6 décembre 1989.* Montréal, QC : Les éditions du remue-ménage, 2010.

2. Radio-Canada, *Attentat dans une mosquée à Québec.* Radio-Canada.ca [en ligne]. [Consulté le 5 mai 2020]. Disponible à l'adresse : https://ici.radio-canada.ca/dossier/505185/attentat-terroriste-mosquee-quebec.

de la souffrance des victimes. Ce sont les formes de violence les plus courantes, les plus répétées, les moins dénoncées, les plus acceptées par les victimes elles-mêmes (qui refusent pour la plupart de briser le silence). L'importance statistique et la forte létalité de ces crimes sont en permanence mises au centre de l'actualité. En 1975 au Québec, par la seule volonté de bénévoles, les premiers centres d'hébergement pour femmes ouvrent leurs portes. Dans la lignée s'ouvrent aussi les premiers centres d'aide et de lutte contre les agressions à caractère sexuel. Dès les années 1980, l'influence du monde universitaire se fait aussi sentir. Micheline BARIL [1], alors professeure de criminologie à Montréal, et spécialiste en victimologie, veut changer les choses pour les victimes. Pour elle, les centres d'aide créés ne peuvent pas suffire. Il faut regrouper les actions, convaincre différents partenaires de rassembler leurs expertises. Il faut agir pour les victimes, pas uniquement pour leurs droits ; pas pour guérir leurs traumatismes au sens strictement clinique. Il faut agir pour les aider, les prendre en charge, leur venir en aide.

En 1982, Micheline BARIL réunit 17 personnes d'horizons différents à Montréal : milieu policier, réseau de la santé, ressources d'hébergement, service d'indemnisation, secteur gouvernemental. Ces experts ont alors pour mission de recenser tous les services destinés aux victimes qui existent au Québec, et identifier chaque carence dans leur prise en charge. Un premier comité baptisé le Comité d'assistance aux victimes naît, pour faire la promotion des services, sensibiliser le public et les intervenants, et surtout faire participer le gouvernement au débat. En 1983, le comité est dissous, puis renait en 1984 sous le nom d'Association québécoise Plaidoyer-Victimes (AQPV) [2] ayant pour objectif de favoriser le développement d'une meilleure justice pour les victimes, de meilleurs services sociaux et de santé, de promouvoir leurs droits. Elle compte alors 27 membres, prendra de l'ampleur et sera par la suite présidée par Arlène GAUDREAULT.

Un portrait de l'évolution de la pensée victimologique dans la littérature scientifique a été brossé par Catherine ROSSI et Arlène GAUDREAULT en 2018 [3]. On y voit bien l'évolution toute particulière de l'objet que constitue la violence faite aux femmes au Québec, et l'importance qu'il a pris dans la construction de la pensée victimologique québécoise. Agressions sexuelles, violences intimes et familiales, violence au sein de la communauté militaire, maltraitance envers les aînés… Ces thèmes, dans les années 2010, seront chers au

---

1. M. BARIL, L'envers du crime. *Les Cahiers de recherches criminologiques*, n° 2, Montréal, Centre international de criminologie comparée, 1984 ; Ed. L'Harmattan, 2002.

2. ASSOCIATION QUÉBÉCOISE PLAIDOYER-VICTIMES. AQPV.CA [en ligne]. [Consulté le 5 mai 2020]. Disponible à l'adresse : https://aqpv.ca/.

3. C. ROSSI et A. GAUDREAULT, Cinquante ans de victimologie. Quelle place pour les victimes d'actes criminels ?. *Criminologie de 1968 à aujourd'hui ?,* vol. 51, no1, 2018, pp. 271-290.

réseau Équijustice et permettront de démontrer les possibilités sans fin offertes par les rencontres de dialogue en matière réparatrice, à condition que l'on mette bien au cœur du débat les *intérêts de la personne victime* elle-même, pas uniquement ses droits, ou l'ampleur de son traumatisme.

La vague victimologique et le mouvement féministe ont eu un impact majeur sur l'approche relationnelle. Un tel constat pourrait sembler totalement contraire à l'instinct que pourrait suggérer le sens commun : comment la justice réparatrice pourrait-elle se trouver compatible avec la pensée victimologique féministe, alors même qu'elle semble préconiser des rencontres de dialogue entre des victimes (la plupart du temps femmes) et des agresseurs (la plupart du temps hommes) ? Pourtant, qu'il s'agisse de violence conjugale ou sexuelle, un même constat émerge : la victime est la plupart du temps abusée par une connaissance proche ou un membre de sa famille, et n'a pour seule ressource qu'un système pénal que d'aucuns accusent d'être fondé sur des « mythes et stéréotypes sociaux gérés par et pour des hommes [1] ». Ceux qui créent les lois ou les administrent ne peuvent plus continuer à fermer les yeux sur l'inégalité juridique envers les femmes. À ces constats s'ajoutent d'autres arguments, pénologiques, notamment ceux de criminologues, sociologues ou juristes tels que ROBERTS et PIRES [2]. Les auteurs dénoncent les réformes du Code criminel en matière d'agressions sexuelles dès les années 1980, qui transforment le désir de justice des victimes en impression de désir de punition et de répression. Une grande confusion s'établit depuis entre la nécessité, pour les femmes, de dénoncer les crimes dont elles sont victimes et celle, pour la justice, de punir ces crimes. Les femmes victimes deviennent associées en permanence à des victimes vengeresses et le débat devient « *un terrain glissant où l'équation crime-droit criminel signifie aussi peine-emprisonnement* [3] ». D'autres auteurs, tels que SNIDER [4], poseront des constats similaires : les femmes semblent être confrontées en permanence au choix odysséen de Charybde et Scylla. Elles dénoncent la violence pour mettre fin à l'ingérence et la violence d'un époux… mais doivent accepter, ce faisant, de la remplacer par une autre forme d'ingérence : celle du système pénal aux inflexions patriarcales et punitives, et ses mécanismes de surveillance et de contrôle.

---

1. Cf. La recension scientifique québécoise établie par C. ROSSI et A. GAUDREAULT, *op. cit.*, 2018 et mentionnée dans les paragraphes précédents.

2. J. ROBERTS et A. PIRES, Le renvoi et la classification des infractions d'agression sexuelle. *Criminologie*, vol. 25, n° 1, 1992, pp. 27-63.

3. *Ibid.*, p. 40.

4. *Ibid.*

De tels constats influenceront énormément Catherine ROSSI qui, durant ses études, observe les possibilités offertes par la justice réparatrice pour les victimes de crimes dits graves, notamment en matière d'homicide [1]. Les victimes doivent avoir d'autres dispositifs en main. Il faut surtout commencer à travailler en profondeur sur leur droit d'avoir le choix. Ces initiatives croisent celles d'Équijustice qui progressent, elles aussi, en même temps que le débat évolue. En 2004, la médiation au Québec n'accordait qu'une place mitoyenne à la victimologie et aux victimes. À compter de 2008, cette place donnée aux victimes devient primordiale.

3. La remise en question de la place des victimes dans le système de justice pénale

L'approche relationnelle et la pratique de la médiation au Québec n'ont eu de cesse de ne pas reproduire certaines erreurs que l'on voit trop souvent et qui concernent le sort que l'on réserve traditionnellement aux victimes d'actes criminels ; parmi ces erreurs, celle de confondre les attentes de justice des victimes et la nécessité de punir l'infracteur.

La montée du courant victimologique et féministe permet aux promoteurs de l'approche relationnelle de s'opposer à ce qu'il convient d'appeler le populisme pénal. Ils rejoignent un large mouvement de scientifiques, juristes, journalistes qui dénoncent depuis les années 2000 l'utilisation de la figure de la victime à des fins de contrôle et de gestion managériale de la procédure pénale et de la peine : GARAPON [2], CHAUMONT [3], CARTUYVELS et MARY [4], GARLAND [5], MUCCHIELLI [6], CHRISTIE [7], ERNER [8], CARIO [9], ÉLIACHEFF et SOULEZ LARIVIÈRE [10] pour ne citer qu'eux (il y en aurait bien d'autres), et au Canada bien sûr, le très influent Julian V. ROBERTS [11]. En 1980, Raymond

1. C. ROSSI, *op. cit.*, 2013.

2. A. GARAPON, *op. cit.*,1996.

3. J-M. CHAUMONT, *La concurrence des victimes : génocide, identité, reconnaissance*. Paris : La Découverte, 1997.

4. Y. CARTUYVELS et P. MARY, *op. cit.*, 1997.

5. D. GARLAND, *op. cit.*, 2001.

6. L. MUCCHIELLI, *op. cit.*, 2008.

7. N. CHRISTIE, *op. cit.*, 2007.

8. G. ERNER, *La société des victimes*. Paris : La Découverte, 2006.

9. R. CARIO, *op. cit.*, 2007.

10. D. SOULEZ LARIVIERE, C. ELIACHEFF, *Le temps des victimes*. Paris : Albin Michel, 2007.

11. J. V. ROBERTS, *La peur du crime et les attitudes à l'égard de la justice pénale au Canada : bilan des dernières tendances*. Solliciteur général du Canada, 2001.

VERDIER [1] notait déjà qu'en confisquant à son profit non seulement le pouvoir de punir, mais encore celui de pardonner, l'État moderne a confondu les deux royaumes, celui du dehors, de la punition, et celui du dedans, de la rémission des dettes. En justice réparatrice, ce constat a toujours existé, et peut se résumer par les mots de Heather STRANG [2], *« what victims want most is different from what the formal justice system assume is important for them »*: ce que les victimes désirent le plus est différent de ce que le système de justice croit important pour elles.

Mais il y a plus. En échouant à pourvoir aux victimes une réparation juste, le monopole pénal crée de nouvelles demandes de la part des victimes dont il se trouve être lui-même toujours le seul pourvoyeur de solutions. Les victimes, demandant toujours plus que soit révisé leur rôle au sein des institutions pénales, focalisent leurs demandes autour de la reconnaissance juridique, détournant par conséquent l'attention du législateur de leurs autres besoins en termes de réparation [3]. Cela donne au système de droit criminel de nouvelles raisons de s'autoalimenter et s'autodéfinir [4]. L'énergie déployée à penser la place de la victime au sein des institutions pénales est désormais sans commune mesure par rapport à celle qu'occupe réellement, dans *l'iter victimae*, la nécessité d'une réparation dite processuelle [5]. Le monopole pénal invite donc les victimes, bien malgré elles, à faire dépendre de leur bien-être le moment – et la qualité - des procédures [6], mais aussi de ce que certains auteurs ont appelé le « *closure* », moment, subjectivement défini par les victimes, où l'affaire est considérée comme résolue[7]. Or les fins des procédures criminelles et pénales étant toujours reportées, ou lointaines, elles plongent nécessairement les victimes dans une plainte infinie et des souffrances réalimentées en permanence [8]. Les victimes de crimes dits graves sont donc souvent à risque de repousser indéfiniment le moment de la consolidation, voire de l'oubli, et finissent par faire dépendre leur sort de celui de leur agresseur [9].

---

1. R. VERDIER (ed.), *La vengeance : études d'ethnologie, d'histoire et de philosophie : vengeance et pouvoir dans quelques sociétés extra-occidentales*. Paris : Cujas, 1980.

2. H. STRANG et coll., *Repair or Revenge : Victims and Restorative Justice*. New York, NY : Oxford University Press, 2002.

3. C. ROSSI, *op. cit.*, 2011.

4. J-F CAUCHIE, *op. cit.*, 2008 ; J-F. CAUCHIE et J. SAUVAGEAU, *op. cit.*, 2011.

5. Réparation telle que définie par R. CARIO, *op. cit.*, 2006, ou par N. PIGNOUX, *La réparation des victimes d'infractions pénales*. Paris : L'Harmattan, 2008.

6. C. ROSSI, *op. cit.*, 2013.

7. J-F. CAUCHIE et J. SAUVAGEAU, *op. cit.*, 2011.

8. R. CARIO, *op. cit.*, 2007.

9. C. ROSSI, *op. cit.*, 2013.

Les travaux du philosophe Marcel HÉNAFF [1] permettent de sortir de cette impasse apparente. Selon lui, il devrait être tenu compte de l'existence d'une forme de justice personnelle, « vindicatoire », qui consiste non pas en une vengeance agie (ce qui serait totalement contestable, bien sûr), mais symbolique : le rééquilibre des forces morales. Cela, la justice moderne ne l'offre pas et c'est cela qui rend les jugements et les condamnations si « *abstraits* [2] ». La vengeance ne peut plus, en aucun cas, avoir de fonction pénale de nos jours. Elle est condamnée à être définie comme une passion, parce qu'incontrôlée, nécessairement néfaste, aux individus comme à la société. Mais elle joue pourtant symboliquement un rôle indispensable dans le rétablissement de l'équilibre des forces, après un drame. En cas de crime et de drame, il se crée un déficit symbolique important à l'échelle humaine, parce que le « droit des victimes » reste profondément ignoré, non dans son sens juridique mais au sens du droit à la reconnaissance de la souffrance causée par l'offense et l'atteinte à l'honneur [3]. C'est à cela que doit s'atteler la justice réparatrice.

4. La « pathologisation » des victimes et la question des « besoins » des victimes

La création de l'approche relationnelle va également permettre aux médiateurs québécois de se poser en rupture avec la notion de « besoins des victimes », habituellement si chère aux victimologues ou juristes. La justice réparatrice ne doit pas être associée à un moyen de répondre à des « besoins », mais plutôt à des attentes. Expliquons cette nuance importante.

L'étude des traumatismes associés à la victimisation remonte aux années 1940. On se rappelle sûrement les célèbres travaux de LINDEMANN sur le traumatisme [4], qui marque le début des études cliniques sur le trouble de stress post-traumatique. À partir des années 1980, l'étude du deuil, des traumatismes

---

1. M. HÉNAFF, La dette de sang et l'exigence de justice. Dans : P. DUMOUCHEL, *Comprendre pour mieux agir : violences victimes et vengeance.* Paris : L'Harmattan, 2000. pp. 31-64.

2. *Ibid.*, p. 37.

3. C. ROSSI, *op. cit.*, 2013.

4. E. LINDERMANN, Symptomatology and Management of Acute Grief. *American Journal of Psychiatry*, vol. 101, n° 2, 1944, pp. 141-148.

et de la souffrance clinique prennent une véritable ampleur, et mettent en valeur les travaux historiquement célèbres de BOWLBY [1] ou de PARKES [2], qui expliquent en grande partie tout l'intérêt porté à la victimologie clinique. Celle-ci régnera littéralement, au niveau scientifique, dans les années 1990 et 2000 [3]. À partir de 2010, on ne compte plus les recherches scientifiques qui ne portent que sur le seul objet du trouble de stress post-traumatique dû à la victimisation criminelle. Il devient même presque impossible de citer des auteurs de référence en la matière : l'étude de ce trouble est déclinée en des approches sur des populations de plus en plus précises, et concerne des facteurs de plus en plus quantifiés. Ainsi, alors qu'il avait commencé à être étudié comme un objet en tant que tel, le trouble de stress post-traumatique existe désormais sous plusieurs déclinaisons en fonction qu'il concerne la violence causée à un adulte ou un enfant, un homme ou une femme, un acte de violence ou un autre, une violence subie dans l'enfance ayant des conséquences à l'âge adulte ou une violence subie récemment. L'hyperspécialisation de la littérature scientifique déroute, et a des répercussions jusque sur les méthodes de traitement proposées – qu'elles soient d'ordre clinique ou social. Des revues scientifiques entières ne sont d'ailleurs consacrées qu'à son étude. Mais l'étude du stress post-traumatique doit être distinguée de l'étude de la personne victime. En effet, bien plus de la moitié des victimes d'actes criminels graves n'expérimenteront pas de stress post-traumatique, même si elles restent gravement touchées.

A fortiori, les infractions contre les biens ou les infractions ne comportant pas d'exposition à un événement traumatique (au sens où ils ne confrontent pas à l'horreur ou à la peur de la mort) restent toujours la partie pauvre – souvent même totalement niée – de la victimologie clinique, alors qu'il s'agit pourtant des formes de victimisation les plus nombreuses (vols, voies de fait simples, infractions liées à l'utilisation d'internet). L'on sait pourtant de longue date ce qu'un simple vol de biens peut déclencher comme réactions ou conséquences chez la victime (ses conséquences psychologiques étant plus importantes que ses conséquences matérielles ou financières). L'on sait aussi depuis fort longtemps que des événements de harcèlement, de menaces, de manipulation ou d'abus de pouvoir ne sont pas des victimisations à négliger sous prétexte que l'exposition à la mort ou à l'idée de la mort n'y est pas présente. Il reste pourtant surprenant de voir combien d'études sont consacrées

---

1. J. BOWLBY, Psychoanalysis as a Natural Science. *International Review of Psycho-Analysis*, vol. 8, 1981, p. 243-256.

2. C.M. PARKES, *Bereavement : Studies Of Grief In Adult Life*. New York, NY : International University Press, 1972

3. Et tout autant en Europe, voir par exemple G. LOPEZ et S. BORNSTEIN, *Les comportements criminels*. Paris : FeniXX, 1994.

au trouble de stress post-traumatique résultant, par exemple, d'une expérience d'agression sexuelle violente de type « viol » ; et combien sont négligées les recherches sur les risques de suicide ou de dépression qui résultent d'un détournement de photos intimes ou privées sur internet.

Dans ces travaux, le sens qui est donné à la victimisation est restreint, occulté par l'allusion constante à la pathologie. À cet égard, en 2013, Catherine ROSSI [1] s'interroge sur la tendance actuelle de la victimologie clinique qui, sur l'objet particulier des proches des victimes d'homicide, va dans le sens d'une pathologisation des souffrances des victimes. Même si les progrès actuels contribuent certainement à permettre le développement de meilleures prises en charge cliniques pour les victimes, les cliniciens du trauma ne peuvent pas grand-chose aux conséquences sociales, financières, professionnelles, familiales dramatiques entourant, elles aussi, la victimisation [2]. Au Québec, les promoteurs de la justice réparatrice commencent donc à faire croître la réflexion critique selon laquelle il faut décupler la prise en charge sociale des victimes, et séparer clairement la question du traitement clinique de celle de la justice réparatrice. Cette dernière ne devrait pas avoir d'objectif thérapeutique déclaré : le bien-être ou le rétablissement doivent être décrits comme des effets possibles, et non comme la cause principale de l'adhésion des victimes à de tels programmes[3]. Cela sera donc affirmé dès les premiers moments d'existence de l'approche relationnelle, en toute compatibilité avec le cadre théorique préexistant de l'approche.

La notion de victimisation secondaire est introduite pour la première fois par SYMONDS [4] en 1980, comme une « perception » de la victime qui prétend avoir du mal à se sentir acceptée ou soutenue en tant que personne. Un peu plus tard, cette expression commence à être utilisée pour désigner les réactions de la victime dont les attentes (notamment postérieures à l'acte criminel) ne sont pas comblées, et qui provoquent chez elle un sentiment de rejet et d'isolement [5]. Une forme de détournement scientifique en fera, enfin, l'objet conceptuel actuel, permettant de dénommer les déceptions auxquelles les victimes sont confrontées, le plus souvent à l'intérieur du système pénal (mais aussi,

---

1. C. ROSSI, *op. cit.* 2013.

2. C. ROSSI, Le modèle québécois des rencontres détenus-victimes. *Les Cahiers de la Justice*, Dalloz, vol. 2, 2012, pp. 107-126.

3. C. ROSSI et R. CARIO, Les bienfaits de la justice restaurative. *Thyma*, 2016.

4. M. SYMONDS, The "Second Injury" to Victims. *Evaluation and Change*, vol. 7, n° 1, 1980, pp. 36-38.

5. J-A. WEMMERS, The Meaning of Justice for Victims. *International Handbook of Victimology*, 2010, pp. 27-43.

par exemple, dans le cadre du traitement de leur histoire par les médias [1]), et qui sont souvent décrites comme étant plus graves que l'événement criminel à l'origine. Dès le tout début des années 70, BURGESS et HOLMSTROM [2] avaient déjà démontré que les victimes (de viol en l'occurrence) étaient traitées comme des coupables au sein du système pénal [3].

La notion de « besoins » des victimes est créée pour venir en renfort aux recherches sur la seconde victimisation. Ses premières utilisations proviennent de chercheurs tels que MAGUIRE [4] et SHAPLAND [5] ; mais au Québec, cette notion avait déjà été mise en lumière par la célèbre Micheline BARIL [6] en 1983. Les « besoins » des victimes sont désormais une expression consacrée, utilisée partout, particulièrement dans le réseau québécois d'intervention auprès des victimes ; on en fait mention sur les sites internet de la plupart des institutions, ou sur les portails d'information juridique. Ces « besoins » s'affichent généralement sous forme de liste : il est coutume de les regrouper en catégories préconçues alors qu'elles varient en fonction des auteurs et des courants. On trouve le plus souvent la mention du besoin d'information, des besoins pratiques ou d'aide ponctuelle, du besoin de dédommagement, du besoin de soutien psychosocial, du besoin d'une prise en charge clinique, du besoin d'obtenir un statut au sein du système pénal, du besoin de protection, du besoin de réparation [7]. On ajoutera plus tard l'importance de besoins plus personnels : le besoin d'être traitée avec égard et courtoisie, le besoin d'être cru, le besoin d'être entendu…

En approche relationnelle, la notion de « besoins des victimes » est repensée et définie plutôt comme une attente. Le concept de « besoin » est évité. L'approche se trouve en rupture paradigmatique par rapport aux courants ayant donné naissance à cette expression. Nous résumerons, ici, les cinq raisons essentielles qui justifient une telle position :

---

1. A. GAUDREAULT, *Les besoins des victimes d'actes criminels*. Actes du Colloque de l'Association québécoise pour l'intégration sociale (AQIS), XII Colloque thématique de l'Institut québécois de la déficience intellectuelle, 2001.

2. A.W. BURGESS et L.L. HOLMSTROM, Rape Trauma Syndrome. *American Journal of Psychiatry*, vol. 131, n° 9, 1974, pp. 981-986.

3. J-A. WEMMERS, *op. cit.*, 2010.

4. P. MAGUIRE, Barriers to Psychological Care of the Dying. *Br Med J (Clin Res Ed)*, vol. 291, n° 6510, 1985, pp. 1711-1713.

5. J. SHAPLAND, J. WILLMORE et P. DUFF, *Victims in the Criminal Justice System*. Aldershot : Gower, 1985.

6. M. BARIL, *Mais nous, les témoins*. Ministère de la justice Canada, Section de la recherche et de la statistique, 1983.

7. J-A WEMMERS, *op. cit.*, 2010.

- La notion de « besoin » doit être réservée à l'étude de la place de la victime dans le système de droit et le système d'intervention. Elle n'a pas sa place en justice réparatrice, qui se trouve être une forme d'intervention déjà en rupture avec les courants cliniques ou judiciaires.

- La notion de « besoin » appelle, en guise de réponse, une intervention de nature à les « combler ». Or les programmes de justice réparatrice en général, ceux qui se revendiquent de l'approche relationnelle en particulier, ne doivent pas avoir pour fonction de combler les besoins des victimes, car ils ne sont pas créés pour concurrencer le système de justice pénale ou les services cliniques, mais bien pour proposer au contraire une prise en charge différente et parallèle à ces derniers (que l'on choisisse, par la suite, de les rendre complémentaires ou alternatifs important peu ici) [1].

- La notion de « besoin » appelle que ces derniers soient définis, et donc examinés, par un regard connaissant ou expert. Le seul à même de vérifier et anticiper si la personne a un besoin, même si la personne n'est pas capable de le formuler elle-même, est un expert de la victimisation. Il base ses connaissances sur ce qu'il a observé, non pas chez une seule personne, mais chez toutes. Or cette posture d'expert est incompatible avec la posture particulière d'accompagnant propre au médiateur relationnel.

- La notion de « besoin » fait référence à des situations cristallisées dans le temps. Par exemple, le « besoin d'information » est généralement envisagé comme un phénomène absolu, évident et global, qui commence au jour 1 de la victimisation, et disparaît (s'il disparaît) le jour d'un éventuel « retour à la normale » (qui reste plutôt illusoire). Or en justice réparatrice, ce qui est formulé par les victimes (même si elles emploient le mot « besoin ») change d'un jour à l'autre et évolue. Il ne peut exister, en approche relationnelle, de référence à un besoin global et absolu.

- Enfin, la notion de « besoin » ne peut décemment s'appliquer qu'à la personne plaignante (donc la victime ou ses proches). Elle est incompatible avec une approche créée pour s'appliquer à la fois à une victime et un agresseur, ou, en cas d'intervention non criminelle c'est-à-dire sociale ou citoyenne, à deux personnes en conflit.

L'approche relationnelle parle davantage d'« attentes » : contrairement aux besoins, les *attentes* des victimes sont subjectives, personnelles. Elles changent d'une personne à l'autre, et même d'un jour à l'autre, d'une émotion à l'autre. Elles ne peuvent être formulées, verbalisées ou identifiées que par

1. C. Rossi, *op. cit.*, 2015.

les personnes elles-mêmes, en aucun cas par le médiateur. Ce dernier ne pourra pas les influencer ; il ne doit surtout en aucun cas essayer de les changer. Il ne pourra que les recevoir et les mettre en valeur pendant la démarche. Au final, le médiateur ou le professionnel de la justice réparatrice travaille avec des « attentes » qu'il a pour mission de ne pas transformer. Ces attentes ne deviendront des « besoins » que lorsqu'elles seront prises en charge par des professionnels du monde de l'intervention ou de l'aide aux victimes : elles feront alors l'objet d'une analyse professionnelle (une forme de diagnostic).

Ce faisant, il sera tout de même précisé ici qu'au sein de l'approche relationnelle, le terme d' « attente », même s'il se trouve consacré, ne possède pas, au fond, de réelle prétention conceptuelle ou théorique. Il n'a pour objet que de s'opposer à des concepts forts et connotés, comme le terme de « besoin ».

V. Influences contextuelles et influences indirectes

Pour terminer le tour d'horizon des fondements de l'approche relationnelle, il reste à aborder certaines influences moins déclarées. La première concerne l'influence de la justice traditionnelle autochtone (1). La seconde, plutôt que d'influence, devrait plutôt être qualifiée de regroupement d'éléments circonstanciels ou contextuels qui ont contribué à consolider l'approche (2).

1. L'approche relationnelle et la justice autochtone

En 1997, Jacques FAGET évoquait les trois raisons qui ont conduit à la réémergence de la médiation dans nos contrées occidentales : la « contestation des institutions répressives », la « découverte des victimes » et l'« exaltation de la communauté [1] ». Parmi ces trois raisons, « l'exaltation de la communauté » est probablement la moins bien facile à comprendre. On a vu poindre, dans la littérature scientifique, un bon nombre des références à des pratiques autochtones, traditionnelles ou ancestrales en guise d'explications à l'émergence de la justice restaurative dans nos civilisations occidentales francophones [2]. Les *Families Group Conferences* maories de Nouvelle-Zélande ou encore les *Chicago Areas Projects* aux États-Unis sont souvent, de tous les projets de justice réparatrice à connotation traditionnelle, les plus cités [3]. Au

1. J. FAGET, *op. cit.*, 1997.

2. R. CARIO et C. ROSSI, *op. cit.*, 2020.

3. Comme le mentionne par exemple B. GAUTHIER et coll., La médiation pénale : une pratique québécoise. *Recherche sociale*, vol. 5, 2009.

Québec, la tentation serait vive de créer un amalgame trop rapide entre les efforts fournis par la société canadienne à redonner la gestion de leur propre justice aux communautés autochtones et le courant de la médiation ou de la justice réparatrice qui prétend s'en inspirer. De très nombreuses Nations autochtones se partagent le territoire québécois, parmi elles la Nation ATIKAMEKW [1], particulièrement avancée en ce domaine.

Bien que nul ne remette en question la part que la justice autochtone a jouée dans la pensée des promoteurs de la justice restaurative au Québec, les auteurs de cet ouvrage voudraient faire vœu d'humilité, et remettre certaines choses au clair. Il est très loin d'être certain que l'on puisse affirmer que la justice réparatrice à l'« occidentale » puisse prétendre avoir su tirer les enseignements des Nations autochtones dans le domaine de la justice. Si cette influence existe, alors soyons francs : elle ne prend la forme que d'un filigrane. Le Québec est, de toutes les provinces canadiennes, celle qui possède le moins de programmes de justice autochtone sur son territoire, au contraire d'autres provinces canadiennes comme l'Alberta ou le Manitoba [2]. Les cercles de guérison, audiences assistées par la communauté ou cercles de libération ; les conséquences du fameux arrêt *R. c. Gladue* [3] de la Cour Suprême du Canada en 1999 ou, la même année, les travaux de la Commission du droit du Canada, sont autant de manifestations du déploiement des influences autochtones au Canada ; pour autant, elles ne concernent pas directement la Belle Province [4]. Même chez les praticiens états-uniens ou plus généralement nord-américains qui se réclament de ces influences, il est fort incertain que ces derniers aient su suffisamment maîtriser de tels modèles pour affirmer qu'ils s'en soient inspirés concrètement. Certains ingénieurs de l'approche relationnelle, parmi eux la coauteure de cet ouvrage, travaillent activement aux côtés de ces communautés au développement d'autres types de justice à leur propre intention. Néanmoins, la justice autochtone appartient aux communautés qui la revendiquent. Elle est de surcroît extrêmement différente d'une Nation à une autre. Les liens entre les programmes autochtones et les programmes « généraux » de justice réparatrice sont soumis à des enjeux délicats. Il serait mal venu, du

---

1. La Nation Atikamekw [en ligne]. [Consulté le 9 mai 2020]. Disponible à l'adresse : http://www.atikamekwsipi.com/fr/la-nation-atikamekw/communautes

2. M. JACCOUD, *op. cit.*, 2009. ; V. STRIMELLE et F. VANHAMME, Modèles vindicatoire et pénal en concurrence ? Réflexions à partir de l'expérience autochtone. *Criminologie*, vol. 42, no2, 2009, pp. 83-100.

3. R. c. GLADUE, 1999, 1 R.C.S. 688, disponible en ligne : https://scc-csc.lexum.com/scc-csc/scc-csc/fr/item/1695/index.do. Ce célèbre arrêt de la Cour Suprême du Canada a permis de rappeler l'importance de prendre en considération les origines autochtones des accusés et de donner une « force réelle » à l'objet réparateur à donner à la peine.

4. Les premiers *Rapports Gladue* ne seront testés au Québec, pour la première fois, qu'en 2019.

moins pour les Québécois qui rédigent ce livre, d'oser dire que la justice autochtone parvient à inspirer la justice réparatrice générale, cette dernière se croyant souvent dominante et invitant rarement les communautés sur leurs comités décisionnels. C'est pourquoi il faut se garder d'affirmer que l'approche relationnelle est influencée directement de la justice autochtone. On peut se contenter d'affirmer qu'elle aurait bien des leçons à en tirer le cas échéant. Cependant, les liens entre l'approche relationnelle et la culture des PREMIÈRES NATIONS et des INUITS, s'ils ne peuvent être déclarés comme des influences, sont tout au contraire en construction. Ces deux approches apparaissent comme très fortement compatibles. Un travail de discussion et de collaboration, par le biais d'entraide, de projets, d'ingénierie ou de formations réciproques, a été engagé avec ces Nations [1]. L'objectif est que toutes ces approches, qui ont en commun le fait de tenter de libérer les personnes des injonctions institutionnelles qu'on leur impose, commencent à s'influencer les unes les autres. Le fait que la justice réparatrice s'harmonise au sein de la Belle Province est fortement souhaitable et souhaité.

2. L'approche relationnelle et le contexte de la seconde décennie des années 2000

Les influences mentionnées précédemment auraient-elles été suffisantes pour expliquer l'avènement de l'approche relationnelle, s'il n'y avait pas eu, corrélativement, un contexte politique et social propice ? Vers les années 2010 au Québec, les aléas de l'actualité vont définitivement permettre aux pratiques de prendre leur envol pour des raisons, contextuelles et pragmatiques, qu'il s'agit de rappeler.

D'abord, l'élection d'un gouvernement conservateur fédéral à la tête du Canada durant neuf années, entre 2006 et 2015, dans un pays autrefois dominé par des idéaux plus modérés, entraîne une réforme importante des institutions qui, dans le domaine de la justice, a pour effet immédiat de renforcer fortement les accents répressifs du système de justice pénal [2]. Sous ce régime, on assiste, en quelques années, à une augmentation massive des durées d'incarcération; à la création de registres publics d'agresseurs (notamment sexuels), justifiés par la notion de dangerosité ou de risque ; la création de « peines planchers »

---

1. JUSTICE QUÉBEC. *Programme de mesures de rechange général pour adultes en milieu autochtone.* [en ligne]. [Consulté le 9 mai 2020]. Disponible à l'adresse : https://www.justice.gouv.qc.ca/programmes-et-services/programmes/programme-de-mesures-de-rechange-general-pour-les-adultes-en-milieu-autochtone/

2. J. DESROSIERS, Replacer le principe de modération au cœur de la justice pénale, ou cent fois sur le métier remettez votre ouvrage. Dans : J. DESROSIERS, M-E SYLVESTRE et M. GARCIA, *Réformer le droit criminel : défis et possibilités.* Montréal, QC : Yvon Blais, 2017.

(peines minimales) pour des infractions qui n'en comportaient pas. Le tout a pour trame de fond une nouvelle politique mettant de l'avant la sécurisation « des rues et des communautés [1] ». Cette actualité provoque immédiatement la résistance de certains ordres professionnels au Québec [2] qui dénoncent les nouvelles mesures préconisées. Contre toute attente, cette résistance est très fortement soutenue par les mouvements d'aide aux victimes eux-mêmes, qui se trouvent pourtant au cœur des raisons que l'on invoque pour justifier l'accroissement du répressif. Au lieu d'adhérer à l'idée que plus de répression protège davantage les victimes, les groupes de défense dénoncent leur instrumentalisation à des fins de contrôle et de répression [3]. Le courant de la justice réparatrice ou de la médiation, souvent décrié pour ses airs de justice douce, regagne brutalement en popularité dans la pensée institutionnelle québécoise.

La seconde de ces raisons est l'ouverture, au tout début des années 2000, du programme *Possibilités de justice réparatrice* par le Service correctionnel du Canada qui permet à des détenus fédéraux (adultes) de rencontrer leurs propres victimes à l'intérieur des pénitenciers, dans le cas d'infractions les plus graves et en cas de sentences longues. Inventé en Colombie-Britannique en 1989, ce programme a été officialisé dans l'ensemble du Canada en 2003 et est largement entremêlé de l'expérience québécoise et du modèle québécois de la médiation de style relationnel, créés pour assurer la sécurité sans compromis des détenus autant que de leurs victimes [4]. Animé par un nombre très restreint de médiateurs (une vingtaine pour l'ensemble du Canada), il compte parmi eux un pourcentage important d'ingénieurs et promoteurs québécois de l'approche relationnelle, dont trois ont eu une influence considérable et déterminante : E. LEBLANC, L. SIMARD et M-E LAMOUREUX. La création de ce programme et son succès participent activement à l'entretien de la réputation de la qualité du travail des médiateurs relationnels. L'équation est simple : si ces médiateurs sont performants dans de telles situations, c'est qu'ils sont capables de performer en tout temps. Ce programme de possibilité de dialogue jouit en effet d'une réputation toute particulière. Il impressionne par sa capacité à gérer les crimes les plus graves : près de 90 % des dossiers ne sont composés que d'homicides, d'agressions sexuelles et de violences conjugales. Environ 200 détenus passent à travers ce programme tous les ans, ce qui, étant

---

1. *Loi sur la sécurité des rues et des communautés*, L.C. 2012, ch. 1.

2. C. ROSSI, La médiation au cœur de la logique pénale en justice des adolescents au Québec : au-delà des compromis opérationnels, une approche réparatrice ? *Justice ! Des mondes et des visions,* Érudit, 2014, pp. 63-82.

3. ASSOCIATION QUÉBÉCOISE PLAIDOYER VICTIMES, *Mémoire sur le projet de Loi C-10, Loi sur la sécurité des rues et des communautés*, adressé au Comité permanent de la justice et des droits de la personne, Chambre des communes, Montréal, novembre 2011.

4. C. ROSSI, *op. cit.*, 2014. ; C. ROSSI, *op. cit.*, 2015.

donnée la gravité des dossiers, est un chiffre énorme : le Canada ne compte que 500 à 600 homicides par an pour l'ensemble de son territoire.

La troisième de ces raisons est liée au contexte du mouvement *#metoo* [1]. Entre l'automne 2014 et l'automne 2016, plusieurs femmes divulguent dans les médias québécois et internationaux les agressions sexuelles dont elles ont été victimes. Ces vagues de dénonciations mondiales en chaîne conduisent à l'accroissement des clientèles féminines au sein des organismes communautaires. Étant donné la nécessité de reconduire le Plan d'action gouvernemental 2008-2013 en matière d'agressions sexuelles, la ministre de la Justice et responsable de la Condition féminine du Québec dépose, le 25 novembre 2014, une motion en sept points à l'Assemblée nationale. Le 21 mars 2017, le comité permanent de la condition féminine publie un rapport contenant 45 pistes de solution à la réémergence des niveaux d'agression sexuelle au Canada, où l'on considère désormais qu'une femme sur quatre (d'autres statistiques évoquent plutôt le chiffre d'une femme sur trois) est victime d'agression sexuelle dans sa vie. À compter de l'automne 2019, le gouvernement Québécois met en place un immense chantier de réforme du droit ayant pour objet la violence faite aux femmes. Parmi les informations qui se dégagent de ces initiatives, on réalise que plus de 70 % des femmes ne dénoncent pas le crime dont elles sont victimes, l'immense majorité parce qu'elles ne *veulent pas* dénoncer. La seule question de la réforme des tribunaux ne suffit plus : il est alors de nouveau question de leur ouvrir la possibilité de participer à des programmes de justice réparatrice. Le réseau Équijustice, fort de son approche relationnelle, offre d'ores et déjà à de nombreuses victimes de participer à des rencontres de dialogue réparatrices sans pour autant que leur crime ait été dénoncé. La question de la dénonciation, du silence des victimes, du monopole judiciaire en matière d'agressions sexuelles et de violences conjugales est bien complexe. Sans qu'il n'en soit débattu ici, précisons néanmoins que les garanties de sécurité offertes par le modèle relationnel ont pris, grâce à ce contexte bien particulier, une reconnaissance certaine.

La quatrième raison est liée à la création du premier programme de mesures de rechange pour adultes au Québec. Avant le 1er septembre 2017 le Québec était l'une des dernières provinces au Canada à ne s'être dotée d'un programme de mesures de rechange en matière de justice criminelle pour

1. CANADIAN WOMEN'S FOUNDATION. The #MeToo Movement in Canada | Learn the Facts. Canadian Women's Foundation [en ligne]. [Consulté le 10 mai 2020]. Disponible à l'adresse : https://canadianwomen.org/the-facts/the-metoo-movement-in-canada/.

adultes non autochtones [1]. La possibilité d'ouvrir de tels programmes existe depuis la réforme de la détermination de la peine [2] en 1996. Les applications d'un tel programme impliquent, pour certaines infractions de faible gravité, une comparution de l'accusé devant un juge puis, sur proposition du Poursuivant, le transfert du dossier judiciaire à la charge d'organismes communautaires, aux fins d'exécution d'une mesure de justice réparatrice envers la victime ou la communauté. En cas de réussite, un rejet des poursuites est prononcé. Une entente, signée à l'été 2017, déclenche au Québec une collaboration inédite entre le ministère de la Justice, le Directeur des poursuites criminelles et pénales, le ministère de la Sécurité publique, les Centres d'aide aux victimes d'actes criminels ainsi que le réseau Équijustice. En septembre 2017, un programme d'essai de ce nouveau programme de mesures de rechange est autorisé [3]. Encore une fois reconnu pour son modèle relationnel en médiation, c'est le réseau Équijustice qui est choisi pour créer, faire appliquer et évaluer les mesures données aux accusés qui pourront s'en prévaloir.

Telles sont, au final, les quatre raisons contextuelles qui ont largement contribué au développement de l'approche relationnelle : elle s'est construite non seulement sur la base de son histoire et de ses fondements historiques et théoriques, mais également sur la base des expériences pratiques corrigées au fur et à mesure par des médiateurs aussi performants que chevronnés. Enfin, la pression de l'actualité judiciaire aura rendu toujours plus nécessaire la revendication d'une approche claire, solide et approuvée.

À présent que cet exercice fractal d'effeuillage épistémologique [4] est réalisé, il devient possible d'aborder l'approche dans ses principes. Il est temps à présent de se demander en quoi consiste concrètement l'approche relationnelle. C'est l'objet de la seconde partie.

---

1. C. Rossi et coll., *op. cit.*, 2020. ; J. Desrosiers, C. Rossi, M. Cloutier, V. Brassard et A. Béland Ouellette, Étude comparative des programmes canadiens de mesures de rechange ou comment favoriser le désengorgement des tribunaux. *Revue générale de droit,* vol. 50, no1, 2020.

2. *Loi modifiant le Code criminel (détermination de la peine) et d'autres lois en conséquence*, LC 1995, c 22.

3. Justice Québec. *Programme de mesures de rechange général suivant les articles 716 à 717.4 du Code criminel.* [en ligne]. [Consulté le 4 juin 2020]. Disponible à l'adresse : https://www.justice.gouv.qc.ca/fileadmin/user_upload/contenu/documents/Fr__francais_/centredoc/publications/programmes-services/programme_pmrg_fr.pdf

4. J. Faget, *op. cit.*, 2010.

Deuxième partie :

Les principes de l'approche relationnelle

Cette seconde partie est entièrement consacrée à la description des principes de l'approche relationnelle. Elle présente les différentes étapes et techniques qui la composent. Avant d'entrer dans le vif du sujet, il est cependant essentiel de faire quelques liens entre les fondements théoriques évoqués dans la section précédente et les principes qui constitueront le contenu des paragraphes à venir. Pour cela, il faut mettre en lumière quatre principes déclaratifs qui permettent de résumer l'approche relationnelle.

Le premier de ces principes est que tout dispositif se revendiquant de l'approche relationnelle ne doit prétendre à aucun autre objectif de réparation que le *dialogue*. Tout autre bénéfice éventuel (réparation financière, accord ou engagement, changement physique ou moral, réinsertion ou rétablissement, non récidive) ne peut être considéré que comme un effet possible, jamais un objectif à atteindre.

Le second principe est que la seule méthode utilisée pour parvenir à cet objectif unique est, elle aussi, le *dialogue*. Pour que les participants potentiels puissent « dialoguer », il est nécessaire qu'on les informe adéquatement en tout temps ; que l'on comprenne bien leurs attentes. Ces attentes sont cependant toujours différentes en fonction des personnes qui les expriment, et toujours subjectives. Il faut donc s'assurer que les participants soient bien en mesure de les faire entendre.

Le troisième principe est que l'approche relationnelle est axée sur *la préparation des participants*, qui prend la forme *d'ateliers de communication*. Ce sont de tels ateliers qui permettent de partir en quête des attentes des personnes, de les mettre en évidence et de les scénariser autour des grandes dimensions du dialogue, mais aussi de circonscrire la forme de l'échange et ses modalités, paramètres qui peuvent énormément varier en fonction des participants et de leurs situations respectives.

Le quatrième et dernier principe est que, en approche relationnelle, la *posture* adoptée par le médiateur est absolument déterminante. Ce dernier doit tenir à la perfection un rôle d'écoutant et d'accompagnant. Lorsqu'il anime des ateliers de communication et accompagne des personnes dans leur démarche de dialogue, que le processus se termine ou non par une rencontre, le praticien relationnel est et demeure un médiateur. L'approche relationnelle a été conçue pour des programmes de type médiation entre infracteurs et victimes, même si elle peut être transposée à un très grand nombre de dispositifs différents.

La technique de l'approche relationnelle n'est pas composée d'étapes qui se suivent : elle est au contraire un cycle de stratégies qui s'autoalimentent et qui sont interdépendantes, comme illustré dans la figure suivante. Dans les sections à venir, les trois éléments composant la stratégie relationnelle, à savoir son essence (la posture du médiateur), ses outils (l'écoute attentive, l'exploration et la scénarisation) ainsi que ses piliers (le *M.A.I.S.*) devront être décrits les uns après les autres. Nous conseillons cependant au lecteur de réaliser dans l'idéal deux lectures de la présente partie : la première lecture lui permettra de découvrir les trois éléments de la stratégie relationnelle, la seconde de pouvoir faire les liens qui conviennent entre eux.

Figure 3 : Les trois éléments de la stratégie relationnelle

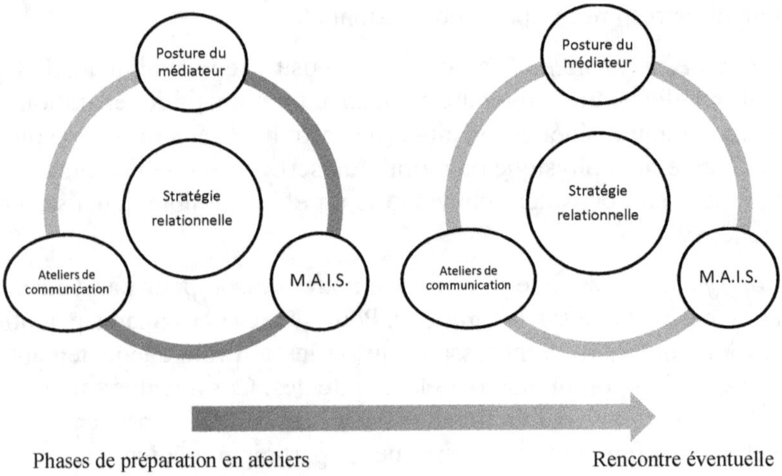

La première section présente ce que l'on pourrait appeler l'essence de la stratégie relationnelle. C'est l'élément le plus simple, mais également le plus incontournable. Il concerne la posture particulière que doit adopter le médiateur, sur laquelle *toute la stratégie se fonde*. La seconde section détaillera les techniques propres à l'organisation des ateliers de communication qui permettent de créer un dialogue. Dans la troisième section, l'on pourra alors envisager le contenu de ces ateliers : ce que l'on nomme la technique du « M.A.I.S ».

Section 1 : La posture du médiateur en approche relationnelle

Dans un premier temps sera décrite l'essence-même de la posture que le médiateur doit adopter en approche relationnelle (I), afin de mieux voir en quoi elle est en rupture par rapport aux autres approches et modèles plus traditionnels de médiation (II).

I. L'essence de l'approche relationnelle : la posture du médiateur

Il est impossible de traduire à l'écrit l'importance de l'acception qui va être faite ici. La posture du médiateur, à savoir la manière avec laquelle il se comporte et ce qu'il incarne, autrement dit son savoir-être, est la première stratégie – et la plus fondamentale – de l'approche relationnelle. Sans elle, tous les mécanismes et techniques qui seront décrits plus loin n'ont aucun sens. Sans une posture convenable, la préparation des personnes sera entièrement corrompue.

Voici cette acception, en mots simples : la posture relationnelle requiert que le médiateur admette, au moment où il entame un travail avec un participant, qu'il est entièrement *incompétent* concernant le vécu de la personne qu'il accompagne. Il doit renoncer à se comporter comme un « sachant ». Il doit tout oublier des connaissances si précieusement acquises au cours de sa vie, ses études, son expérience professionnelle. Devant un infracteur, une victime, une partie, le médiateur relationnel ne peut plus rien savoir. Il doit mettre toutes ses capacités d'analyse, ses connaissances, ses déductions, les liens qu'il est capable de faire avec ses propres expériences dans un coin de son esprit, et ne plus s'en servir. En approche relationnelle, le cerveau du médiateur doit être en « mode avion ».

Toute personne est conditionnée, dès sa naissance, à tenter de prendre sa place en société ; à sortir du lot, à choisir un chemin, à changer les choses par sa seule présence. On a pour réflexe de vouloir faire de notre moindre apparition, ou de notre moindre intervention (personnelle ou professionnelle), un moment unique, digne de reconnaissance. En médiation relationnelle, c'est tout le contraire qu'il faut faire. Il ne faut plus tenter d'apparaître, plus tenter d'intervenir. Il faut laisser absolument toute la place à la personne que l'on accompagne. Le médiateur doit apprendre à oublier ses connaissances personnelles : son expérience, ses valeurs, ce qu'il considère comme bien ou mal, constructif ou dangereux. Il doit encore plus oublier ses connaissances professionnelles : ce qu'il a appris durant ses études, la capacité de prise de décision qu'il a construite, les nombreuses années qu'il a mises au service de personnes dans la même situation.

Pour comprendre les enjeux d'une telle acception, il faut revenir à quelques bases de sémantique. Quand une personne veut exprimer quelque chose (un événement, une émotion), elle veut transmettre un *sens*, que seule elle-même connaît, c'est-à-dire un élément qu'elle perçoit mais que les autres ne voient pas et n'entendent pas. Ce *sens* est appelé, en linguistique, un *signifié*. Le signifié est, autrement dit, le fond du message qu'une personne veut faire passer. Sur ce signifié, la personne, pour se faire comprendre, doit apposer un signe linguistique, c'est-à-dire un mot. Ainsi, elle peut transmettre le sens ou l'émotion qu'elle veut exprimer à son vis-à-vis. Ce signe (le mot) est ce que l'on nomme un *signifiant*, c'est-à-dire un élément non plus de fond mais de forme. Prenons un exemple. Une personne ressent un malaise. Ce malaise est son « signifié ». Pour le faire comprendre à quelqu'un, elle doit le transformer en signifiant, et choisir un mot qu'elle mettra dessus : la peur, la colère, le froid, la faim, le vertige.

Si on retourne aux travaux de SAUSSURE [1], il existe quelques préceptes fondamentaux en linguistique, qui se caractérisent par quelques propriétés spécifiques. Une de ces propriétés est la suivante : rien, *excepté les conventions sociales*, ne justifie la relation qu'un être humain construit entre le signifié (ce qu'il veut dire) et le signifiant qu'il choisit (les mots qu'il met dessus). Autrement dit, si on reprend l'exemple précédent, il est très difficile d'expliquer, autrement que socialement, pourquoi le malaise ressenti par la personne est traduit par elle comme étant de la « peur » et non de la « colère », ou même encore du « froid », de la « faim » ou un « vertige ». En approche relationnelle, le médiateur va travailler avec des personnes touchées par des événements qui ont eu, pour eux, une résonnance majeure. La personne qui se tient devant le médiateur sera, par exemple, envahie d'un théâtre d'émotions. Elle va tenter de lui exprimer ce ressenti intérieur particulièrement complexe, souvent très flou, par des mots. Elle va tenter de traduire son « signifié » (ce qu'elle a dans le cœur et dans la tête) en utilisant des « signifiants ». Ces mots feront probablement partie d'un champ lexical qui se trouve, de surcroît, plutôt limité et empreint lui-même d'immenses confusions sémantiques, le monde de la criminologie étant saturé de termes difficiles à définir : violence, souffrance, besoins, droits, etc.

1. F. DE SAUSSURE, *Cours de linguistique générale*. Paris : Payot, 1916.

La posture du médiateur relationnelle est celle d'une personne qui comprend qu'elle n'a à sa disposition que des *signifiants*, qu'elle ne détient en rien les *signifiés* du participant qu'il a en face de lui, même si celui-ci a pris la peine de les lui expliquer. Le médiateur a donc pour tâche d'entreprendre *d'explorer toujours plus ce que veut dire le participant*, et de faire que le sens que veut exprimer la personne soit toujours plus intelligible, plus clair.

Cette posture d'écoute particulière se nomme la « posture relationnelle ». Elle exige du médiateur que ce dernier ait véritablement envie de comprendre, envie d'être totalement *présent pour l'autre*, et qu'il *accepte de s'avouer et d'avouer à la personne quand il ne comprend pas*. C'est cette posture relationnelle fondamentale qui assoit toutes les stratégies et techniques qui pourront être développées ensuite. C'est ce qui est à même d'assurer au final la sécurité des participants.

Contrairement à ce que l'on peut observer en intervention sociale ou clinique, en médiation les participants *savent* mieux que l'expert ce qui s'est passé et ce qu'elles vivent, et savent mieux que quiconque les raisons pour lesquelles elles désirent s'engager dans un processus de dialogue. Sans les abandonner à leurs propres décisions ni les pousser dans certaines directions, le médiateur relationnel va accompagner *les personnes dans le processus décisionnel* qui leur permettra de mettre des mots sur ces attentes. Ce faisant, il doit s'assurer que le discours que tient la personne est bien celui qu'elle voudrait livrer (et non un discours basé sur la peur, la défense, la surprise, les conventions sociales), et il doit s'assurer que ce discours est livré en toute sécurité. Voyons maintenant comment cette posture relationnelle se traduit concrètement.

II. Les applications de la posture relationnelle : une distanciation des rôles traditionnels du médiateur

Le rôle du médiateur relationnel consiste à permettre à deux parties (deux personnes, ou groupes de personnes) de *dialoguer*, directement ou indirectement, afin que chacun d'entre eux puisse exposer, librement et sans contrainte, 1- la vision de son expérience, 2- la dimension subjective de son vécu, 3- l'ensemble des émotions ressenties, dans le but d'obtenir une forme de réparation qui touchera principalement la place qu'il ou elle occupe désormais dans son entourage et dans la société, ou la place que doit prendre dans son être et son parcours les dimensions brisées de sa vie. Il est ici question de *dialogue* au sens le plus complet et le plus complexe qui soit.

Pour parvenir à expérimenter un tel dialogue, les personnes doivent pouvoir livrer ce qu'elles sont venues exprimer, poser les questions qu'elles revendiquent comme étant légitimes, faire état de leurs doléances. Mais le médiateur *ne sait pas d'avance*, et ne *peut pas savoir*, ce qui compte vraiment pour elles au moment où elles se présentent à lui. Il peut encore moins se vanter de savoir ce qu'il serait bon qu'elles expriment. Le médiateur *ne connaît pas les attentes* de ces personnes. Ce sont elles qui devront apprendre au médiateur l'étendue de ce qu'elles sont venues chercher dans le dispositif, et non le contraire.

Le médiateur relationnel, ce faisant, se distancie des techniques que le sens commun attribue traditionnellement aux médiateurs (1) ; il se distancie aussi totalement des fins que l'on donne traditionnellement à la médiation (2).

1. Se distancier des techniques traditionnelles enseignées aux médiateurs non relationnels

La posture du médiateur relationnel se traduit par un certain nombre d'attitudes à respecter qui consistent à se détacher du rôle d'expert (a), tenter le plus possible de na pas influencer la personne et ne pas la pousser à changer ou se transformer (b), d'éviter la suggestion (c), et se rappeler constamment l'influence possible qu'un médiateur peut avoir sur un participant (d).

a) Se détacher du rôle d'expert

Pour incarner la posture relationnelle, la première tâche que doit accomplir le médiateur est d'annihiler toute volonté de se comporter comme un expert (même s'il en est un), lorsqu'il se trouve en présence des personnes qu'il accompagne. Le médiateur *ne peut pas connaître à l'avance les raisons pour lesquelles les personnes se présentent en médiation*.

Renoncer à un positionnement d'expert, lorsque l'on devient médiateur, est un défi de taille. La plupart du temps, les études ou la formation antérieures amènent plutôt le médiateur à se comporter comme un professionnel qui maîtrise, mieux que les usagers eux-mêmes, ce à quoi ils sont confrontés. En fonction de sa formation de base, il pourrait se prétendre expert du droit, expert de la psychologie, de la criminologie, de la victimologie, maître de la médiation, voire maître de la communication (la nuance entre expertise et maîtrise étant, ici, propre à distinguer ce qui revient à la connaissance en termes de savoir et de savoir-faire). Ces bagages intellectuels et professionnels, en approche relationnelle, peuvent être des atouts en termes de savoir, mais ils constituent des obstacles considérables en termes de savoir-être. Des experts, victimes et infracteurs en ont déjà croisé des dizaines au fil de leur parcours, qui les ont conseillés, orientés, diagnostiqués : ce faisant, ils les ont *changés,* ou ont réorienté leur trajectoire.

Or, comme dit précédemment, le médiateur relationnel doit partir du postulat qu'il ne *sait* rien sur ces personnes, et qu'il ne doit pas tenter de les transformer. Le médiateur doit au contraire laisser la personne s'exprimer : dire où elle en est, et où elle *désire se rendre*. Afin que le dialogue initié puisse prendre sa dimension réparatrice, il doit, dans les premiers temps, se contenter d'entendre et d'accompagner.

Pour adopter correctement une posture de non-expert, le médiateur doit avoir une *capacité d'accueil et d'acceptation inconditionnelle*. Il ne doit pas juger ou diagnostiquer la personne en face de lui, c'est-à-dire ne pas l'analyser à la lumière de ses propres distorsions personnelles ou professionnelles. Il ne doit pas juger les raisons pour lesquelles une personne pourrait avoir envie de dire ceci, de questionner cela, d'entamer un dialogue et d'aller à la rencontre de l'autre. Il ne doit pas juger ses réactions, qu'elle rit, qu'elle pleure, qu'elle se réfugie dans le silence, qu'elle dise beaucoup ou peu. Il ne doit pas davantage juger son vécu : l'attachement inexplicable ou encore la haine qu'elle ressent envers l'autre partie, la nature des questions qu'elle se pose, les raisons pour lesquelles elle a besoin de savoir. La personne paraît-elle acharnée ou au contraire froide et distante ? Psychologiquement désorientée ou au contraire forte et déterminée ? Socialement affaiblie ou en position favorisée ? Portée par des valeurs absolument contestables, ou au contraire positives ? Qu'importe : dans toutes ces situations, chaque participant est libre de parole. La parole libre est la seule chose que le médiateur a le devoir de protéger : il doit avoir, à son égard, une acceptation inconditionnelle.

L'acceptation inconditionnelle a une conséquence immédiate, qui sera détaillée dans les paragraphes suivants mais qu'il convient d'introduire à cette étape : le médiateur qui accepte le discours d'un participant inconditionnellement devient immédiatement *partial*, et ne peut absolument plus se qualifier de neutre, ou d'impartial. Mais comme il doit reproduire l'exercice deux fois, avec deux personnes qui ont vécu un événement commun qui les oppose du tout au tout, il se trouve obligé de devenir deux fois partial : on dit alors que le médiateur relationnel est pluripartial.

Ce positionnement de pluripartialité est un défi en soi. Le médiateur doit avoir une grande capacité à accueillir des personnes de toute nature, ayant commis ou subi des gestes ou des crimes de toutes sortes, ayant épousé des valeurs ou des habitudes qui s'échelonnent sur un spectre particulièrement large. On parle ici de la capacité d'être accueillant, attentif et à l'écoute, et totalement bienveillant, ce en face de personnes les plus vulnérables, mais aussi des plus effrayantes ou monstrueuses. Il s'agit également, pour le médiateur, de s'habituer à travailler dans la surprise : les rôles de victimes ou d'infracteurs (que l'on tente pourtant si fort de ne plus considérer) collent souvent aux idées préconçues. Or ces rôles ne définissent pas les caractères. L'intolérance, le racisme, l'impatience, la souffrance, la colère ou le détachement ne sont le monopole de personne ; elles peuvent parfois, par exemple, se trouver chez la personne victime et non l'infracteur. Il arrive aussi, plutôt, que de telles émanations de sentiments surviennent ou s'en aillent au gré des conversations : les personnes changent d'humeur constamment. Même s'il ne cautionne pas de tels comportements, le médiateur, pour inspirer confiance, devra les laisser s'exprimer, conserver une empathie et une générosité permanente, une forme de « don de soi [1] », montrer de l'ouverture, de la patience, de l'authenticité, de la disponibilité malgré tout.

b) Ne pas influencer la personne et ne pas la pousser à changer

Un autre élément de la posture du médiateur relationnel est qu'il doit se retenir d'influencer la personne ou de la pousser à changer. Il s'agit d'*éviter à tout prix d'amener les personnes là où nous-mêmes, médiateurs, nous estimons que nous devrions les conduire*. L'approche relationnelle se situe, à cet égard, aux antipodes de toute approche qui entend permettre de « faire progresser » son soi, ou de changer ses perceptions d'un phénomène. Elle s'oppose aussi aux approches cliniques en médiation en reconnaissant, par acceptation inconditionnelle, quelle que soit sa position ou son état, que la personne accompagnée et ce qu'elle ressent sont valables en soi, *et ne requièrent pas de transformation*. En cela, l'approche est complémentaire, et non redondante, à toute démarche clinique que le participant entreprendrait par ailleurs ; elle en profite pour affirmer qu'elle ne permet pas - du moins pas directement - une thérapie. Dans le même sens, toute tentative de prouver les effets cliniques immédiats d'un passage en médiation, de type baisse des taux de récidive, rétablissement psychologique et autres, apparaît comme étant un non-sens épistémologique en matière relationnelle.

Puisque la médiation est la rencontre de deux altérités bien distinctes, le médiateur devra composer avec les caractères des uns comme des autres tels qu'ils sont. Imaginons une rencontre potentielle entre deux individus, dont l'un est colérique, revanchard et cruel. Le médiateur non formé à l'approche relationnelle aurait vite tendance à vouloir diagnostiquer ce caractère, et pousser la personne à tenter de le contrôler. Il lui conseillerait de faire quelque chose pour changer ; il appliquerait sur lui des techniques de communication destinées à contrôler sa colère ; il remettrait à plus tard la médiation en attendant qu'il puisse apprendre à mieux gérer ses émotions. Il tenterait par ailleurs de rassurer l'autre partie, pour lui dire que tout ira bien. Et, ce faisant, il risquerait de se retrouver à arbitrer un face-à-face douteux, d'un immense inconfort, ou encore, de prendre sur lui des responsabilités qui le dépassent.

1. É. GAGNON et A. FORTIN, L'espace et le temps de l'engagement bénévole : essai de définition. *Nouvelles pratiques sociales*, vol. 15, n° 2, 2002, pp. 66-76.

Pour savoir si les participants doivent, ou non, se rendre plus avant dans un processus de dialogue, le médiateur se gardera de les influencer, encore plus de les sélectionner seul. Ce sont l'infracteur, la victime et le médiateur qui, ensemble, *de manière collégiale*, doivent décider de ce qu'ils feront avec un tel état de fait. Ils peuvent les uns ou les autres renoncer à la rencontre, demander qu'elle soit transférée à un autre médiateur, décider ensemble d'aller de l'avant. Ici, le modèle relationnel se distingue très fortement des autres approches en médiation (raisonnée et transformative, notamment) : tout se décide ensemble, dans l'esprit de ce que Jacques FAGET nomme élégamment un « atelier de la démocratie [1] ». Chacun pourra décider que la rencontre doit se faire malgré la colère, auquel cas le travail du médiateur sera de les aider à créer un plan comportant des mesures de sécurité adéquates pour l'un comme pour l'autre. Chacun pourra également décider, avec le soutien du médiateur, qu'il vaut mieux ne pas tenir la rencontre. La décision viendra alors de tous : il n'y aura pas de déception, pas d'injonction, pas de sélection extérieure. Ce sont les personnes qui se « désélectionneront » elles-mêmes, ou, comme dirait Robert CARIO lorsqu'il tente de transmettre en formation cette manière très particulière de travailler en approche relationnelle, ce sont elles qui « se choisiront », dans le respect de leurs rythmes et de leurs volontés, et toujours avec le soutien du médiateur.

Pour garantir la création ce que l'on nomme dès lors un atelier de communication, le médiateur doit être capable d'une certaine réflexivité. Il n'est pas naïf au point d'affirmer qu'il n'influence aucunement le processus, il considère à cet égard que toute pensée est un « construit » en permanence reconstruit et que cette permanente construction d'objet a des conséquences immédiates sur son vis-à-vis, qui se trouve en interaction avec lui [2]. Il dispose néanmoins de deux garde-fous qui lui permettront de tenter d'être fidèle à cet objectif : éviter la suggestion et rappeler constamment son rôle dans le processus.

c) Éviter la suggestion

Éviter la suggestion, c'est éviter toute situation où l'on est tenté de guider la personne vers un chemin tracé d'avance. Lors des rencontres en atelier ou lors de la rencontre en face-à-face, il s'agit de s'abstenir de commentaires ou d'encouragements qui pourraient avoir pour conséquence de pousser la personne vers un choix plutôt qu'un autre. Prenons le cas, très courant, d'une grande libération d'émotion : une personne, cantonnée depuis longtemps au

1. J. FAGET, *op. cit.*, 2010.

2. L'approche relationnelle se trouvant bien, à cet égard, dans la lignée épistémologique qui revendique un fantasme constructiviste, bien qu'il soit difficile d'oser se revendiquer d'appartenance propre à ce courant (Voir notamment A. PIRES, *op. cit.*, 1997).

silence, se met à enfin extérioriser ses émotions contenues et fond en larmes, ou se met à parler sans filtre et sans fin. Un intervenant professionnel qui réagirait en faisant preuve de « suggestion » ne se contenterait pas de recevoir ces émotions, il se croirait autoriser à intervenir pour leur donner une résonnance positive (« Je suis content que vous exprimiez enfin votre ressenti », « Il fallait bien que ça sorte, un jour ou l'autre ! »). La personne est influencée, ici, car elle comprend par l'attitude du médiateur qu'il est mieux qu'elle se comporte de cette manière, que c'est encouragé. Le médiateur relationnel ne veut ni encourager, ni bloquer une telle attitude. Il veut simplement la recevoir, et l'accepter. Il n'a pas à lui donner d'écho, sinon en montrant dans sa posture combien il la reçoit.

Éviter la suggestion, c'est faire en sorte que le médiateur n'amène pas la personne là où il veut, mais qu'il débroussaille, avec elle, toutes les conséquences éventuelles, de manière à ce que ce soit la personne qui prenne ultimement la décision qu'elle-même envisage comme étant la meilleure.

d) Rappeler l'influence de la présence du médiateur

Rappeler souvent son rôle dans le processus, cela revient, pour le médiateur, à dire à la personne qu'il accompagne qu'à chacune de ses paroles, il pourrait l'influencer sans le vouloir. La parole d'un médiateur peut, parfois, être comme parole d'évangile pour une personne en souffrance. Il suffit que le médiateur exprime une réticence ou un encouragement pour que la personne soit portée à lui donner foi. C'est pourquoi le médiateur relationnel rappellera qu'il n'a qu'un avis parmi d'autres, et qu'il applique des méthodes dont il ne cache rien. Il pourra, ce faisant, lui aussi s'exprimer sans crainte, et travailler sans contrainte, même dans les cas où il sera directement pris à partie. Si on lui demande par exemple « vous, si vous étiez à ma place, que feriez-vous ? », le médiateur répondra en évitant les clichés blessants tels que « je ne suis pas à votre place, vous savez », « je préfère que nous ne parlions pas de mon avis, mais du vôtre ». Il pourra répondre clairement, voire avec complicité : « Bien sûr que j'ai un avis. Mais en vous le donnant, je vais vous influencer. Qu'en pensez-vous ? Je vous le donne quand même ? M'autoriserez-vous, ensuite, à vous aider à imaginer que vous suiviez mon avis, mais aussi que vous ne le suiviez pas ? ». De la même manière, lors des préparations avec la personne, il n'appliquera pas ses procédés sans les expliquer. « À partir de maintenant, on va essayer d'imaginer ensemble tout ce qui peut arriver. Qu'allez-vous faire, quand vous allez rentrer chez vous après la rencontre ? Mon rôle, ici, c'est de vous aider à prévoir le plus de situations potentielles, même les plus imprévisibles, pour que vous demeuriez à votre aise dans toutes les situations ». On fera bien attention, ici, de ne pas confondre la suggestion et l'invitation à explorer de nouvelles possibilités. Lorsque le médiateur invite le participant à se projeter dans de nouvelles situations que ce dernier n'a pas abordées de lui-même, il ne lui suggère pas le ton sur lequel il doit le faire, et ne met pas de l'avant certaines émotions plutôt que d'autres. Il se contente de donner des exemples objectifs et factuels. Le lecteur pardonnera qu'on lui donne ici un exemple extérieur et familier, à seule fin de clarifier le propos : dire à quelqu'un « demain, il risque de pleuvoir » ne suggère rien, sinon une probabilité que tout le monde connaît et comprend. Une phrase suggestive serait : « faites attention, demain vous risquez d'avoir froid, protégez-vous et n'oubliez pas votre parapluie, car il risque de pleuvoir ». Une telle phrase est suggestive ne serait-ce que parce qu'elle suggère que la pluie est un climat néfaste dont il faut se protéger.

Le médiateur pense, dit, fait, avec la personne, en toute transparence. Contrairement à l'expert qui tente d'emmener le client quelque part, sans lui expliquer quelles techniques il emploie ou ce qu'il teste, le médiateur relationnel accompagne les personnes où elles veulent aller et leur explique, à chaque pas, le travail qu'ils sont en train de faire ensemble.

2. Se distancier des objectifs des médiations non relationnelles

La médiation relationnelle se trouve également en rupture avec toutes les stratégies couramment déployées dans les types de médiation plus traditionnels. En effet, elle n'encourage jamais la rencontre directe en face-à-face (a). Elle évite d'utiliser les techniques de communication traditionnellement utilisées (b). Elle renonce enfin à l'idée que le médiateur puisse être neutre (c).

a) Ne pas pousser les participants vers un objectif prédéterminé

Le médiateur relationnel ne s'attend jamais à un dévoilement complet des faits, et ne cherche pas à connaître la moindre « vérité ». Au contraire, les mensonges (ou plutôt les omissions), les premiers temps, sont très fréquents, et cela est tout à fait normal. Ce n'est qu'une fois qu'une exceptionnelle confiance est installée que ces réactions de défiance peuvent cesser et se transformer en une véritable autorisation, pour le médiateur, d'accompagner la personne dans une démarche de dialogue. Une personne victime d'agression sexuelle qui dévoile les faits des années plus tard ne dira jamais la « vérité » du premier coup, surtout pas à un inconnu qui se dit médiateur et qui prétend lui permettre de dévoiler cette vérité à son agresseur. Il en est de même pour un infracteur, surtout s'il a été emprisonné. Ce dernier a sûrement appris à mentir pour sa survie entre les murs, et s'est défendu pendant des années contre un système strict. Bien heureux serait le médiateur à qui, d'un seul coup, il se mettrait à dire toute la vérité. C'est en cela qu'en approche relationnelle, la posture du médiateur est si fondamentale : pas à pas, la confiance s'installe, et ces réactions de défiance n'auront plus d'objet.

Ne s'attendant à rien d'autre qu'au bien-être des personnes, le médiateur se gardera de chercher, dans le comportement des parties, une preuve qu'ils se dirigent vers un consensus, qu'ils parlent enfin de paix, de pardon et autres miracles. Il ne recherchera pas leurs soupirs de soulagement, leurs sourires, leurs larmes. Si de telles démonstrations surviennent, il se contentera de les accueillir. Il ne doit cependant jamais s'en féliciter (combien de médiateurs entend-on dire souvent « Aujourd'hui, ça a été formidable : X a enfin osé s'exprimer et Y lui a dit merci ! » « Aujourd'hui, Y a enfin pleuré, et X lui a dit « je suis désolé de t'avoir fait cela ». C'était tellement touchant ! »). À qui profitent de telles démonstrations ? Aux adeptes du bonheur, et finalement, à personne d'autre qu'au médiateur. Nuançons quelque peu ce propos : il ne s'agit pas de dire que ces situations ne doivent pas se produire. Ce qui ne doit pas se produire, c'est que le médiateur pousse en ce sens, ou y trouve de la satisfaction. Ce sont les personnes médiées qui, en rentrant chez elles, devront vivre avec ces émotions. Même si, au moment de la médiation, les sensations sont belles et rendent le face-à-face édifiant, elles construisent en réalité une impression de pouvoir (ou « *empowerment* ») complètement factice. Une fois seul devant son miroir à la maison, que l'on ait été victimisé ou victimisant, l'on s'effondre (« quelle horreur ! J'ai pleuré devant elle/lui ! »). Le médiateur, lui, dormira sur ses deux oreilles, toujours persuadé de son talent, puisqu'il aura la fausse impression d'avoir contribué à ramener l'ordre et la paix.

Le médiateur ne doit donc jamais pousser les personnes à livrer des émotions visibles ou faussement thérapeutiques. Il doit se contenter de les accompagner si elles désirent aller dans cette voie… et les accepter inconditionnellement si elles refusent de s'y engager.

b) Éviter le recours aux techniques traditionnelles de communication

Reflet, miroir, validation, synthèse, rétroaction… et même le célèbre « parler au *je* [1] ». Beaucoup de médiateurs maîtrisent de telles techniques. Il n'est pas question ici de les invalider totalement : elles restent, en théorie et pour d'autres modèles, de très bonnes méthodes de communication. Elles seront, cependant, inutiles au médiateur relationnel, voire quelque peu polluantes. Il faudra apprendre à les laisser de côté.

---

1. J. SALOME, *Heureux qui communique*. Paris : Albin Michel, 2003.

Les parties qui demandent à participer à un processus de dialogue ont, généralement, déjà consulté pas mal d'experts (avocats, psychologues, intervenants) qui les ont largement abreuvés de ces techniques ; techniques qui sont par ailleurs désormais connues de toutes et tous, et se reconnaissent facilement. Il est fort possible que la personne qui essaie de s'exprimer grince des dents si un médiateur ponctue ses interventions de clichés tels que « je comprends que vous exprimez de la colère », ou « Merci, X, pour ce beau témoignage, qui nous montre que l'espoir est encore de ce monde ». Alors que dire, à la fin d'un témoignage ? Rien, ou tout au plus, merci. On respecte un moment de silence. On demande aimablement « m'autorisez-vous à vous poser une ou deux questions encore ? ». On accueille, on prend, on ne commente pas.

Si, pour une raison ou une autre, on pense qu'il faut relancer la personne, on le lui dit, tout simplement, sans rien suggérer, au moyen d'une relance courte, directe, simple : « Pourriez-vous m'en dire davantage ? », « Voulez-vous m'en dire davantage ? ». Si jamais il devient nécessaire d'intégrer un élément factuel afin que la personne l'explore, on l'aborde franchement et objectivement, sans suggestion : « La rencontre devra se passer dans un pénitencier ». Plus la phrase est courte, moins elle suggère, moins elle transforme. Cet exercice est bien plus difficile qu'on le pense : le réflexe de n'importe quel médiateur non initié sera plutôt de s'imposer, d'en ajouter, de commenter, et donc de pervertir le message. On évitera à tout prix les formules telles que « *Vous étiez triste*... *Hum*... Mais encore ?... » qui mettent l'accent sur les sentiments ; ou encore « *Si vous êtes toujours à l'aise de parler de cela,* vous pourriez m'en dire davantage » qui suggère en filigrane que le dévoilement est un processus qui pourrait rendre mal à l'aise. Si l'on doit aborder un fait, on évite absolument d'ajouter des adverbes, adjectifs ou colorations d'aucune sorte : « *Malheureusement,* la rencontre devra se passer dans un pénitencier ».

Si l'on doit vérifier des informations factuelles ou juridiques précises et indispensables dans le protocole, on préfèrera des phrases courtes, simples et objectives, dénuées d'adverbes ou adjectifs, de type « Voudriez-vous me dire si vous avez déjà contacté le service d'aide aux victimes ? » et non « Vous avez fait appel au service d'aide aux victimes, n'est-ce pas ? ». La différence entre la première et la seconde question est subtile, mais visible. À la première question, la personne n'hésitera pas à répondre « Bien sûr que non ! » si elle est contre ; « Absolument ! » si elle est pour ; elle n'hésitera pas non plus à faire répéter la question si elle ne sait pas de quoi il s'agit. À la seconde question, elle se sentira mal à l'aise si elle ne l'a pas fait, et tentera de justifier ce qu'elle va immédiatement voir comme étant une erreur de sa part. Il est très important de transmettre des informations sans essayer de deviner ce que peut penser la personne, sans anticiper les émotions qu'elle pourrait ressentir, sans lui en projeter de nouvelles ; bref, de tenter de s'insinuer dans son esprit.

c) Renoncer à la neutralité

En principe, l'une des premières choses que l'on apprend en médiation, c'est à rester « neutre », autrement dit à ne prendre parti ni pour l'un, ni pour l'autre. Afin de pouvoir assurer la sécurité des personnes et de pouvoir donner libre cours à l'approche relationnelle, le médiateur ne peut pas garder cette posture distante, impartiale qu'est la neutralité. Il plonge dans chacune des histoires de vie, il accompagne chacune des personnes qui requiert ses services, et il les accepte inconditionnellement. Ce faisant, la posture de retrait devient, comme la posture de l'expert, totalement incompatible avec sa fonction. Plutôt que neutre ou impartial, le médiateur doit devenir pluripartial. Il respecte l'unicité de chacune des personnes et leur permet de s'exprimer à la hauteur de leurs désirs. S'il s'arroge le droit d'intervenir, c'est pour réguler cet accès à la parole libre, par souci d'équité plus que d'égalité. Par exemple, il est possible que l'une des deux parties ait besoin de beaucoup plus de temps de préparation que l'autre. Il est aussi possible que le dévoilement soit bien plus difficile, ou exige plus de doigté, pour l'un que pour l'autre. Cet apparent déséquilibre est permis tant qu'il est expliqué, compris et accepté par l'autre partie. Il peut aussi arriver qu'un dialogue soit organisé entre une personne qui s'exprime fort bien et beaucoup, et une autre qui peine à le faire. Le médiateur n'hésitera pas à faire comprendre à la première partie qu'il devra soutenir et aider davantage la seconde à s'exprimer, et à bien valider avec la seconde si elle se sent à l'aise avec cet accompagnement particulier. La cohérence du modèle veut que ce type de pluripartialité ne puisse jamais être confondu avec de la partialité ou de la suggestion.

Section 2 : La stratégie préparatoire de l'approche relationnelle en médiation : les ateliers de communication

Le dialogue est conçu comme une forme d'accès à la justice (au sens large). Il doit pouvoir être proposé aux personnes qui désirent s'y engager. Il faut par conséquent qu'il existe un moyen de rendre une telle rencontre à la fois sécuritaire et confortable pour les deux parties en présence, et il faut que leur bien-être soit *garanti*. Pour qu'aucune partie ne se retrouve jamais livrée à elle-même, la pratique de la médiation relationnelle exige la mise en place de mécanismes opérationnels précis et vérifiables. Un médiateur ne peut pas se permettre de compter sur une variable « miracle », sur le fameux « facteur humain » qui consiste à penser que, quand des personnes se retrouvent en face à face et se parlent, la magie opère, quelle que soit la nature du conflit qui les oppose. Cette section présente ce que l'on nomme, en approche relationnelle, des ateliers de communication : leur raison d'être (I) et leurs principes (II).

I. La raison d'être des ateliers de communication

En médiation, comme en droit, le seul danger réel auquel on est confronté, c'est l'incertitude, la surprise. Cette dernière est omniprésente quand on entame une démarche d'accès à la justice. La surprise, en matière conflictuelle, infractionnelle ou criminelle, a de nombreux visages : on ne peut jamais affirmer à l'avance que la police nous croira, que les preuves suffiront, que le procès aura lieu, que l'on sera condamné ou relâché, cru ou entendu, indemnisé, que l'on aura les ressources personnelles ou financières suffisantes pour passer à travers des procédures judiciaires, ou la santé psychique qui nous permettra de supporter cette épreuve. En justice réparatrice, il existe aussi de telles incertitudes : comment l'autre va-t-il réagir ? Va-t-il nier les faits ou refuser de m'écouter ? Va-t-il me refaire du mal ? Va-t-il seulement accepter de me rencontrer ? Va-t-il me mentir, me manipuler, ou abuser de sa position pour se venger ? Si je participe à une telle rencontre, vais-je vraiment aller mieux après ?

Le risque de victimisation secondaire [1] est certainement ce que l'on redoute le plus dans des procédures criminelles et pénales. Le sentiment d'injustice, *a fortiori* de revictimisation, se retrouve le plus souvent lorsqu'une personne est confrontée à une situation qu'elle n'avait pas prévue, qui la prend de court et la heurte de plein fouet alors qu'elle n'avait pas de moyen pour y faire face ou y réagir. Rendre possible la rencontre réparatrice, cela revient à faire se rencontrer deux personnes autour d'un vide immense jonché de mauvaises surprises potentielles. Le médiateur relationnel doit faire disparaître ces incertitudes, une à la fois. Son travail consiste à transformer le plus possible celles-ci en « déjà vu ». Si les deux personnes qui s'engagent dans une rencontre peuvent être comparées à deux personnes se jetant dans le vide, alors le travail du médiateur est de construire, pas à pas, étape par étape, sous les pieds de chacune des personnes qu'il accompagne, des fondations solides et stables, pour qu'à terme se construisent de véritables fondations de pierre. Ces étapes sont des étapes de préparation. Elles sont illustrées ci-dessous, à l'aide d'un dessin désormais célèbre, utilisé lors de formations aux médiateurs, et qui est une idée originale de Dave GUSTAFSON [2].

1. M. SYMONDS, *op. cit.*, 1980.

2. D.L. GUSTAFSON, *Victim Offender Mediation Within a Restorative Justice Framework : Toward a Justice Which Heals*. Address to the Prison Governors. Leuven, Belgium. 1997.

Figure 4 : Le travail de préparation à la rencontre : poser des fondations solides

Les étapes de la préparation à la rencontre : Les ateliers de communication

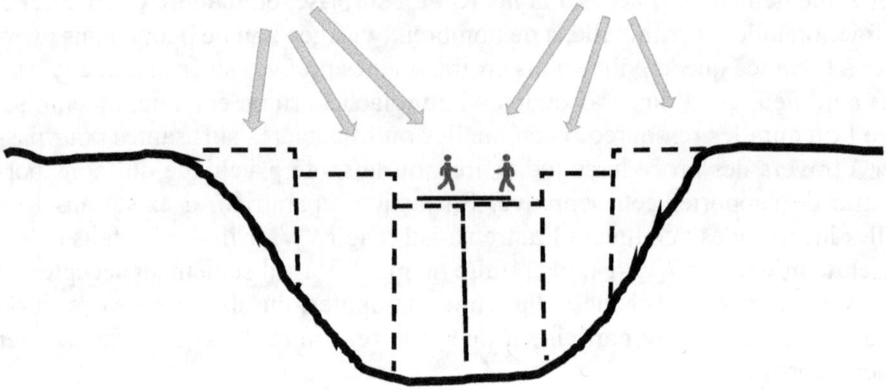

La clé du dialogue, dans quelques modèles et approches en médiation, notamment le modèle humaniste [1], est la préparation. Dès lors, une précision s'impose. En approche relationnelle, lorsqu'on affirme que l'essentiel du travail a lieu durant les ateliers de communication (préparations), et non au moment de l'éventuelle rencontre finale, on admet qu'on ne peut considérer comme une statistique valable le nombre de rencontres directes ou indirectes qui sont organisées dans un temps donné. Il faut en effet prendre en considération le nombre de rencontres d'ateliers qui se sont terminées *sans* rencontre finale, et pour lesquelles les participants ont déclaré qu'ils ont obtenu une forme de réparation conforme à leurs attentes. Reprenons un exemple déjà utilisé précédemment : le programme canadien de justice réparatrice hébergé par le Service correctionnel du Canada a déclaré, dans son dernier rapport disponible, l'organisation de 17 face-à-face. Cependant, plus de 240 dyades de préparations avaient été initiées, et environ 200 ont été réglées sans rencontre (avec obtention d'une forme de réparation). Le « chiffre » de la médiation de cette année-là est donc de 200, et non de 17 [2].

Nous rappellerons également une anecdote célèbre, reprise *ad nauseam.* De nombreux médiateurs parodient volontiers la célèbre citation attribuée à Lord Harold SAMUEL (« *there are three things that matter in real estate : lo-*

1. M.S. UMBREIT, *op. cit.*, 1997.

2. SERVICE CORRECTIONNEL CANADA. *Possibilités de justice réparatrice, Services de médiation entre la victime et le délinquant 2017-2018* [en ligne]. 2018. [Consulté le 5 mai 2020]. Disponible à l'adresse : https://www.csc-scc.gc.ca/justice-reparatrice/092/003005-1003-fr.pdf.

cation, location, location ») en ces termes: *les trois choses les plus importantes, dans la médiation, ce sont la préparation, la préparation et la préparation.* En approche relationnelle, bien qu'il ne fasse aucun doute que cet adage humoristique reste parfaitement d'actualité, c'est une question bien plus complexe qui est posée pourtant. Que signifie concrètement « préparer » des personnes au dialogue ?

II. Les principes de la préparation : les ateliers de communication

En approche relationnelle, les séances de préparation des participants sont plus qu'un processus, et ne constituent pas une « étape ». Elles sont le cœur même de l'approche. À cet égard, on peut affirmer que, étant donné que l'approche relationnelle ne fait pas du face-à-face un objectif nécessaire, le terme de « préparation » est même carrément mal choisi : il laisse sous-entendre que le plus important (un face-à-face) reste à venir. Or en approche relationnelle, les préparations préparent bien à quelque chose, mais pas au face-à-face. Elles préparent au dialogue, en permettant à chaque personne d'explorer ses attentes, de découvrir les ressources dont elle dispose, et d'envisager quel est le meilleur moyen, pour elle, de dialoguer éventuellement avec l'autre. C'est pourquoi il s'est avéré pertinent d'abandonner quelque peu le terme de « préparation » (même s'il reste possible de l'utiliser) pour lui préférer la notion d'« atelier de communication ». Dans une première partie seront décrits les objectifs de telles séances (1), puis dans un second temps, nous verrons la manière avec laquelle ils peuvent être opérés (2).

1. Les objectifs des ateliers de communication

Que signifie préparer les personnes en approche relationnelle ? Si la préparation devait être définie simplement, elle le serait de la manière suivante : elle consiste à *organiser un certain nombre de rencontres préalables au dialogue auxquelles chaque participant est convié de son côté, en tête à tête avec son ou ses médiateur(s).* La préparation a pour objectif principal de clarifier les attentes de chaque personne par rapport à leur démarche et par rapport à l'autre. Elle a également pour objectifs de cerner ou clarifier la réalité des événements et de la situation actuelle de chaque personne engagée ; de favoriser la visualisation ou la scénarisation du dialogue ; de permettre d'imaginer la gestion de chacune des situations à laquelle les participants seront potentiellement confrontés. La préparation est donc un moment d'introspection accompagnée, préalable à toute démarche de dialogue, qui permet à une personne de mieux prévoir et d'identifier les ressources dont elle dispose personnellement et autour d'elle. Tout ceci s'inscrit dans une perspective bienveillante. Il existe trois corolaires principaux à une telle définition :

- Premièrement, c'est le déroulement des séances de préparation qui détermine si un dialogue sera possible.
- Deuxièmement, le face-à-face n'est qu'une manière de communiquer parmi bien d'autres. On peut envisager aussi la visioconférence, l'échange de textos accompagnés (qui est parfois un très bon moyen de dialoguer sans trop d'intrusions ou d'efforts !), la rédaction d'une lettre, la transmission d'une œuvre ou d'un récit, les méthodes de dialogue indirect passant par un tiers. Toutes ces méthodes sont des modèles à envisager.
- Troisièmement, le dialogue doit être compris dans son sens le plus large, car il inclut également tous les échanges entre le médiateur et la personne. Il arrive souvent, en approche relationnelle, que seules les séries de préparation individuelle soient suffisantes, en elles-mêmes, pour obtenir réparation. Le temps exigé pour les séances de préparation et le cheminement personnel qui y est effectué a souvent pour effet que l'une des deux parties se désiste en cours de route et renonce à aller plus loin. Cela est non seulement normal, mais même parfois souhaitable. Certaines personnes réalisent que la justice réparatrice n'est pas l'avenue qui leur convient, ou que le moment choisi est prématuré. Il arrive aussi, et même très souvent, que les personnes obtiennent « ce qu'elles étaient venues chercher » *avant* que la matérialisation d'une rencontre, directe ou indirecte, soit envisagée, ne la rendant plus nécessaire au final. La préparation – l'atelier de communication – est *une démarche de réparation en soi.*

Le temps de préparation en ateliers est variable : il dépend de nombreux facteurs tels que la nature et la gravité des faits, l'importance des préjudices subis et surtout la perception de chacun sur l'événement. Pour faire le tour des attentes d'une personne dans un cas très simple ou de moindre importance, par exemple une dégradation matérielle (sans qu'aucun préjudice moral ne perturbe la situation), l'on peut parfois se contenter d'une ou deux séances d'une petite demi-heure ; faire preuve de célérité est possible. Mais lorsque l'on travaille avec des personnes atteintes par des situations de violences très graves ou très attentatoires à l'intégrité ou à la dignité, la préparation peut nécessiter plusieurs séances étalées sur plusieurs années. L'approche relationnelle, dans ces cas extrêmes, ne pourra pas vraiment répondre à une demande de réparation « rapide » ; aucun compromis ne peut être fait, au nom de la célérité, sur le bien-être des participants. Dans tous les cas, s'il fallait établir une moyenne, on considère, par expérience, qu'un minimum de deux rencontres préparatoires de deux heures chacune est nécessaire pour tous. Il est souhaitable de prévoir au minimum de deux semaines entre chaque séance. Ce sont les participants qui imposeront cependant leur rythme à la démarche : on prévoira, avec leur consentement, autant de rencontres qu'il sera nécessaire, et l'on aménagera des temps de pause pour leur permettre de prendre du recul, d'analyser le matériel discuté avec le médiateur, de mûrir leurs décisions, de continuer leurs activités quotidiennes tout en permettant progressivement à la démarche d'intégrer leur vie.

2. L'opérationnalisation des ateliers de communication

L'objectif central de l'approche relationnelle est le *dialogue*. Il n'est donc pas la carte maîtresse du jeu, il en est *la seule* carte. Comme expliqué plus en amont, il fait office d'objectif, de processus, de résultat, mais également de méthode. Si rien d'autre n'est proposé aux parties que le dialogue, il n'en reste pas moins qu'il s'agit là de toute une promesse. Dialoguer, oui, mais reste à savoir pourquoi… et surtout comment.

Pour comprendre la notion de dialogue, les dictionnaires courants de langue française ne suffisent plus. Il ne s'agit pas en effet de comprendre simplement son sens : il faut en comprendre les enjeux. Il faut décomposer le concept. Le dialogue implique trois variables à prendre en compte. D'abord, le dialogue ne saurait naître sans qu'un premier interlocuteur s'exprime, se livre, se dévoile. *Le dialogue, quelle qu'en soit la forme, commence par un discours.* Étant donné le contexte conflictuel ou criminologique dans lequel on se trouve, ce discours doit pouvoir être livré dans les meilleures conditions possibles, ce qui demande un travail certain. C'est ce qui permet aux rencontres de dialogue d'entrer dans la grande famille de l'intervention en criminologie, en victimologie et autres disciplines connexes.

Ensuite, il faut envisager le fait que ce discours va *s'adresser à quelqu'un*. Or ce vis-à-vis n'est pas un intervenant ou un clinicien qui a été formé pour recevoir la parole. Ici, le locuteur va s'exprimer devant l'une des personnes au monde qui est *a priori*, la moins habilitée à recevoir son témoignage. On ne parle bien entendu pas du médiateur : ce dernier ne reçoit que pour accompagner. Le destinataire est l'autre partie. Dialoguer, en justice réparatrice, c'est donc s'exprimer devant quelqu'un qui n'est pas un allié et dont la réaction n'est pas prévisible. *Avant de parvenir au dialogue, il faut permettre à une personne de livrer un discours, puis il faut que la personne comprenne que ce discours est destiné à quelqu'un dont il ne contrôle pas la réaction.*

Enfin, une fois que l'on a compris qu'il va falloir *dire*, puis qu'on a réalisé qu'on va dire *à l'autre*, il faut, ultimement, s'attendre à *recevoir une réponse*. Or lorsqu'on envisage une médiation ou un dialogue, on est souvent prêt aux deux premiers paramètres ; moins au troisième. *Le dialogue est un discours que l'on fait devant quelqu'un dont on ne contrôle pas la réaction, et qui va, en retour, nous renvoyer un autre discours, avec lequel on va devoir composer.*

Comment est-il possible d'organiser un dialogue dans le cadre criminel sans mettre qui que ce soit en danger ? Si chaque personne a trois étapes à réussir (livrer un discours, se préparer à le livrer à l'autre, et se préparer à une réponse), c'est que le médiateur lui, en a six à gérer au total : les trois de chacune des parties.

C'est pourquoi ont été créés les ateliers de communication, dont on comprend désormais qu'ils sont des séances de travail permettant de décomposer les différentes étapes de la réalisation d'un dialogue, et de préparer les participants à chacune des éventualités qui pourraient survenir. Pour ce faire, le médiateur relationnel a à sa disposition trois techniques : l'écoute attentive (a), l'exploration (b), et la scénarisation (c). Rappelons que ces techniques ne peuvent être utilisées que *si et seulement si la posture relationnelle du médiateur* décrite dans la section précédente est comprise et maîtrisée.

a) Première technique : l'écoute attentive

Le psychologue Carl ROGERS a développé son approche humaniste en mettant de l'avant certains principes et certaines techniques passés à la postérité, en particulier la notion d'approche centrée sur la personne et celle d'écoute active. Si l'approche relationnelle s'inspire du modèle rogérien à bien des égards, elle s'en distingue toutefois dans la mesure où le médiateur pratique davantage l'écoute *attentive* qu'active.

Cerner la notion d'écoute attentive

L'approche relationnelle se distancie des principes de l'écoute active. Elle suit les préceptes instaurés pour les *Victim Offender Sensitive Dialogue* développés en approche humaniste par Mark UMBREIT [1], mais en utilisant une technique d'intervention et d'accompagnement qui lui est propre : il s'agit de *l'écoute attentive*. Avant de démontrer en quoi l'écoute attentive relationnelle se situe en rupture par rapport à l'écoute active rogérienne, rappelons que ces deux approches restent originaires de la même famille, ce pour deux raisons. La première est que l'approche de ROGERS a constitué une influence non négligeable dans la création de l'approche relationnelle, comme il l'a été rappelé dans la première partie de cet ouvrage. La seconde est que la technique d'écoute active a souvent été qualifiée d'« écoute bienveillante », pour avoir mis de l'avant les préceptes de non-jugement et d'acceptation inconditionnelle des personnes. L'approche relationnelle conserve, de ce modèle, cette notion

1. M.S. UMBREIT, W. BRADSHAW et R.B. COATES, Victim Sensitive Offender Dialogue in Crimes of Severe Violence. *Differing Needs, Approaches, and Implications*. Office for Victims of Crime, US, Department of Justice, 2001.

de bienveillance, quoiqu'elle en fasse plutôt un fondement de la posture du médiateur.

Une fois ces précautions épistémologiques mises de côté, l'écoute attentive peut être présentée comme se trouvant en rupture avec la technique de l'écoute active. Pour maîtriser l'art de l'écoute active prônée en approche rogérienne, il faut d'abord savoir *guider l'expression des émotions d'une personne*. Pour ce faire, on peut utiliser un certain nombre de techniques d'écoute telles que la reformulation, le recadrage. Chacune de ces techniques est pourtant empreinte d'un paradoxe. Pour qu'un médiateur soit capable de l'appliquer, cela demande qu'à un moment donné de la conversation, il *cesse momentanément d'écouter son vis-à-vis*, se rappelle la technique, fournisse un effort intellectuel pour l'utiliser le mieux possible (trouver les bons mots pour recadrer, par exemple), prenne le temps d'analyser puis enfin de refléter. Pendant cet instant, même bref, le médiateur, qui a fait appel à son cerveau d'expert et sa formation en communication, a cessé d'être présent et de suivre la personne : il est retourné à ses idées à lui.

L'écoute attentive postule d'une démarche totalement contraire. Elle affirme que le médiateur ne doit jamais *quitter* la personne. Pour cela, il faut qu'il se retienne de chercher à déclencher des expressions, des réactions, ou lui-même se retenir de réagir ou de tenter de renvoyer quoi que ce soit. Le médiateur ne doit plus penser. Il doit seulement écouter. Il met donc, comme il a été dit plus haut, son cerveau en « mode avion ».

On pense à tort que si on ne réagit pas, lorsqu'on est assis en face d'une personne qui s'exprime, cela donne l'impression qu'on ne l'écoute pas. C'est faux. Quand on réagit au récit d'une personne (en ponctuant, en s'exclamant, en interrogeant, en confirmant, en reformulant) on lui prend *toujours* son micro, même juste quelques secondes, même si notre seule intention est de la relancer pour qu'elle continue. En écoute attentive, il s'agit d'éviter de tels réflexes, pour se plonger dans une écoute réelle et profonde – du moins essayer de l'atteindre le mieux possible.

Une telle démarche est bien plus difficile à réaliser que l'on ne pense. Cela demande au médiateur de totalement s'oublier ; or la nature humaine est ainsi faite qu'il s'agit là d'un défi réel. Pour expliquer cette notion en termes absolus, voire humoristiques, et pour permettre au lecteur de mieux la saisir, il arrive souvent que les médiateurs relationnels en apprentissage soient amenés à se convaincre, durant leurs séances de formations, qu'ils doivent « devenir des ignorants » devant les personnes qu'ils accompagnent. Ceux qui refusent de se montrer sous ce jour voient immédiatement les limites de leurs capacités. C'est malheureusement de cette manière seulement que les médiateurs comprennent en quoi consiste réellement le fait de se centrer sur la personne, se concentrer sur ce qu'elle dit, qui devient alors unique. Cela permet aussi de respecter au mieux la cohérence narrative, le rythme, les silences de la personne accompagnée.

Les outils de communication au service de l'écoute attentive

Cependant, aucun usager de la médiation, qu'il soit victime ou infracteur, ne peut s'exprimer seul, livrer un discours complet sans aide et sans relances. Sinon, personne n'aurait besoin d'un médiateur pour l'écouter. Il faut donc jongler avec un équilibre délicat : si le médiateur prend trop de place, il corrompt la démarche. S'il est trop absent, il vient la détruire. Parfois, des silences pourraient s'installer qui n'ont rien de constructif. Le médiateur relationnel ne peut donc pas complètement se passer de relances lorsqu'il écoute. La seule technique qui restera utilisable ici est la relance minimaliste, celle qui ne peut pas vraiment corrompre le discours. Il sera donc possible d'utiliser des phrases toutes simples et invitantes, du type « dites-m'en davantage », et tous ses dérivés. On fera bien attention, ici, de ne pas teinter sans raison la relance. Cela a été démontré plus haut, mais rappelons que dire à quelqu'un « je vous sens triste ; voudriez-vous m'expliquer ce que vous ressentez ? » devient un exemple de ce qu'il ne faut pas faire, car il suggère à la personne qu'elle est triste.

Une fois que le médiateur possèdera cette technique, il sera parfois possible de tenter l'utilisation de techniques plus risquées : des questions ouvertes par exemple, ou des relances de type « écho ». Ces dernières seront à manier avec prudence et le moins possible : elles deviennent facilement suggestives et sont donc à utiliser en dernier recours.

b) Seconde technique : l'exploration

Une fois maîtrisé l'art de l'écoute, le médiateur doit ensuite permettre à la personne de partir en exploration. L'exploration est le processus qui va permettre à la personne d'examiner son propre vécu dans les moindres détails. Autrement dit, elle est le processus par lequel la personne va envisager de dire tout, de décrire tout, de questionner tout, de rechercher partout, en elle-même, et seulement pour elle-même. Il s'agit, pour elle, de prendre le temps de réaliser ce qu'elle a vécu, d'apprivoiser la situation, de mettre des mots sur des faits ou des choses… et parfois de le faire pour la toute première fois.

Cerner la notion d'exploration

L'exploration un exercice de dévoilement en profondeur, mais surtout un exercice qui permet à la personne d'apprendre à coller des *signifiants* (des mots) sur des *signifiés* (un vécu), parfois en les essayant à de nombreuses reprises avant d'en être satisfaite. L'exploration est un processus continu, qui commence dès les premiers instants des ateliers de communication, et qui ne se termine qu'à la toute fin de ceux-ci. Elle est également un processus indéterminé qui peut durer un temps certain (plusieurs minutes, plusieurs heures, plusieurs mois, plusieurs années).

Il est important de comprendre qu'en approche relationnelle, la personne procède à l'exercice d'exploration *durant les ateliers de communication.* Elle n'explore pas durant la mise en place du dialogue final, que celui-ci soit direct ou indirect. D'aucuns imaginent que dans l'absolu, c'est le jour du face-à-face éventuel que témoignages et dévoilements prennent tout leur sens. Les promoteurs de l'approche relationnelle s'opposent totalement à une telle idée, pour deux raisons. La première : nombre de personnes qui ont vécu des événements dramatiques (causés ou subis) voient dans la phase d'expression libre de la préparation, en la seule présence du ou des médiateurs, le premier gage de leur propre réparation. Il arrive même que cela leur suffise. Un secret porté trop longtemps, un vécu qui n'a pas eu le temps d'être rationalisé, des émotions contenues en sont des exemples. Il arrive même qu'une des parties arrête le processus après les premières préparations, et ne veuille pas se rendre à la rencontre finale, arguant qu'au fond, elle avait seulement besoin de « faire le tour de la question », ou qu'elle avait besoin de « prendre le temps de réaliser ». La médiation, dans sa phase préparatoire, est l'occasion de s'exprimer librement, en ayant choisi son moment, et sans rien espérer en retour, sans redouter aucune réaction du vis-à-vis que représente le médiateur. Celui-ci, pour ce faire, se garde bien de juger, de diagnostiquer, de tenter d'aider ou de modifier la situation : ancré dans sa posture relationnelle, il va tout simplement *accueillir* le discours de la personne.

La seconde raison, c'est qu'il n'est pas conseillé d'explorer son vécu devant l'« autre ». Devant l'autre, on veut livrer seulement certaines choses, de manière décidée, choisie, réfléchie. L'approche relationnelle est pensée pour permettre que l'exploration soit terminée bien avant que l'on se retrouve à devoir concrétiser le dialogue. Ainsi, une fois en situation d'échange, seul le produit de ce qui a été travaillé sera livré : ce que l'on aura décidé, en préparation, de dire ou taire, demander ou répondre. Chaque personne, gardant ainsi le contrôle de son expression, reste en sécurité.

Les outils de communication au service de l'exploration

L'exploration consiste, pour la personne, à communiquer ce qu'elle a vécu, ce qu'elle ressent, ce qu'elle attend. Elle livre un témoignage libre. Pour ce faire, le médiateur doit tout simplement accueillir et recevoir toutes ses paroles, et incarner cet accueil dans son langage parlé comme dans son langage physique. Le médiateur pratique pour cela *l'écoute attentive* décrite dans les paragraphes précédents : il écoute, entend et reçoit ce que la personne dit. Tout le comportement du médiateur traduit également, par sa posture, le fait que ce que dit la personne est unique et sacré. Le médiateur respecte son rythme à elle, sa cohérence narrative à elle, il la *suit.* Autrement dit, il accepte que le discours ne soit pas livré d'une manière que *lui* va trouver cohérente.

Il arrive souvent que la personne ne raconte pas son vécu de manière chronologique : elle suit plutôt une chronologie d'émotions, raconte ce qui la met en colère d'abord, puis ce qui la rend triste, et garde les bons côtés pour plus tard. Le tout donne une impression extérieure de brouillon chronologique et d'incohérence narrative, puisque, si on essaie de suivre les faits, on croit vite que la personne passe du coq à l'âne. Le médiateur comprend cela et y est sensible. Il va accompagner la personne dans ses émotions, sans chercher à la ramener à la chronologie, sans prétendre « l'organiser », du moins pas dans les premiers temps. Il fait davantage attention à ce qu'elle ressent elle, à ce qu'elle attend, plutôt qu'à ce que lui désire. Il comprend ce qu'elle est en train de dire, et le lui montre.

Quelles techniques appliquer pour ce faire ? Tout d'abord, l'écoute attentive est une attitude qui doit se placer naturellement, en regardant la personne dans les yeux sans la provoquer ou lui donner de pression ; en acquiesçant sans trop en faire ; en se positionnant sur sa chaise de manière non ostentatoire ; en mettant son corps en position d'accueil à la parole, mais sans condescendance. Il y a peu d'autres conseils à donner... quand on parle à quelqu'un qu'on aime, quand on regarde un bon film, si ce que l'on entend nous intéresse et nous plait *vraiment*, on écoute. On ne bouge pas, on ne parle pas, on n'a pas envie d'interrompre, on ne pense pas à autre chose ; parfois, on conserve à peine une conscience de nous-mêmes. C'est cela qu'il faut faire et incarner, en écoute attentive. Il faut être *vraiment* intéressé à son vis-à-vis.

Quand ces techniques et cette posture sont maîtrisées, le médiateur pourra se risquer à poser des questions. Les questions les moins biaisées consistent simplement à demander à la personne de nous en dire davantage, d'expliquer plus avant, comme il l'a été mentionné dans les paragraphes précédents, ou d'introduire un élément factuel d'information qui ne sera pas teinté par des adverbes ou adjectifs polluants. Cependant, afin de varier, il devient, ici, tout à fait possible de se risquer à des techniques plus traditionnelles – attention, encore une fois, à ne pas en profiter pour faire de la suggestion. Les voici :

- L'écho (ou la relance) consiste à reprendre les derniers mots de la personne afin de l'inviter à poursuivre plus avant. Il s'agit de faire attention ici : il arrive souvent que l'on soit tenté de reformuler les derniers mots de la personne, ou d'ajouter un ton de voix particulier dans la relance. Il est mieux de reprendre ses mots à elle. En relance, on ajoute l'élément factuel désiré (une information que l'on doit donner à la personne, par exemple un horaire, une vérification sur sa situation) en utilisant le moins de mots possible.

- Le résumé consiste à reprendre les mots de la personne, ce qu'elle vient de dire, uniquement pour vérifier *que l'on a bien compris*. La personne est alors invitée à confirmer que les mots qu'on emploie sont bien fidèles à l'idée qu'elle voulait transmettre. Cette technique peut surtout être utilisée au début d'une nouvelle rencontre préparatoire : « Dans notre dernière rencontre, voici ce que j'ai compris de ce que vous m'avez dit. Voudriez-vous m'aider à vérifier que cela reflète bien notre discussion ? ». La personne est invitée, alors, à faire avec le médiateur une rétroprojection, lui permettant non seulement de valider les contenus qu'elle a transmis, mais également de les explorer plus avant.

c) Troisième technique : la scénarisation

La scénarisation est la technique ultime qui doit être enseignée à la personne que l'on accompagne en approche relationnelle. Une fois que cette dernière a livré, puis exploré ses attentes, elle est alors invitée à les concrétiser, en les visualisant et en se projetant dans une éventuelle réalité.

Cerner la notion de scénarisation

La scénarisation est le moment clé des ateliers de communication. Elle consiste à inviter la personne à *visualiser* ce qui va lui arriver, à *verbaliser* ce qu'elle va effectivement dire, à se *projeter physiquement* dans le réel à venir. Il s'agit ici de lui permettre de valider que le discours qu'elle aura à la toute fin du processus est bien le même que celui qu'elle *désire avoir*, et que celui qu'elle désire avoir sera bien le même que celui qu'elle *tiendra plus tard,* devant l'« autre ».

À la différence de l'exploration qui consiste à demander à la personne de lui en dire davantage, le médiateur invite la personne à un exercice de scénarisation quand il lui demande si elle peut s'imaginer en train de dire la même chose devant l'autre. Prenons un exemple : le cas d'un jeune homme victime de violences et négligences graves dans l'enfance et se préparant à dialoguer avec son père agresseur. Le jeune homme veut faire comprendre à son agresseur qu'il « lui a volé sa jeunesse ». Le médiateur, après l'avoir invité à explorer en détail ce que cela signifie pour lui, va l'inviter à aller plus loin en se projetant dans la situation où il va verbaliser cette phrase devant son agresseur. Le médiateur lui dira par exemple : « Que veut dire cette expression pour vous ? Si vous deviez la dire devant lui, pensez-vous qu'il va y voir la même chose ? Comment allez-vous expliquer ce que vous venez de dire ? » ; « Vous me le dites à moi, en ces termes. Est-ce que vous allez le lui dire de la même manière ? ».

Les outils de communication au service de la scénarisation

Pour accompagner la personne dans l'exercice de scénarisation, il suffira de n'utiliser que les outils précédemment décrits : l'écoute, les questions simples et non suggestives, de l'écho éventuellement, ou quelques relances simples. On pourra néanmoins en rajouter un dernier. Ce dernier outil, plus délicat à manier, doit être utilisé avec parcimonie et prudence, et ne peut en aucun cas supplanter les autres. Il risque fortement de faire basculer un médiateur dans un discours suggestif : pour cela, il ne doit être utilisé que lorsque, et uniquement lorsque l'on est certain que la posture du médiateur relationnelle est absolument maîtrisée.

Cet outil peut être qualifié de « scénarisation en négatif », et est utilisé pour permettre à la personne d'explorer au-delà de ses aprioris, et de se projeter parfois dans des situations tout à fait différentes de ce qu'elle imagine. Il s'agit de demander, de temps en temps, à la personne, ce qui arriverait si ce qui se passait était différent de ce qu'elle imagine, mais en reprenant les mêmes mots que la personne a utilisés, et toujours de manière objective, un peu sous la forme d'un écho à l'envers. Par exemple, la personne dit au médiateur : « je vais le regarder dans les yeux et lui dire ce que je pense ». Le travail du médiateur consiste à la prévenir : « Et si, au moment où vous voulez prendre la parole, cela ne se passe pas comme prévu ? » La personne, qui n'a pas toujours prévu une telle situation, va être invitée à imaginer la scène, se positionner, recommencer, chercher une ressource à sa portée. Cette technique va lui permettre de tout *imaginer*, de manière à lui permettre de tout *préparer*. Une fois sur place, elle reconnaîtra la situation. Elle saura quoi faire, pour l'avoir répété.

Section 3 : Le contenu des attentes à explorer en préparation : le *M.A.I.S.*

La section précédente était consacrée à la manière avec laquelle le médiateur doit travailler sa méthode de communication en ateliers. Pour autant, il n'a pas encore été question des thèmes de discussion à aborder dans ces ateliers. C'est l'objet de cette section.

En médiation relationnelle, on admet que la notion de dialogue ne doit pas être confondue avec une rencontre en personne. On admet aussi que si la rencontre est possible, elle ne doit pas se faire à n'importe quel prix, pas à n'importe quelle condition. La médiation ? Oui, *M.A.I.S.*

M.A.I.S. : ce sont les premières lettres de « Moi », l'« Autre », « Information » et « Sécurité ». Cet acronyme résonne à la manière de la conjonction de coordination « mais » et prend, en approche relationnelle, une fonction immédiate de garde-fou. Ce simple mot rappellera en tout temps, à chaque médiateur, qu'aucun dialogue ne saurait être organisé à moins de pouvoir garantir que les personnes impliquées ne prennent pas le moindre risque, physique, psychique ou même social.

Il arrive bien souvent que l'on confonde l'approche relationnelle et la « médiation *M.A.I.S.* », que l'on nomme l'une en désignant l'autre. La plupart des médiateurs en formation sont souvent, au départ, convaincus que le *M.A.I.S.* se trouve au centre de l'approche, et devrait donc se trouver au centre de cet ouvrage. Tandis que le « relationnel » est une approche fondée sur les principes théoriques développés dans la partie précédente, le *M.A.I.S.* n'est en fait que l'acronyme mnémotechnique des quatre éléments de fond à couvrir au moment de la préparation des personnes. Le *M.AI.S.* est tout simplement le contenu des attentes de chaque personne que l'on explore et que l'on scénarise avec elle au moment des ateliers de communication.

À la base de la création du *M.A.I.S.*, il y a un constat simple. Dans le sens commun, l'idée que l'on puisse permettre un dialogue entre deux personnes liées par un acte criminel (l'une en tant que partie en cause, l'autre en tant que personne ayant subi des torts) est parfaitement contre-instinctive. Les termes « médiation » ou « dialogue » en matière criminelle et pénale, même lorsqu'ils sont présentés dans le cadre du paradigme de la justice réparatrice, même lorsqu'ils prennent la forme de cercles de discussion plutôt que de face-à-face, inspirent toujours le doute et le scepticisme, voire la méfiance et le rejet. En effet, rencontrer la personne qui nous a fait du tort (ou à qui on en a fait) est à première vue risqué. « Se jeter dans le vide » est d'ailleurs une image qui semble fort bien illustrer la situation. Les participants potentiels sont les premiers à le savoir. Lorsqu'on demande à une personne pourquoi elle désire s'engager dans un tel processus, elle répond la plupart du temps qu'elle n'en sait rien, qu'elle n'a pas le choix, qu'elle a tout essayé avant. Les parties qui décident de s'engager dans de telles démarches ne le font *jamais* par plaisir ou par simple curiosité. Elles ne possèdent à cet égard pas plus d'optimisme que le grand public : elles ont peur, elles aussi, et ont, comme tout le monde, la même impression qu'il s'agit bien là de sauter dans le vide. Elles se disent prêtes, cependant, à « prendre le risque » pour espérer des lendemains meilleurs.

La création de l'outil *M.A.I.S.* ne tient que sur une seule, et très simple, idée de départ : prendre un tel risque est totalement inacceptable.

Le *M.A.I.S.* résume les quatre piliers de la préparation. Ces derniers, on l'aura bien compris, ne sont donc *en aucun cas* des « étapes » ou des phases, mais de simples sujets de conversation. Ils ne se travaillent pas en séquence, ne répondent à aucune chronologie. Ils sont des éléments des attentes à explorer et à scénariser avec chacune des personnes. Ces éléments, ou piliers, ne s'examinent *pas dans un ordre précis*, car le médiateur, partant des attentes de la personne, est dépendant de l'ordre dans lequel ces éléments seront abordés par elle. De plus, il n'est pas possible d'aborder ces éléments en une seule fois : on développe plusieurs morceaux de chacune de ces dimensions sur plusieurs rencontres, au gré de la conversation entre le médiateur et les participants.

Prenons un exemple : dans un premier atelier de communication de deux heures, le participant peut explorer le Moi, l'Information, et très peu ou pas l'Autre. Il pourrait aussi choisir d'explorer plutôt l'« Autre », au détriment des autres piliers. Cela donnerait, dans une première rencontre de préparation, une séquence de type M-I-M-M-S, puis, à la seconde rencontre, I-I-I-M-M-A-I-S.... C'est la *personne* qui dispose du séquencement du M.A.I.S., en aucun cas le médiateur. Ce dernier, cependant, s'assure que chacune des quatre dimensions sera bien saturée au final ; il s'assure également d'accompagner la personne à chacune de ces étapes. Le tout est illustré dans la figure suivante.

Figure 5 : les quatre piliers de la préparation : le M.A.I.S.

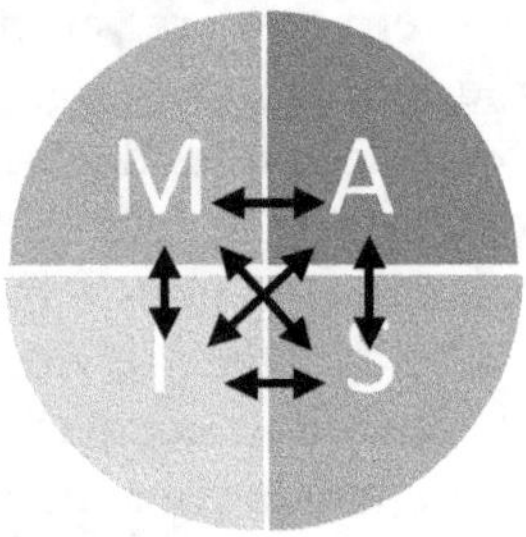

M = « Moi »

À = l'« Autre »

I = Information

S = Sécurité

Ces différents domaines du discours sont pas des étapes à suivre mais des pi à consolider : leur enchaînement dans préparations peut être très variable e dépend que de l'ordre dans lequel la sonne les aborde.

Voyons désormais en quoi consistent le M (I), le A (II), le I (III) et le S (IV).

I. M pour « Moi »

Explorer la première dimension du « Moi » consiste à accompagner la personne, à partir de ses propres attentes, dans la découverte et l'apprivoisement de sa compréhension et sa perception de l'événement, dans toute l'étendue de sa subjectivité. La personne a vécu un événement qui a bouleversé sa vie, qu'elle en soit la cause ou la cible. Cet événement a laissé des traces dans sa mémoire et dans son corps ; il a eu des impacts psychologiques, physiques, sociaux, légaux, financiers, économiques, familiaux sur elle. Si cette personne se présente aujourd'hui devant un médiateur, c'est parce qu'elle se sent prête à obtenir une forme de réparation en allant à la rencontre de l'autre. Il incombe donc au médiateur d'engager la personne dans l'exploration de cette première dimension particulièrement subjective : quel cheminement l'a conduite ici ? Quelles sont ses attentes ? Qu'est-elle venue chercher ?

Il ne faut pas confondre l'exploration du vécu, qui est une forme d'introspection, avec le dévoilement des faits. Explorer le « M » ne signifie aucunement que la personne doive narrer en détail ce qu'elle a fait ou subi, surtout pas dès les premières rencontres. Le médiateur ne doit pas s'attendre à un récit complet de l'événement, que la personne assise devant lui se trouve être dans une position de victime ou d'infracteur. Si la personne désire lever le voile sur les détails de l'événement, elle le fera quand elle le croira nécessaire – et seulement lorsqu'elle sera prête. L'exploration du vécu est une autre manière d'envisager le travail sur le « Moi ». Il se décline en cinq points :

i. Comment la compréhension de l'événement s'est-elle développée chez la personne ? Ici, il s'agit d'aider la personne à mieux faire état des conséquences de l'événement dans sa vie, d'explorer la manière dont elle a compris ce qu'elle a vécu (ce qui est tout à fait possible de faire sans donner des détails factuels : elle peut en détailler les sensations, émotions, effets, conséquences), de cerner ses attentes et de connaitre les raisons qui l'amènent ici aujourd'hui.

ii. Au contact de quoi ou de qui, ou de quel événement, cette compréhension a évolué ? La personne est amenée à faire le tour des étapes de vie qui se sont enchaînées depuis l'événement : ce qu'elle a tenté, ce qui lui a barré la route, ce qu'elle a entrepris, les services auxquels elle a fait appel, les procédures qui se sont enchaînées, les professionnels qu'elle a rencontrés.

iii. Quelles sont ses attentes à l'égard du processus ? La personne est amenée à décrire ce qu'elle comprend du processus du dialogue, et pourquoi elle a décidé de l'entreprendre. Elle décrit aussi ce qu'elle comprend de son déroulement, ce qu'elle en espère.

iv. Quelles sont ses attentes à l'égard de l'autre ? La personne est amenée à percevoir la présence de l'autre : comment se l'imagine-t-elle ? Que voudrait-elle qu'il dise ? Qu'attend-elle de lui ? Qu'espère-t-elle ?

v. Qu'en disent les gens qui l'entourent ? La personne a-t-elle évoqué sa démarche à son entourage ou aux professionnels qui l'accompagnent, à ses collègues, à ses proches ? Comment ont-ils réagi ? Comment se sent-elle par rapport à eux et quelles sont ses attentes à cet égard ?

Les premiers temps, le médiateur se contentera d'être en situation d'écoute. Le discours et les perceptions de la personne doivent prendre toute la place, sans jamais qu'elles soient jugées, analysées, diagnostiquées. Le médiateur n'intervient pas sur le contenu du discours : il se contente de l'accompagner. La personne devra pouvoir parler et s'exprimer librement, en se sentant acceptée, comprise, et sans que le médiateur ne la provoque ou lui impose des projections. Puis, au fil du temps, une fois qu'elle sera en confiance et comprendra mieux où elle se situe, le médiateur pourra alors commencer à employer la technique la scénarisation, dans le but d'approfondir le plus possible ces différentes dimensions.

Prenons un exemple : dès les premiers instants, une personne confie au médiateur que ses proches n'approuvent pas sa démarche de rencontrer l'autre, et qu'elle est venue consulter le médiateur en secret. Dans un premier temps, le médiateur devra se contenter d'écouter, et d'inviter la personne à aller plus loin dans son exploration : elle pourrait exprimer ses doutes, sa détresse, sa solitude, ou au contraire sa détermination face à la situation. Il lui posera des questions d'exploration sur les raisons qui l'ont poussée à venir quand même, sur la manière dont elle vit la situation, sur la façon dont elle la gère, sur les ressources qu'elle a ou non pour lui faire face. Ensuite, probablement dans une rencontre suivante, il pourra alors approfondir davantage, sans la brusquer, en utilisant la scénarisation. Admettons que la personne parvienne à cacher sa démarche jusqu'au bout à sa propre famille, comment fera-t-elle pour vivre avec un tel secret tout le reste de sa vie ? Comment va-t-elle faire, concrètement, pour conserver le secret sans jamais se trahir elle-même dans ses horaires, ses émotions, ou sans se trahir au gré d'une conversation ? Serait-ce possible qu'elle le regrette un jour ? Enfin, le médiateur risquera quelques questions en négatif. Et si ses proches finissaient par l'apprendre quand même, et découvraient son secret, que se passerait-il ? Comment réagirait-elle ?

Ce faisant, la personne explore en profondeur ses propres perceptions et attentes, tandis que le médiateur l'accompagne pour creuser toujours loin. Le médiateur n'intervient pas du tout en conseil, en diagnostic : il ne se permettra même pas de se poser la question de savoir si le secret est, ou non, une bonne chose. En cela, il se pose en rupture avec toute autre forme d'intervention sociale traditionnelle. Le médiateur maintient, en tout temps, sa posture d'acceptation inconditionnelle. C'est la personne qui explore, qui creuse, qui cherche. La personne se trouve alors plus en mesure de faire valoir son libre arbitre : peut-être décidera-t-elle finalement de tout avouer à ses proches, réalisant que leur cacher une telle démarche n'est pas très réaliste. Peut-être décidera-t-elle qu'ils réagiront mal, alors elle repoussera, ou cessera, sa démarche réparatrice, pour ne pas se mettre en danger et ne pas se trahir. Peut-être décidera-t-elle de jouer le tout pour le tout, et d'aller de l'avant envers et contre tous : elle cherchera alors des moyens de gérer les crises potentielles. Dans ces trois cas, la personne prendra une décision éclairée, une décision qui ne sera la bonne que pour elle. Elle aura compris l'ampleur du risque qui se pose à elle. Elle aura *apprivoisé une zone d'incertitude*, et l'aura transformée en zone contrôlée. Elle pourra donc entreprendre de creuser une nouvelle dimension de son vécu, et avancer.

En dehors de la liste des cinq points du discours à explorer dans la dimension du Moi, il n'est pas prévu de liste exhaustive des autres aspects que l'on doit aborder dans un vécu. C'est à la personne de lancer des pistes ; au médiateur de les recevoir au vol, en amenant la personne à les creuser. Au fil des rencontres, les différents éléments des dimensions se couvriront d'eux-mêmes. La personne, de plus, comprendra très rapidement l'exercice qu'elle est amenée à faire, et qui est fait avec elle et en toute transparence. Entre chaque séance de préparation, il est fort possible qu'elle avance elle-même de son côté, et qu'elle fasse part, à la rencontre suivante, du fruit de ses réflexions au médiateur.

II. A pour l' « Autre »

La dimension de l'« Autre », bien qu'elle apparaisse en second dans le M.A.I.S, est souvent la dernière que la personne est en mesure d'aborder. Au fil des préparations, un participant fait état de ses attentes à lui, de son vécu, de ce qu'il comprend du processus à venir, de ce qu'il désire ou redoute : au départ, on entreprend une telle démarche pour soi-même, sans réaliser l'impact que peut avoir la présence de l'autre. Il faudra sûrement plusieurs séances, et un laps de temps certain, pour être prêt à se projeter dans un face-à-face réel. La dimension du « A » consiste à faire réaliser à la personne que l'« autre » a probablement lui aussi des attentes, sa propre manière d'imaginer une rencontre éventuelle.

Attention ! Il ne s'agit pas du tout, ici, de demander à la personne de se « mettre à la place de l'autre ». Encore moins de tenter de « comprendre l'autre ». Bien au contraire ! Il s'agit, pour la personne, de s'imaginer ce que *l'autre vient faire là*, ce qu'il *va* faire ou dire, comment il *va* réagir. Le travail sur le « A » n'a qu'un seul objectif : permettre à chaque participant de *se préparer à tout, et surtout à l'inattendu*. Voici les différentes sous-dimensions à explorer ici :

i. Quelle serait la perception de l'autre quant à l'événement ? La personne avec laquelle on travaille ce point se prépare, ici, au fait que l'autre ne voie pas du tout l'événement de la même manière qu'elle. Il peut s'en repentir comme nier les faits, il peut en souffrir, il peut en être fier... Dans toutes ces situations, la personne avec laquelle on travaille risque de se trouver très surprise, heurtée. Elle doit se préparer à toutes les éventualités, afin de ne décider que d'une chose : si chacune de ses éventualités se présente, comment réagira-t-elle ? Désirera-t-elle poursuivre tout de même le processus, ou considère-t-elle qu'elle ne le supportera pas ?

ii. Quelles seraient les attentes de l'autre, à l'égard du processus ? En dehors de sa propre perception de l'événement, l'autre a probablement aussi ses propres raisons de s'engager dans un processus tel qu'un dialogue. Désire-t-il des excuses ? Des explications ? Espère-t-il s'amender ou se venger ? La personne avec laquelle on travaille, en imaginant ces différentes possibilités, se prépare à toutes les situations possibles ; elle se donne également la possibilité de faire demi-tour en toute sécurité. Elle est amenée, aussi, à préparer des scénarii de réaction. Par exemple : « S'il dit ceci, alors je répondrai ça ». Elle imaginera également des ressources ou recours qui lui viendront en aide pour affronter la situation. Par exemple, une fois rentrée chez elle le soir, une personne de confiance pourra l'aider à débriefer la séance en sa compagnie, l'aider à s'endormir ou à se changer les idées.

iii. Quelles seront les réactions de l'autre ? Va-t-il parler beaucoup ou rester silencieux ? Rire, pleurer, rester stoïque ? Va-t-il l'écouter, lui laisser dire ce qu'elle est venue dire ou au contraire se braquer et se mettre en position de défense ? Va-t-il être respectueux, ou au contraire agressif ? Là aussi, la personne est amenée à explorer et à percevoir concrètement les différents scénarii possibles. Le médiateur, utilisant l'écho, pourra également lui permettre d'envisager de nouvelles possibilités.

Un exemple classique et simple est de demander à la personne d'imaginer comment cela va se passer quand l'autre entrera dans la pièce, le jour J, si jamais il y avait une rencontre en personne. La personne essaie alors d'imaginer. Va-t-elle se lever ? Lui dire bonjour ? Lui serrer la main ? Ou au contraire rester assise, l'air fermé, en le fuyant du regard ? Et si l'autre lui dit bonjour, va-t-elle répondre, ou non ? Si elle ne répond pas ou refuse de lui serrer la main, quelle serait potentiellement la réaction de l'autre ?

Ces mises en situation, au tout début, sont plutôt difficiles pour la personne. Au fur et à mesure, elle se les approprie, et continue de les travailler entre deux séances. Souvent, elle ira même chercher de l'aide supplémentaire : le soutien de ses proches, les conseils de ses amis, un accompagnement clinique avec un thérapeute. Le suspense se transforme au fur et à mesure en force ; la personne en profite également pour consolider son propre réseau. Elle ne devra ces succès ni au médiateur, ni à l'autre ; ces succès seront, de plus, de véritables progrès, pérennes dans le temps, pérennes dans son milieu de vie. *C'est le travail qu'elle effectue sur (ou plutôt pour) elle-même qui constitue le socle le plus fort de la préparation.*

III. I pour « Information »

L'« information » est une dimension tout aussi importante à être abordée lors des ateliers de communication. Elle consiste à explorer les connaissances des participants sur le dispositif lui-même, et son déroulement. Généralement, les personnes ignorent tout de la justice réparatrice et des rencontres de dialogue, outre ce qu'elles ont pu en lire ou en entendre. Elles ont besoin de comprendre et d'intégrer le dispositif et ses enjeux. En approche relationnelle, cependant, il est admis que même le strict processus comporte lui-même de très nombreuses zones d'incertitude ; il appartient donc à chacun de découvrir celles qui lui semblent importantes à considérer. Ces zones concernent, en principe, quatre sous-domaines :

i. Le médiateur lui-même : qui est-il ? A-t-il les compétences nécessaires ? Comment travaille-t-il ? Depuis quand fait-il ce métier ? Sera-t-il disponible et présent à chacune des étapes ?

ii. Le programme : comment le dispositif fonctionne-t-il ? Quelles sont les démarches à venir ? Quels types de rencontres est-il possible d'organiser ? Peut-on avoir accès à un infracteur détenu ? Peut-on avoir accès à sa victime même si les institutions judiciaires ont émis un avis de protection ou d'interdiction de contact ? Que se passe-t-il dans la rencontre, où a-t-elle lieu, qui est présent sur place pour assurer la sécurité ?

iii. Les contraintes qui entourent le programme : les rencontres se feront-elles de jour ou de soir ? Que se passe-t-il si la personne doit manquer une séance pour raisons personnelles ou professionnelles ? Doit-elle avertir son employeur/thérapeute/avocat qu'elle entame un tel processus ?

iv. Les droits que la personne possède par ailleurs : quelles sont les autres ressources judiciaires ou sociales à sa disposition ? En quoi la démarche de réparation est-elle compatible avec des poursuites pénales ? Quels sont ses droits si jamais survenait telle ou telle situation ? Peut-on forcer l'autre à collaborer si ce dernier se désiste ? Ces questions, comme pour les sous-points précédents, ne sont pas exhaustives : bien d'autres questionnements pourraient émerger dans le cadre de la dimension de l'information, en fonction des connaissances que la personne possède ou non à cet égard.

Même si la dimension du « I » se présente comme couvrant le monde de la technique, les points explorés font tout de même appel à la subjectivité au même titre que les dimensions précédentes du « M » et du « A ». Elles méritent elles aussi d'être travaillées avec les outils de l'écoute attentive, l'exploration et de la scénarisation.

Prenons l'exemple suivant : admettons que le médiateur débute dans la profession. Il doit annoncer à la personne qu'elle est la toute première avec laquelle il travaille sans supervision, car il ne peut décemment cacher une telle information, même s'il peut en arrondir les angles. Au lieu de le faire sur le ton d'un aveu difficile, les outils de l'exploration et de la scénarisation pourront, dans cette dimension du « I », permettre de faire un travail tout autre. La personne sera incitée à explorer, scénariser ce que cette information déclenche comme conséquences sur elle. Comment se sent-elle du fait de faire affaire avec un « débutant » ? Comment s'imagine-t-elle la formation qu'il a reçue ? Préfère-t-elle changer de médiateur ? Repousser l'échéance des préparations en attendant qu'elle y réfléchisse ? Préfère-t-elle continuer à ses côtés ?

Autre exemple : Il se peut que le médiateur soit disponible, mais pas 24h sur 24, et pas tous les jours. Il ne pourra pas répondre au téléphone la nuit, ou venir voir la personne entre deux séances. Comment fera la personne, alors ? Que décidera-t-elle ?

Prenons un dernier exemple, parmi ceux qui surviennent le plus souvent. Durant les ateliers de communication, il arrive nécessairement un moment où l'on doit expliquer au participant que, malheureusement, il n'y aura aucun moyen de forcer l'« autre » à s'engager dans le processus, si ce dernier refuse. Cette annonce cause souvent quelques frustrations ou déceptions. La personne sera, tout d'abord, invitée à explorer ses attentes. Le médiateur peut, à cet égard, lui renvoyer, par scénarisation, les raisons pour lesquelles elle vivrait une telle frustration. Si on pouvait forcer l'autre à venir, que se passerait-il ? La personne peut être amenée, ensuite, à réfléchir à la manière dont le médiateur pourrait s'y prendre pour prendre contact avec l'autre et tenter de le convaincre, en scénarisant. Y aurait-il quelque chose qu'il pourrait lui dire, afin que ce dernier accepte de la rencontrer ? La personne est ici mise à contribution. Elle comprend qu'il ne revient pas au médiateur de forcer la rencontre, et que ce ne sera pas à lui de porter le blâme en cas de refus : ce sont les parties seules qui disposent des clés pour rendre une rencontre possible.

Les bienfaits de l'approche relationnelle et du *M.A.I.S.* sont, sur ce point, incontestables. En reconnaissant les zones d'incertitude *avant* que des mauvaises surprises ne surviennent, les personnes évitent de se trouver devant le fait accompli et, plus tard, dans une situation où elles seront amenées à faire des reproches à leur médiateur, ou même à s'en vouloir à elles-mêmes (« je suis tombée sur un jeune qui débute ! » « Mon médiateur n'est jamais disponible pour moi ! » « Je croyais que le programme me permettrait de rencontrer l'autre, mais l'autre a refusé et on ne peut rien y faire ! »). Ces éléments de discorde, qui pourraient être des sources de victimisation secondaire importantes, sont évités, puisque le *M.A.I.S.* permet d'identifier à l'avance chacun des pièges potentiels, et de les désamorcer avant qu'ils ne surviennent. De son côté, le médiateur aussi se trouve protégé par le dispositif. Les participants et le médiateur peuvent alors continuer d'avancer dans une relation solide et de confiance, ou prendre la décision de mettre fin à leur collaboration en toute sécurité et en bonne intelligence.

IV. S pour « Sécurité »

La « sécurité » est le dernier pilier, et non le moindre. Il est un peu plus complexe à intégrer, car qu'il comporte, contrairement aux autres piliers, trois sous-dimensions à aller explorer dans le discours des personnes.

Les sous-dimensions qui composent la notion de sécurité portent sur la manière dont la personne entend assurer et faire assurer son propre bien-être, physique, moral ou psychique, tout au long de l'expérience qu'elle va vivre. Ces éléments auraient pu être combinés à ceux propres au « M » : ils sont limitrophes à la famille des éléments de la perception que la personne se fait de son propre vécu. Ils auraient pu, pourquoi pas, tout aussi bien être tangents au « I » : ils font référence à des stratégies ou procédures que la personne développe pour s'orienter. Mais puisque la création du moyen mnémotechnique *M.A.I.S.* n'a pas vocation à devenir une catégorisation inflexible de concepts rigides, il a été décidé de dissocier chacune des dimensions, pour s'assurer que le médiateur n'en manque aucune.

Les sous-dimensions de la sécurité sont les suivantes : la première concerne les mécanismes de protection personnelle que la personne va développer pour elle-même (1). La seconde sous-dimension concerne les aléas et imprévus qui pourront survenir de l'extérieur, indépendamment des personnes ou du dispositif (2). La troisième, enfin, est assumée par le médiateur qui devra, à l'issue des ateliers de communication, vérifier que les attentes des deux parties respectent des principes de *cohérence* et de *congruence* avec l'offre de service (3).

1. La première sous-dimension de la notion de sécurité : les mécanismes de protection développés par la personne

Les dispositifs de protection immédiats dont dispose la personne au quotidien, durant le déroulement du processus, constituent la première dimension du « S ». Il s'agit, ici, de lui permettre d'envisager longuement, et en détail, les ressources dont elle dispose dans sa vie, afin de se protéger elle-même durant cette période. Pour ce faire, le médiateur utilise, encore et toujours, l'écoute attentive, l'exploration et la scénarisation. La personne possède-t-elle des moyens de soutien au quotidien ? Il peut s'agir, pour elle, d'être accompagnée par une personne de confiance ; ou d'avoir un clinicien qui la suit durant le temps du processus ; avoir à sa disposition un nombre de ressources identifiées en cas d'urgence ; avoir des proches ou des amis sur qui compter. Dans un second temps, on vérifie de quelles ressources matérielles la personne dispose pour assurer son confort quotidien qui est, lui aussi, garant de stabilité et de sécurité. En effet, aucune démarche de réparation ne peut être sécuritaire si, dans l'intervalle qui s'écoule entre deux séances, la personne est totalement déstabilisée dans sa routine et dans sa vie. Le médiateur écoute la manière avec laquelle elle évoque sa situation professionnelle, personnelle, sa santé, son quotidien et lui offrira son aide en la dirigeant vers des services complémentaires appropriés, si elle le demande. Le médiateur, ce faisant, reste à l'affût de ce que la personne pourrait dévoiler concernant sa sécurité. Il pourrait bien se trouver dans une situation où la personne ne dort pas bien ou ne se nourrit pas convenablement durant les semaines ou mois que dureront les préparations ; il doit rester vigilant si elle interrompt une prise de médicaments éventuelle, si elle mentionne une consommation irrégulière de produits tels que le café, l'alcool, la cigarette ou la drogue ; si elle possède ou non des activités qui lui permettent de se changer les idées ou de se faire du bien, tel que pratiquer la relaxation ou un loisir ou un sport qu'elle aime. Le médiateur doit aussi pouvoir observer si, le temps du déroulement du processus, la personne parvient à organiser correctement son temps de travail, sa vie familiale. Le temps des ateliers peut être long, et les participants devraient pouvoir les intégrer à leur routine de vie. Tout cela constitue aussi la base d'un dispositif de sécurité et doit faire l'objet d'exploration.

En plus des aspects relationnels et matériels s'ajoute l'espace qu'occupe la situation dans la vie de la personne. Les affaires traitées en médiation relationnelle concernent des événements souvent pénibles, voire traumatisants, et dont les nombreuses conséquences (traumatismes, dépressivités, changements dans le rythme de vie) doivent être examinées.

Contrairement au « Moi » qui s'attache au récit du vécu, l'exploration de la situation à l'aune de la Sécurité permet l'identification de stratégies pour anticiper les difficultés existentielles à venir. Par cette technique, la médiation relationnelle revendique tout particulièrement son appartenance au champ disciplinaire du travail social et de la criminologie : elle est aussi un mode d'intervention, qui entre dans la famille des modes d'interventions individuels ou de groupe [1]. Elle a simplement son identité et ses techniques propres.

---

1. Au Québec, du moins dans le programme de criminologie de l'Université Laval, l'approche relationnelle s'enseigne à l'intérieur des cours de justice réparatrice et médiation aux étudiants de premier cycle, dans le bloc des cours pratiques d'intervention obligatoire, au même titre que les autres modes d'intervention individuel et de groupe privilégiant d'autres approches. Le programme de Criminologie est qualifiant, au sens où il donne accès, à la fin des études, à un stage et à une inscription à l'Ordre Professionnel des Criminologues.

2. La seconde dimension de la sécurité : la prise en compte des aléas extérieurs potentiels

La seconde dimension de la sécurité qu'il faut explorer et scénariser concerne les contraintes circonstancielles extérieures qui ne manqueront pas d'accompagner le déroulement du processus. Les personnes s'engagent dans un programme qui risque de durer de longues semaines ou de longs mois ; pour certaines des années. Or, durant ce temps, la « vie continue ». Contrairement aux éléments décrits dans le paragraphe précédent, il est ici question d'événements qui auraient pu survenir même si les personnes n'avaient pas subi de conflit, de délit ou de crime : en effet, des événements anxiogènes, non liés à la situation, sont susceptibles de survenir en tout temps et d'interrompre, ralentir ou corrompre le processus. Ces événements sont difficiles à prévoir, mais sont faciles à imaginer : un pépin du quotidien (de la fuite d'eau à la voiture qui tombe en panne, du conflit au travail aux contraintes de déplacement) ; un événement familial (mariage, naissance, décès, séparation) ; des problèmes de santé. Ces éléments anxiogènes sont plus ou moins graves, plus ou moins fréquents, plus ou moins nombreux, mais ils peuvent survenir en tout temps. Il faut dès lors prévoir qu'il arrivera sûrement que des séances de préparation, destinées à ne porter que sur la rencontre de dialogue ou sur l'objet conflictuel ou criminel en cause, puissent se transformer en séance de travail précis sur ces seuls événements même s'ils ne sont en rien liés directement ni à la démarche, ni à l'événement à l'origine. À cause de tels événements, les ateliers de communications peuvent être modifiés, allongés, retardés, complexifiés. Il s'agira donc de prévisualiser des ressources disponibles, et de permettre à la personne d'explorer la survenance de ces facteurs de stress extérieurs. Encore une fois ici, le médiateur utilise ses outils d'écoute attentive, d'exploration et de scénarisation pour traiter la situation avec sérieux et pour orienter la personne vers les ressources appropriées au besoin.

3. La troisième dimension de la sécurité : la vérification de la concordance et de la congruence des attentes

La dernière sous-dimension de la sécurité se distingue des précédentes dans le sens où elle appartient à l'expertise du médiateur relationnel et domine tous les autres aspects de la préparation. S'il suspendait jusque-là son jugement et qu'il mettait son cerveau en « mode avion », c'est ici, et seulement ici, que le médiateur peut de nouveau mobiliser son esprit critique. Cette sous-dimension exige que le médiateur se reconnecte à *ses compétences d'expert,* jusqu'ici mises de côté, afin de vérifier la compatibilité des attentes de chacun – compatibilité dont dépend au final la concrétisation du dialogue.

Cette sous-dimension phare de la sécurité occupe une place à part dans le processus de médiation. Contrairement aux deux autres sous-dimensions du

S, elle a essentiellement lieu *entre* les rencontres, ou plutôt « au-dessus » d'elles. Elle prend place à la fin des ateliers de communication.

Il s'agit ici, pour le médiateur, de vérifier en fin de processus d'ateliers l'importance que la personne donne à ses propres attentes, et à évaluer le risque qu'elle soit déçue par deux choses : l'« autre », et la démarche de dialogue. Le médiateur va s'assurer de la *concordance* des attentes entre les deux personnes. Il va ensuite vérifier la *congruence* entre ces attentes et la démarche entreprise, c'est-à-dire la capacité de la rencontre de médiation à répondre à la demande commune formulée.

Attention : cette analyse n'est pertinente que *lorsque tous les autres éléments du* M.A.I.S. *sont circonscrits* ; rappelons aussi qu'elle a lieu vers la fin du processus.

Vérifier la concordance entre les attentes réciproques

Vérifier la concordance des attentes, c'est vérifier qu'à la fin de la démarche de préparation en ateliers, les attentes de la personne *sont en cohérence avec ce que l'autre peut lui offrir*. La médiation est la rencontre de deux altérités qu'en apparence tout oppose. Les séances de préparation au dialogue peuvent permettre de révéler des attentes communes ou, au contraire, de mettre en lumière leur incompatibilité. Chaque personne, en poursuivant le processus, s'attend à un résultat précis. Ce résultat, par sa posture et sa technique, le médiateur a tout fait pour ne pas le changer, ne pas le modifier, et pour permettre à la personne de l'explorer et le scénariser au maximum. Toute la question sera pour le médiateur de comparer les deux attentes finales et regarder si elles seront source de concordance ou de déceptions. Une personne qui espère trouver des réponses va-t-elle obtenir ce qu'elle cherche (aveux, excuses, explications) ou va-t-elle se heurter au déni, à l'incompréhension voire à de l'agressivité de son interlocuteur ?

Prenons un exemple précis : imaginons une situation d'homicide intrafamilial. L'agresseur meurtrier est le père, il est incarcéré. La victime, son fils unique, a vécu le deuil de sa mère et l'incarcération de son père. Après plusieurs séances d'ateliers, le fils désire rencontrer son père meurtrier pour que ce dernier entende enfin l'ampleur des souffrances qu'il leur a faites, qu'il comprenne enfin combien il a gâché de vies, qu'il sache qu'il ne pourra jamais, à cause de ça, rencontrer ses petits-enfants. L'infracteur, de son côté, lorsqu'il reçoit la demande, pense qu'il s'agit d'une démarche de rapprochement et de pardon de la part de son fils, et espère qu'il pourra renouer des liens familiaux malgré ce qu'il a détruit. Il s'attend à reprendre, à l'hiver de sa vie, une relation père-fils, qu'il pourra rencontrer ses petits-enfants. Dans cette situation, le danger de déception et de victimisation secondaire est aussi présent pour l'un que pour l'autre. Le médiateur devra, en utilisant ses mêmes outils d'écoute attentive, d'exploration et de scénarisation, permettre à chacun d'entre eux d'entrevoir leur discordance, de réaliser et scénariser les conséquences possibles s'ils vont plus loin dans la démarche, et leur permettre de réaliser les risques auxquels ils s'exposent. Il devra les accompagner alors le cas échéant dans une démarche de clôture de processus, puisque les deux participants conviendront sûrement qu'il est mieux de s'arrêter là.

Vérifier la congruence entre les attentes et le programme

Vérifier la congruence entre les attentes et la démarche, c'est vérifier que les attentes des deux personnes, une fois qu'elles concordent l'une avec l'autre, se trouvent *aussi en cohérence avec ce que la médiation peut leur offrir*. En effet, même si les participants ont des attentes communes, il se peut que la concrétisation de leurs souhaits aille à l'encontre des valeurs portées par la justice réparatrice.

Imaginons la situation suivante : une femme subit de la violence conjugale. Ne sachant comment réagir, elle appelle la police. Son conjoint, arrêté, fait l'objet de procédures rapides et d'un programme de thérapie, mais pas d'un emprisonnement. Madame, ne pouvant pas entrer en contact avec son conjoint pendant les procédures judiciaires, fait appel à un médiateur pour organiser une rencontre de dialogue. Lors des rencontres de préparation, elle exprime le désir que son conjoint s'amende, et que leur relation reprenne. De son côté, le conjoint exprime les mêmes attentes : il veut s'excuser et reprendre leur relation. Dans ce cas, le médiateur devra faire comprendre aux deux personnes qu'il devra mettre fin au programme. Bien que les deux attentes soient tout à fait en cohérence entre elles, elles ne sont absolument pas en congruence avec le programme. La médiation relationnelle a pour objectif de permettre un processus de *réparation à la suite d'un acte criminel ou d'une infraction (même non dénoncée)* ; elle n'est en aucun cas un moyen de contourner les injonctions de la justice (en l'occurrence, passer outre un interdit de contact pour se remettre ensemble alors que la victime est potentiellement en danger. Une telle décision n'appartient qu'à un juge). Elle n'est en aucun cas, non plus, un véhicule de thérapie de couple (si les conjoints le désirent, il existe beaucoup de programmes de ce type à leur disposition). Le médiateur sera dans l'obligation de rappeler les objectifs de la démarche et d'y mettre fin tout en référant les personnes, pourquoi pas, à d'autres professionnels. Attention : on comprendra bien ici que ce n'est pas sur le ton de l'interdit ou de l'avertissement que le médiateur devra travailler avec les deux participants, mais en les engageant l'un et l'autre à creuser l'incongruité de la situation, toujours en utilisant les trois mêmes outils que sont l'écoute attentive, l'exploration et la scénarisation.

V. L'équation complète : l'analyse du matériel (MAIS) et sa rétroprojection

Bien que dans les pages précédentes nous ayons fortement insisté sur les compétences relationnelles du médiateur et sur l'importance de ne pas recourir à ses compétences analytiques, nous voici maintenant pleinement inscrits dans la sollicitation de ses capacités et dans l'organisation des informations obtenues au cours des rencontres préparatoires. Autrement dit, à la toute fin des ateliers de communication, et alors qu'on aborde les dimensions les plus complexes de la sécurité « S », le médiateur doit remettre son cerveau en marche, et résoudre l'équation qu'il a obtenue en déroulant la séquence complète du *M.A.I.S.* avec chacun des participants.

Durant chacun des ateliers de communication, le médiateur ne prend pas de notes ; il est entièrement dédié à l'écoute de la personne. Cependant, à la fin de chaque session, il lui est fortement suggéré d'écrire le compte-rendu des rencontres auxquelles il a participé, ou encore, si le programme ou son institution le prévoit, de s'entretenir avec un comédiateur ou un superviseur. Il procède à la mise en commun des informations qu'il a obtenues, en respectant absolument ce qui lui a été dit mot pour mot. C'est à partir de ce matériel qu'il pourra compléter l'équation finale qui lui permettra de déterminer la pertinence d'engager un dialogue entre deux personnes.

Cette mise en équation ne requiert pas de nouvelles techniques. Il s'agit essentiellement ici, pour le médiateur, de prendre un temps de réflexion et de réunir les différentes informations qu'il aura obtenues au cours de la démarche, afin d'envisager les risques et les possibles du dialogue. Une fois cet exercice effectué pour lui-même, il le propose par la suite à chacune des parties, qu'il invite à la même réflexion, en toute transparence, toujours en procédant par écoute attentive, exploration, scénarisation. Il s'agit alors de convier les participants à la réflexivité, revoir les informations partagées ensemble. Une fois complété cet exercice de rétroprojection commun, de partage d'impressions, le médiateur envisage, avec les personnes et toujours en respectant parfaitement leurs attentes, la pertinence de poursuivre ou non. Ils prévoient ensuite ensemble les stratégies et les options à envisager pour la suite.

Il est primordial de mettre en relation, ici, la bienveillance du travail du médiateur avec la réalité que ce dernier constate sur le terrain. Cet exercice est particulièrement pertinent lorsque les attentes sont discordantes entre elles, ou non congruentes avec la démarche de médiation. Les techniques utilisées permettront de passer outre les préjugés, et de se prémunir des erreurs d'appréciation de la situation : gardons à l'esprit que les dimensions du *M.A.I.S.* et les sous-dimensions de la sécurité fonctionnent en complémentarité. Si l'un des aspects du *M.A.I.S.* fait défaut, cela ne signifie en rien que la démarche est compromise. Au contraire, il appartient au médiateur d'examiner en toute transparence, avec chacun des participants, la meilleure manière de pallier les lacunes et d'envisager les avenues possibles, que le dialogue se concrétise ou non. Par exemple, une personne pourrait se trouver très outillée en termes de sécurité personnelle (première sous-dimension du S très présente), disposant, par exemple, d'un réseau de soutien très fort, mais se trouver face à un infracteur dont les attentes ne sont pas en parfaite cohérence avec les siennes (troisième sous-dimension du S très faible). Résoudre l'« équation du *M.A.I.S.* », c'est envisager la situation avec la personne, en toute transparence et en toute quiétude, durant les ateliers de communication et alors même qu'aucune rencontre n'est encore prévue ou prévisible. La personne peut-elle, veut-elle compter sur la force de sa sécurité personnelle pour tenter une rencontre, même si elle sait que les attentes de l'autre ne sont pas compatibles avec les siennes ? Peut-elle scénariser une rencontre potentielle malgré tout, compter sur son soutien et ses forces pour affirmer qu'elle ne se sentira pas revictimisée même si l'autre a un comportement différent de ce qu'elle attend ?

L'exemple contraire serait aussi possible : les deux participants ont des attentes parfaitement cohérentes entre elles, et congruentes quant à la possibilité de dialogue. Mais un des deux participants se trouve avoir une grande faiblesse en termes de sécurité personnelle : par exemple, il n'a pas de famille, pas d'amis, pas de professionnel pour le soutenir. Il est plutôt isolé et seul. S'il tient à aller plus avant dans la démarche, et qu'il est capable de scénariser des moyens et des ressources pour se protéger malgré sa situation, alors il pourra tout à fait décider, avec son médiateur, d'aller de l'avant malgré tout.

En conclusion, rappelons qu'il est *très important de respecter les principes de l'approche* : il faut, lors des ateliers de communication, faire le tour de *chacune* des dimensions M, A, I et du S (cette dernière dimension, elle-même dans ses trois sous- dimensions) au rythme de la personne et au fil des séances, et les passer toutes les quatre au filtre de 1) l'écoute attentive, 2) l'exploration et 3) la scénarisation, en maintenant une posture d'écoute attentive et d'acceptation inconditionnelle. C'est dans ce cadre professionnel, sécuritaire et collégial que le médiateur et les participants pourront, ensemble, prendre une décision convenable sur ce qu'il convient de faire pour la suite : concrétiser la rencontre de médiation, choisir sa forme, ou au contraire cesser le processus. Tout cela n'est également possible que si le médiateur respecte bien sa posture de départ, qu'il a installé une véritable relation avec les parties, que cette relation est authentique et associée à un accueil véritable. Ces conditions sont indispensables si l'on veut traiter des difficultés avec les parties de manière ouverte et transparente.

Maintenant que les principes de l'approche relationnelle sont compris, examinons concrètement ses mécanismes opératoires et les défis auxquels elle pourrait être confrontée.

Troisième partie :

Applications et défis de l'approche relationnelle

Pour organiser une médiation, ou tout autre programme de réparation (cercle, travail compensatoire, formation ou autre) qui se revendiquerait de style relationnel, il suffit de comprendre les principes fondamentaux de l'approche que sont la posture du médiateur, l'organisation des ateliers de communication et la séquence du *M.A.I.S.* que nous avons développés dans les parties précédentes. Le reste de l'opérationnalisation est libre, et laissée à la discrétion du médiateur ; tout peut prendre, à loisir, la couleur ou la forme que l'on désire. Telle est, à notre humble avis, la plus grande force de l'approche relationnelle : elle est valable partout, et s'adapte à tout. Elle permet une immense souplesse sur le plan strictement opératoire, et ne requiert aucun cahier des charges particulier. Ceci sera démontré dans la première section. La deuxième section sera, elle, consacrée aux défis de l'approche relationnelle.

Section 1 : La souplesse opérationnelle de l'approche relationnelle

L'approche relationnelle s'applique à toutes sortes de formats : que l'on ne désire pas du tout rencontrer l'« autre » mais simplement obtenir des informations ; que l'on désire s'engager dans un programme mais pas dialoguer ; que l'on désire dialoguer mais à distance ; que l'on désire dialoguer en face-à-face. L'approche relationnelle s'applique également à toutes sortes de dispositifs : médiations, cercles, rencontres substitutives ; au Québec, elle sert même de guide à la mise en place de travaux communautaires ou compensatoires, puisque pour jumeler un infracteur avec une institution qui va l'accueillir dans un tel cadre, il est important d'entreprendre des ateliers de communication entre les deux pour bien préparer la seconde à la venue du premier. L'approche relationnelle s'applique à toutes sortes de troubles : du conflit personnel au conflit professionnel, de la petite infraction au crime le plus grave. Elle est parfaitement adaptée à toutes sortes de structures : de la moins institutionnalisée (la médiation citoyenne bénévole ou communautaire) à la plus structurée (un pénitencier). Elle est aussi performante en amont, au cœur, qu'en aval du système de justice pénale. Elle s'adapte enfin à toutes formes de contextes, de cultures, de pays : elle a été essayée en contexte occidental moderne, mais également en contexte coutumier, à chaque fois avec succès.

Il existe une seule cause à cette souplesse et cette adaptabilité. En approche relationnelle, le travail des médiateurs se fonde sur les *attentes des participants*. Celles-ci étant toujours différentes, l'approche est créée pour être la leur, et non celle des médiateurs, des organisations, des institutions ou des États qui la mettent en place. Il est donc, dans l'absolu, totalement inutile d'en fixer l'opérationnalité dans le cadre d'un tel ouvrage. Il n'existera pas de guide officiel de séquencement des étapes de préparation ou de dialogue. Le canevas de l'approche ne peut pas être rigide. L'organisation d'éventuelles étapes de prise de contact, de préparation et d'échange en face-à-face ne permettrait pas au médiateur de mettre en valeur l'essence de son travail car il devrait, plutôt que de se concentrer sur l'écoute, s'obliger à suivre à la lettre un manuel de médiation qui imposerait des procédures strictes lors de la mise en place du dispositif. Le médiateur relationnel n'a finalement, à sa disposition, que sa posture, sa stratégie et sa technique. Pour le reste, il lui sera permis de fonctionner comme il le désire, ou plutôt comme les participants le désirent, tant et aussi longtemps que sont respectés les principes décrits précédemment.

Cependant, pour ne pas laisser le lecteur devant la tâche, souvent anxiogène, de définir lui-même le contexte opérationnel optimal dans lequel il va travailler, il sera entrepris, dans la présente section, de donner quelques orientations et conseils. Il ne s'agit plus, ici, de principes et d'applications à respecter. Il s'agit simplement de quelques exemples glanés au fil des ans par des médiateurs relationnels chevronnés, et mis ensemble afin de permettre au lecteur de se donner une base de départ. Ce dernier y trouvera donc des conseils sur la manière de rendre concret un dispositif. Nous affirmons avec force, ce faisant, que les prochains paragraphes ne sont pas là pour créer une structure opérationnelle à respecter. Le médiateur qui désire travailler en approche relationnelle devra suivre les principes de la partie précédente ; il est cependant libre d'appliquer, ou non, les conseils qui suivent.

Dans le premier paragraphe, il sera question de déterminer si la médiation relationnelle se pratique mieux en solo ou en comédiation (I). Puis seront abordées successivement les questions de l'utilisation d'outils techniques (II) ; celle de la prise de contact avec les participants (III), celle de l'organisation et du séquencement idéal des ateliers de communication (ou rencontres de préparation) (IV), celle de l'organisation du dialogue (V), celle du moment qui suit immédiatement l'échange (VI) et, enfin, la question du fait d'assurer, ou non, un suivi ultérieur avec les participants (VII).

I. Travailler seul ou en comédiation

Est-il préférable de travailler en solo ou en comédiation, en approche relationnelle ? Cette question prend souvent une ampleur démesurée dans les formations. On entend souvent, par exemple, que de jeunes médiateurs devraient toujours travailler en duo ; que lors de rencontres de dialogue dans des cas d'inceste ou d'agression sexuelle, il est indispensable de travailler en comédiation homme-femme. En fait, il n'en est rien : en approche relationnelle, cette question pratique est laissée au choix. L'approche relationnelle n'est pas plus ni moins performante que l'on préfère travailler seul ou à deux. Ce qu'il s'agit de faire, cependant, c'est d'en discuter longuement les avantages et les inconvénients au moment de la mise en place d'un programme.

La médiation en solo a d'énormes avantages. Elle permet de pouvoir gérer avec plus de flexibilité son agenda que si l'on est deux ; de s'organiser comme on veut, avec une plus grande souplesse. Elle permet aussi un plus grand don de soi aux participants, et offre la possibilité d'aller très loin dans le lien qui se créera. Elle permet d'alléger la mission de toutes sortes de stratégies telles que la répartition des tâches entre deux personnes (d'ailleurs, il faut absolument éviter les répartitions de type « l'un de nous crée le contact, l'autre se charge de prendre les notes »). La médiation en solo, c'est aussi l'assurance de ne pas avoir besoin de se trouver des étiquettes qui n'ont aucune place en approche relationnelle : le « médiateur principal » et le « secondaire », le médiateur homme et la médiatrice femme, et autres clivages arbitraires qui n'apportent souvent que des problèmes et dénaturent le travail de création d'un lien de confiance avec les usagers. Cela permet enfin d'éviter que les médiateurs passent plus de temps à travailler la relation de leur binôme qu'à travailler le lien avec les personnes qu'ils accompagnent. En solo, on évite cet aspect formel que la « paire de médiateurs » crée souvent sans le vouloir (à l'image du duo de flics qui sonne à votre porte).

La comédiation a ses avantages aussi. Elle permet la présence de quelqu'un pour nous soutenir, nous aider. Elle permet de se dédoubler en cas de problème. Par exemple, lors d'un face-à-face, il est pratique de pouvoir se disperser dans deux salles différentes afin de prendre chaque participant à part pour un moment de rétroaction. Travailler en duo, c'est enfin beaucoup moins demandant pour le corps et l'esprit, autrement dit bien moins fatigant.

La plupart des institutions ou des programmes de médiation en matière pénale ou criminelle recommandent, ou imposent, le travail à deux. C'est le cas, notamment, de la plupart des programmes qui ont lieu à l'intérieur des pénitenciers, qu'ils prennent la forme de médiations ou de cercles ; c'est le cas aussi de la plupart des programmes de médiation citoyenne. À vrai dire, il n'y a que peu de bonnes raisons à l'imposition d'une telle règle, sinon celle de sens commun qui consiste à penser que deux têtes valent mieux qu'une.

II. Les « boîtes à outils » et le matériel technique

En approche relationnelle, tout matériel technique est superflu. La seule chose dont le médiateur relationnel a besoin, c'est de son agenda, de son téléphone, d'un ordinateur ou d'un carnet qui lui permettront de prendre des notes *après* chaque séance avec un participant (notamment entre deux séances de travail).

Depuis la mise en place de la pratique de l'approche relationnelle au Québec, et hormis les outils de formation, il n'a pas été créé de « boîte à outils » systématique à utiliser par les médiateurs ou intervenants. Chaque institution est, à cet égard, libre de créer les ressources qu'elle entend utiliser, à la manière des fiches de formation existantes au Québec, ou des cahiers des charges développés par *l'Institut français pour la justice restaurative* par exemple[1]. Cela peut être aussi les affiches que déploient les institutions scolaires qui s'approprient des programmes de médiation pour jeunes. Cette absence de « trousse de départ » harmonisée en approche relationnelle est délibérée. Pour se former puis pour appliquer l'approche relationnelle, le médiateur n'a en principe besoin d'aucun outil particulier, ou de support matériel ; ces derniers ne sont en général créés que pour améliorer le confort des formations ou la publicisation des services offerts, pour faciliter le recrutement de partenaires, pour diffuser des informations aux participants. Ils sont donc *différents en fonction des besoins de chaque institution, de chaque pays.*

La consultation préalable d'un dossier

Avant une médiation, devrait-on consulter le dossier complet de la personne victime, ou le dossier correctionnel ou pénitentiaire de l'infracteur ? La réponse à cette question est nuancée. Le modèle relationnel est créé pour ne

1. Institut Français pour la Justice Restaurative. [en ligne]. [Consulté le 06 juin 2020]. Disponible à l'adresse : https://www.justicerestaurative.org/

s'embarrasser d'aucune contrainte de ce type. Le médiateur doit rester en *contact permanent* avec la personne à laquelle il parle et partir de ses attentes à elle. Consulter les notes rédigées par des tiers (diagnostics, dossiers, fiches et autres bilans rédigés par des collègues professionnels, intervenants, psychologues, juges ou avocats), cela revient à induire des biais, à se distancier des participants et de leurs visions des choses à eux. Il est possible de le faire, mais à la condition que l'on maîtrise auparavant la posture relationnelle, l'écoute attentive et l'acceptation inconditionnelle. En principe, les ateliers de communication suffisent pour rassembler les informations nécessaires au médiateur et aux participants. Il importe peu de savoir que le participant est récidiviste, manipulateur, qu'il est atteint de troubles psychosociaux de toutes sortes, ou qu'il est affaibli, vulnérable, etc. Ce dernier a une ou des attentes qui lui sont personnelles ; il est légitime qu'il tente des démarches pour les combler, pourvu que ces attentes soient concordantes avec les objectifs du programme. Un médiateur peut donc parfaitement se rendre à sa première rencontre sans information. Il ne gardera qu'une tenue de dossier simple dans son institution ; cette dernière pourra d'ailleurs simplement être assurée par un adjoint administratif.

L'on entendra souvent que les brochures et autres manuels du praticien sont gages de sérieux. Que, pour le grand public, ils sont indispensables. Que la consultation préalable du dossier est nécessaire, surtout lorsque l'on a affaire à des « infracteurs » et des « victimes ». Est-ce vraiment le cas ? Lorsque l'on tombe malade ou que l'on a un accident, on veut voir un médecin au plus vite. Que l'on se trouve dans une clinique ou en pleine rue, personne ne s'attend à ce que le médecin arrive avec ses livres au bras, et personne ne sera rassuré de savoir qu'il a apporté la brochure de la clinique pour laquelle il travaille. Le dossier médical est pertinent car il s'agit là des notes *du médecin même* ou de ses collègues antérieurs, et non des antécédents extérieurs (les visites chez le dentiste ou le psychologue ne seraient jamais utilisées, à moins d'un cas particulier). En approche relationnelle, les mêmes principes s'appliquent. Le dossier pénitentiaire relève d'autres spécialités, et ne devrait pas être utile à moins d'un objectif bien particulier. Si un médiateur croit nécessaire de le consulter, il doit alors être très prudent : est-ce que la médiation est réparatrice ou sert à un programme dont le but réel est la réinsertion ?

La prise de notes

La prise de notes durant la rencontre est à limiter aux informations de base. Elle pourrait autrement créer une barrière entre le médiateur et la personne, gêner le contact visuel et constituer un obstacle à l'écoute attentive. Si le médiateur est vraiment concentré sur les attentes de la personne, s'il l'écoute comme il le doit, il n'a en principe pas besoin de notes. Il peut toutefois arriver que, dans un atelier de communication, le médiateur ait besoin d'un papier et d'un crayon pour noter un nom ou une date ; pour dessiner un axe du temps, pour prévoir des dates de rencontre, pour noter un numéro, faire un schéma rapide permettant d'expliquer quelque chose au participant. Dans le cadre de médiations longues et complexes, il est parfois difficile de faire autrement que de fixer sur papier, de temps en temps, des informations souvent trop nombreuses, ou très techniques. Si on doit y recourir, alors cette prise de notes devra se limiter au strict minimum. Nous conseillerons, également, de prendre ces notes de manière transparente, en mettant le participant à contribution, c'est-à-dire en les lui montrant et lui disant ce que l'on est en train d'écrire. Par exemple : « si vous me permettez, je vais noter ces quelques noms que vous me mentionnez, pour ne pas les oublier ». Ici, l'on conserve le lien, même pendant la prise de note ; le participant n'aura, de plus, pas l'impression qu'on se détache de lui et qu'on l'analyse dans son dos.

Cependant, si la prise de note est évitée pendant les séances, elle est bien présente *entre les séances*. Dès qu'il termine une rencontre, dès qu'il n'a plus besoin de revêtir sa posture d'écoute attentive, le médiateur travaille encore. Il a alors besoin de ses connaissances, de sa formation, de sa mémoire, pour faire le point. Il doit noter ce dont il se souvient ; ce qu'il doit faire jusqu'à la prochaine rencontre, il doit prévoir de répondre aux demandes des participants, d'obtenir des autorisations institutionnelles éventuelles. Il doit alors utiliser un carnet de route personnel. Ces prises de notes, bien sûr, demandent une sorte de retranscription de la rencontre. Elles servent au médiateur, qui doit pouvoir garder une trace, à se donner une chronologie, prévoir le travail à venir. La prise de notes entre les séances, cela revient à la prise de notes d'un chercheur empirique qui réalise une observation, ou qui conduit une entrevue, en suivant les principes de la méthodologie qualitative [1]. Une fois qu'il n'est plus sur le terrain, il prend des notes. Mais ses notes ne constituent pas un obstacle entre lui et son terrain.

Noter quelques informations sur un papier de temps en temps, avec la complicité du participant, ne doit *jamais* être confondu avec le fait de faire de la prise de notes systématique.

Les supports visuels

La même règle s'applique sur le fait de prévoir la présence de supports visuels dans un atelier de communication. Utiliser des outils de type tableaux

1. Cf. par exemple G. MICHELAT, Sur l'utilisation de l'entretien non directif en sociologie. *Revue française de sociologie*, vol. XVI, n°2, 1975, pp. 229-247. ; J. BARBOT, Mener un entretien de face à face. Dans : S. PAUGAM (éd.), *L'enquête sociologique*. Paris : Presses universitaires de France, 2010, pp. 116-141. ; J. POUPART, Discours et débats autour de la scientificité des entretiens de recherche. *Sociologie et sociétés,* vol. 25, n° 2, 1993, pp. 93-110.

au mur, *paperboards,* affiches et autres *PowerPoint* exigent du participant qu'ils les lisent, les comprennent, les complètent. Les médiateurs non relationnels se servent souvent de cela pour imposer des « jeux » ou exercices aux participants (par exemple, en leur demandant de noter une attente, ou d'identifier au contraire un mauvais souvenir). En approche relationnelle, cela est exclu, car les supports visuels et les exercices imposés empêchent le médiateur *d'être présent* avec la personne qu'il accompagne. Ils cristallisent les discours dans des boîtes hermétiques peu représentatives du ressenti. Ils imposent un guide, une structure, une chronologie à la pensée du participant. Ils suggèrent au participant ce qu'il faut faire et à quel moment ; ils ramènent le médiateur dans la posture de l'expert qui déroule une séquence et qui sait mieux que les participants ce qui est bon pour eux.

Ces outils sont au final plutôt en opposition avec la notion d'écoute attentive ; ils ne constituent en rien des garanties de qualité. Le travail du médiateur est d'écouter et d'accompagner, sans pervertir, sans dénaturer, sans imposer, sans suggérer. C'est dans sa simplicité extrême que réside la plus grande force du modèle : pour écouter, on n'a besoin de rien.

Les objets symboliques

Est-il pertinent d'utiliser des objets afin d'ajouter des éléments de discussion à la rencontre ? Dans certains programmes, on aime, en effet, amener des objets symboliques dont on justifie la présence par le fait « qu'ils aident à exprimer les émotions », ou « aident à guider la parole ». Ces objets, comme les supports visuels décrits plus haut, sont des contresens en approche relationnelle, à moins, et c'est la seule exception, que le programme soit créé à l'intention des populations autochtones ou que le programme soit organisé dans un cadre coutumier et culturel, auquel cas de tels objets ont un rôle légitime. Les objets symboliques non-autochtones ou non coutumiers proviennent souvent du travail social, notamment des techniques d'intervention individuelles ou en groupe ; ou bien sont conseillés par des organismes à vocation spirituelle. Ils ont peu à voir avec la médiation et il est conseillé de s'en passer le plus possible. Néanmoins, leur utilisation pourrait se comprendre à la condition que les participants le prévoient eux-mêmes : lorsqu'un participant demande à pouvoir apporter avec lui une œuvre ou un souvenir auquel il tient, ou lorsqu'il demande à s'aider d'un souvenir. Ce qu'il faut éviter, c'est que le médiateur en prévoie lui-même (c'est-à-dire en suggère) l'utilisation.

Se pose, dans un tel paragraphe, la question de la présence d'un « bâton de parole », ou autres objets servant d'outils de communication. Imitant (pas toujours adroitement) les traditions autochtones, l'on voit parfois certaines institutions demander, lors de la réalisation de leurs programmes, l'utilisation d'un tel outil dans des rencontres de dialogue en grand groupe. Le bâton de parole n'est, en l'espèce, pas un outil d'intervention, mais un outil d'organisation pratique des échanges en face-à face. Il permet à celui qui le tient d'être assuré, même lorsqu'il maintient un long moment de silence, qu'il ne sera pas interrompu s'il parle. La personne qui détient l'objet est celle qui parle ; elle doit ensuite, à la fin de son témoignage, donner la parole à une autre personne, en lui transmettant l'objet en question. Cet outil n'est pas prescrit en approche relationnelle. Dans des rencontres en tout petit groupe, ou à deux, il apparaît superflu : son utilisation risque d'avoir rapidement un effet infantilisant et totalement contre-productif. Néanmoins, lors de rencontres en grand groupe, il revient à chaque utilisateur le soin d'en prévoir ou non l'utilisation.

Le « portrait institutionnel » du médiateur relationnel

La nature des normes institutionnelles permettant ou non le déploiement d'un programme de dialogue, le recrutement d'un réseau structuré de partenaires, le milieu institutionnel d'appartenance des médiateurs, le financement des services ou, tout simplement, la question de l'existence de manuels de pratique, appartiennent au débat interne propre à chaque institution. Ces questionnements ne sont pas liés à l'approche relationnelle, ils relèvent de la responsabilité des institutions qui désirent s'en revendiquer.

En approche relationnelle, pas plus qu'il n'existe de règle privilégiant la médiation en solo ou en comédiation, il n'existe de règles qui commandent que le médiateur soit salarié ou bénévole, qu'il soit un médiateur professionnel à temps plein ou que la médiation soit pour lui une activité extra-professionnelle, qu'il soit obligé d'avoir tel niveau d'étude ou suivi telle filière académique ou scolaire. Il est intéressant de voir cependant combien de telles préoccupations reviennent souvent en pratique. Une seule réponse leur convient à toutes : cela dépend des conditions dans lesquelles le médiateur se sentira le plus à même de répondre aux attentes qui lui sont formulées par les futurs participants usagers du programme. Si le programme est créé pour des attentes simples et des parties nombreuses, le médiateur pourra avoir avantage à se dédoubler (il pratiquera volontiers la comédiation). Il aura besoin de concentrer ses ateliers de communication, de manière à pouvoir accélérer le processus (une rencontre est d'autant plus difficile à organiser que les parties impliquées sont nombreuses, il est donc important d'agir plus vite). C'est le cas, par exemple, en milieu scolaire, ou en médiation citoyenne et urbaine. Ces types de programmes exigent de nombreux ateliers de communication réalisés avec des participants différents dans le plus court laps de temps possible. Ce faisant, ces ateliers seront plutôt rapides, peu espacés dans le temps et peu contraignants pour les personnes. Dans de telles situations, le médiateur pourra aussi tout à fait se sentir légitime alors qu'il intervient en tant que médiateur bénévole.

Si on se trouve, au contraire, dans le cadre d'un conflit très grave et intime mettant en opposition deux personnes qui désirent à tout prix que l'on respecte leur anonymat, les attentes seront tout autres. Pour les respecter, le médiateur aura tendance à préférer l'intervention en solo et à rallonger les temps de préparation (et les moments de réflexion entre ces temps de préparation). Il sera le plus souvent salarié ou médiateur à temps plein et devra davantage justifier ses compétences.

Le niveau de formation à exiger de chaque médiateur est, pour ces mêmes raisons, différent pour chacun. Bien entendu, on comprend aisément qu'on ne formera pas de la même manière un médiateur mineur, en milieu scolaire, bénévole, qui se propose d'aider à réguler les conflits dans sa classe, et un médiateur adulte professionnel qui gère en solo des situations d'homicide ou d'inceste. Les deux appliqueront, cependant, les mêmes techniques, la même posture, les mêmes ateliers, le même *M.A.I.S.* Toutefois, il y aura nécessairement une différence d'intensité des formations entre un médiateur et un autre, et cela ne dépend pas uniquement du fait que les situations à médier sont d'ordre divers. Étant donné l'importance que prennent, dans le cadre de ce modèle, le savoir-être et le savoir-faire du praticien, il faut s'attendre à ce que, pour certains médiateurs, la posture relationnelle soit presque naturelle, peu importe que l'on intervienne en conflit simple ou en crimes dits graves. Pour d'autres, par contre, même en multipliant les formations et les suivis, même après des années d'expérience antérieure dans un domaine spécialisé, il est fort possible que la maîtrise de la posture relationnelle (et d'écoute attentive, le cerveau en « mode avion ») reste pour toujours un défi.

III. Éviter l'hyper-responsabilisation des participants : structurer les rencontres

Le médiateur a le privilège de pouvoir travailler sans filet matériel, avec l'aide seulement des outils de fond que l'approche lui donne. Cette liberté matérielle et opérationnelle n'est en rien une occasion de laisser-aller. Le participant doit pouvoir bénéficier d'un certain encadrement et disposer d'informations concrètes qui lui sont indispensables, telles qu'un ordre du jour, des rendez-vous précis, les modalités des rencontres. Pourrait-on imaginer qu'un médiateur s'abstienne de structurer les rencontres ? Imaginons un médiateur qui dirait à un participant : « je ne peux pas vous dire combien d'ateliers seront nécessaires. Ça peut être un, ou dix ». Imaginons qu'il annonce que telle séance durera deux heures et qu'il se permette de la rallonger ; qu'il organise un atelier de communication intime entre lui et le participant et que, au dernier moment, il propose de s'adjoindre un stagiaire ou invite un observateur extérieur (un journaliste). Là, il ne s'agit plus du tout de détails de forme, il s'agit de graves problèmes de fond, car c'est le participant qui se verra déséquilibré et pris par surprise.

Éviter l'hyper-responsabilisation, c'est faire attention, en impliquant les personnes, de ne pas leur céder la responsabilité d'organiser le déroulement et de fixer les modalités et le contenu du processus (que l'on ne confondra pas avec le contenu de ce dont ils viennent nous entretenir). La question de la structure des rencontres est, en approche relationnelle, fondamentale, et elle ne doit pas être prise pour un détail de forme. Lorsque le médiateur rencontre pour la première fois la personne, il doit lui dire combien de temps la rencontre d'aujourd'hui va durer ; il doit lui expliquer de quoi il sera question, lui annoncer quelles seront les étapes suivantes. Lorsqu'un animateur organise un cercle de parole, il doit annoncer à l'avance de combien de temps les personnes disposeront pour s'exprimer chacune, il doit annoncer à l'avance à quelle heure la séance va finir, il doit prévoir les thèmes de discussion, même si, au final, à partir de cette structure, des assouplissements seront possibles. En tout temps, chaque participant *doit savoir à quoi s'attendre, et doit pouvoir être assuré que ces attentes seront respectées.*

Prévoir un ordre du jour de la rencontre et un calendrier d'ateliers, même si, au final, il faut rester souple, n'est pas un simple détail de forme. Cela permet au participant de prévoir l'énergie morale à consacrer à ces séances, de pouvoir s'organiser et organiser sa vie personnelle autour de ces contraintes ; de pouvoir, là aussi, prévoir et anticiper.

Pour résumer, voici ce qu'il convient de faire en approche relationnelle : le médiateur arrive sans montrer de manière ostentatoire ses garanties professionnelles, n'exhibe pas ses armes institutionnelles. Il est simplement disponible, présent, rassurant, bienveillant, et explique d'entrée de jeu au participant qu'il sera lui-même (le médiateur) responsable de structurer les rencontres. À peine installé, il prend le temps d'expliquer ce qui va se passer aujourd'hui, à quelle heure la séance va se terminer (cette information étant également communiquée préalablement, lors de l'appel téléphonique qui fixe la rencontre), et de quoi il sera question. Il annonce comment la séance va se dérouler, il réexplique au participant quels sont ses droits (« le programme a tel ou tel objectif, mais je désire aussi vous informer des autres options qui s'offrent à vous »). À la fin de chaque séance, il prépare la suivante : « La séance prochaine aura lieu dans un mois. Voudriez-vous que nous pensions à aborder tel ou tel aspect ? ». Il évite à tout prix de commencer ses séances par des questions de type « de quoi désirez-vous qu'on parle aujourd'hui » ou, pire encore, en groupe, « qui veut commencer ? » (Ces dernières questions sont extrêmement responsabilisantes – et potentiellement revictimisantes – pour des victimes ou des infracteurs). En discussion de groupe ou en cercle, le médiateur doit donc structurer sans vergogne, mais avec bienveillance et fort de sa posture relationnelle, les temps de parole ou le déroulement de la séance, mais aussi d'un ordre du jour. Le participant ne sera pas prisonnier ; il sera encadré.

IV. La prise de contact avec les participants

En justice réparatrice, on entend souvent que les processus sont volontaires, que les personnes viennent de leur plein gré. S'il est vrai que les participants consentent à s'impliquer dans une telle démarche, la notion de volonté, délibérée et sans contraintes, est discutable. Dès lors prendre contact avec les participants relève d'un certain art, que ce premier pas soit fait par le participant (1) ou qu'il soit à l'initiative du médiateur (2).

1. Lorsque c'est le participant qui prend contact le premier

Ce premier contact se passe le plus souvent au téléphone. La personne a entendu parler du service ; elle appelle. Le médiateur s'entretient avec la personne pour la toute première fois : il a pour objectif de renseigner rapidement la personne sur le service proposé, de l'amener à venir le rencontrer en personne pour en savoir plus, de créer un premier lien.

Dans la plupart des cas, la personne qui appelle ne sait pas exactement ce qu'elle veut. Il arrive très rarement, voire jamais, qu'elle demande clairement à participer à une « rencontre de dialogue » ou l'équivalent. Elle appelle plutôt sur un coup de tête, ou en dernier recours parce qu'elle a tout essayé, ou sans trop savoir pourquoi, jusque parce qu'elle « le sent », ou parce qu'elle obéit au conseil d'un proche sans trop avoir réfléchi. Ses attentes sont *toujours d'obtenir plus de renseignements*, en aucun cas d'obtenir directement un rendez-vous pour parler de sa situation en détail. Par conséquent, l'objectif à poursuivre est de renseigner la personne sur le service, puis tenter de faire en sorte que la personne accepte de rencontrer le médiateur avant qu'elle décide de se rendre plus loin dans sa démarche.

Il revient au médiateur de se présenter et présenter son programme. Pour ce faire, les mots doivent être simples, le vocabulaire minimaliste, les phrases courtes. Il faut absolument éviter tout jargon professionnel. Le ton de voix doit être accueillant, rassurant, calme. Le médiateur doit maîtriser l'information et savoir la présenter clairement, avec confiance et sans hésitation. La partie la plus importante est le moment où le médiateur expliquera en quoi consiste le programme et à quoi il sert.

Dans cet ouvrage, les auteurs ne fourniront malheureusement pas au lecteur de liste de mots-clés permettant de présenter un programme : cela appartient à chaque institution. Chaque mot est connoté et aura des conséquences immédiates sur la réaction de la personne. « Je suis médiateur. Nous offrons des services de médiation ». « Mon travail est d'organiser des rencontres de justice réparatrice ». « Dans ce service, nous proposons des rencontres de dialogue entre des personnes qui ont vécu des conflits/crimes/infractions ». Dans tous ces exemples, la personne risque de raccrocher ou, au contraire, d'être intéressée. Le terme médiation laisse flotter une idée de résolution de conflit : la victime d'inceste ou d'homicide risque de ne pas être intéressée. Les termes « rencontre » ou « justice réparatrice » respirent l'harmonie, la paix et la spiritualité ; ils choqueront les pragmatiques et les personnes en souffrance, ou les personnes qui vivent un conflit matériel ou urbain peu connoté moralement (un propriétaire de bar qui désire se débarrasser de personnes sans domicile fixe qui trainent devant sa porte ne sera probablement pas tenté par des « rencontres réparatrices »). Idem pour les termes « dialogue », pour les mots « conflit », « infraction », « crime », « délit », « trouble ». Les mots neutres ne sont pas mieux : ils ont aussi leurs lots de défauts : « évènement », « situation », « problème » sont des concepts flous qui laisseront croire que vous n'osez pas employer les mots adéquats, ou ne savez pas de quoi vous parlez. Certaines institutions choisissent donc souvent d'éviter tout vocabulaire spécialisé. « Mon travail consiste à accompagner des personnes qui désirent entreprendre des démarches dans le but de travailler autrement la situation/faire le point sur la situation/pouvoir comprendre ce qui est arrivé ».

À chaque service, à chaque institution de faire ses choix lexicaux. Pour savoir comment se présenter et pour apprendre à décrire son propre service, il est absolument essentiel de s'entraîner. Il est important d'essayer au préalable des mots et des concepts, et de voir à quel point ils conviennent ou pas ; de tenter de présenter le service que l'on offre toujours mieux, toujours plus clairement, toujours plus simplement, toujours plus vite. C'est un exercice difficile : à lui seul, il demandera à tout médiateur un effort important et de l'entrainement.

C'est également lors du premier contact que l'on doit expliquer au participant la place qu'occupe le programme par rapport aux autres démarches institutionnelles traditionnelles, et les conditions nécessaires pour y avoir accès. Pour ce faire, le médiateur prendra absolument le temps de préciser :

i. si le service proposé est conditionnel à certaines exigences institutionnelles précises (dépôt de plainte, incarcération, suivi médical) ou s'il est totalement libre et extra-institutionnel ;

ii. si le service est confidentiel et anonyme ou s'il requiert de la personne qu'elle soit identifiée ou fichée, ou qu'un numéro de dossier soit créé, ou que son entourage soit informé ;

iii. si le service est gratuit ;

iv. si le service est disponible immédiatement ou si des délais sont à prévoir.

Une fois ces dimensions réglées, le reste de l'appel téléphonique sera consacré à écouter les premiers propos du demandeur, puis lui proposer de poursuivre en personne lors d'une rencontre, pour en savoir plus. On tentera, le plus rapidement possible, de s'enquérir de ses disponibilités et de ses capacités de se déplacer jusqu'à l'organisme.

Si, dès ce premier contact téléphonique, la personne est encline à donner plus de détails sur sa demande, ou à évoquer son histoire, le médiateur doit se mettre immédiatement en position d'écoute attentive sans perdre de vue que son objectif ici reste de permettre à la personne de venir le rencontrer. À ce stade, le médiateur ne doit pas entamer un travail d'exploration ni chercher à vérifier quelles sont les attentes de la personne. La qualité du contact sera, ici, déterminante et dépendra de l'attention que le médiateur portera à la situation de la personne au moment de l'appel. Dans tous les cas, il ne faut jamais insister : à cette étape, le médiateur n'a pas besoin de connaître tous les détails et il faudra, de toute façon tout reprendre depuis le début lors de la première rencontre en personne.

Enfin, avant de raccrocher, le médiateur n'oubliera pas le plus important : donner à la personne tous les renseignements nécessaires pour permettre de le recontacter (adresse postale, numéro de téléphone, courriel, précision sur les disponibilités, horaires du service).

2. Lorsque c'est le médiateur qui entre en contact avec un participant

Lorsque le médiateur amorce un contact avec l'« autre » pour s'enquérir de sa volonté de se lancer, lui aussi, dans le processus, il fait face à deux situations : soit cet « autre » est directement touché par l'événement et les torts causés ; soit il s'agit d'une ou plusieurs personnes qui ne se connaissent pas (un cercle de discussion, des rencontres avec des infracteurs ou victimes « substituées »), ce qui impose au médiateur de se lancer dans des démarches qui ressemblent à des procédures de recrutement.

Ces deux situations sont assez semblables au fond, et seront étudiées dans un même paragraphe ; le lecteur saura les adapter à sa propre réalité. Elles se ressemblent parce qu'elles ont un problème commun. Dans les deux cas, il faut prendre contact avec une personne qui n'attend aucun appel, qui ne sait souvent même pas que le service existe, et à qui il faut annoncer que sa victime, ou son agresseur, ou toute autre partie, désire se lancer avec elle dans une rencontre de dialogue. Le défi est de taille !

Encore une fois ici, l'approche relationnelle permet à chaque institution de prévoir ses propres stratégies. Nous nous permettrons cependant quelques conseils.

Un premier conseil est, lorsque l'on rentre en contact la première fois, de créer un lien le plus rapidement possible. Il s'agit, ici, tout d'abord, de vérifier avant toute chose que l'on parle à la bonne personne, puis de vérifier que celle-ci est dans les meilleures conditions pour discuter (il est très important qu'elle ne soit pas sur écoute à son bureau ou en détention, ou qu'elle ne soit pas entourée de ses collègues ou de ses proches, qu'elle ait du temps devant elle et qu'elle soit bien disposée pour discuter. La confidentialité et le confort sont des éléments primordiaux). Si les conditions ne sont pas réunies, on dit simplement à la personne qu'on a des informations non urgentes à lui communiquer et on prévoit un autre rendez-vous.

Une fois la conversation engagée dans de bonnes conditions, **le second conseil** est de susciter l'attention et l'écoute de la personne. On commencera alors par se présenter et présenter le service, en le faisant simplement, mais patiemment. Comme nous l'avons vu précédemment, c'est un exercice difficile qui requiert de l'entraînement et un choix précis de mots. Il faut éviter le plus possible les longues présentations, les titres et descriptions ; il faut aller droit au but de l'appel.

Le troisième conseil est de faire, le plus rapidement, le plus clairement et le plus franchement possible, le lien avec la demande du premier participant (celui qui a initié la démarche), et d'exposer le but exact de l'appel. Pour cela, on commence par une petite mise en contexte. On explique à la personne comment on a obtenu ses coordonnées (par le service, par l'« autre », par une institution), puis on lui annonce, sans tourner autour du pot, que « l'autre » a commencé une démarche, tel jour, pour telle raison. L'« autre » sera, ici, désigné par son prénom et son nom, en aucun cas son statut, sa fonction, ou son lien (on évite à tout prix « votre victime », « votre voisine », « votre agresseur » ou « votre fils »). Arrive le moment clé : il faut expliquer à la personne à qui l'on parle quelles sont les attentes de l'autre et donc, pourquoi on la contacte. Or ici, on devrait avoir déjà préparé, avec le premier participant, la manière d'expliquer la demande. Le médiateur n'utilisera pas ses mots de médiateur à lui. Il utilisera les mots du premier participant, avec lequel il a travaillé la prise de contact. Il tente de rester fidèle à ce dont il a été convenu dans les premiers ateliers de communication. *Il se contente de passer un message*. Il obtient alors les réactions immédiates de la personne.

Le quatrième conseil est déterminant pour la suite : il faut faire comprendre à la personne à laquelle on parle qu'on ne se contente pas de lui transmettre un message, mais qu'on est là pour elle aussi. On *n'est pas là pour parler d'une rencontre possible*, mais pour engager le participant à un atelier de communication. La conversation ne consiste pas à savoir si le participant 2 accepte de rencontrer le participant 1. La conversation a pour objet de permettre au participant 2 d'accepter de rencontrer *le médiateur,* pour parler ensemble *de la demande que 1 vient de transmettre, et de la manière d'y réagir* ;

il n'est pas question de prendre une décision immédiate de rencontrer l'« autre » ou non.

Soit la personne va accepter de rencontrer le médiateur (du moins, montrer une ouverture à obtenir plus d'informations), soit elle va refuser. Souvent, elle peut demander à réfléchir. Dans tous les cas, le médiateur doit se servir du lien qui se crée pour tenter d'installer une forme de confiance. La personne n'a rien à décider à cette étape.

Dans une telle situation, la conversation peut, au contraire, aller très loin et susciter des réactions vives. Il est conseillé de prévoir une rencontre pour en rediscuter. Il est important que la personne comprenne qu'elle a le temps de réfléchir – nous insistons : *réfléchir* à une rencontre possible *avec le médiateur*, et non à une rencontre avec l'autre ! – et qu'elle n'a pas à prendre de décision à ce moment précis. Le médiateur l'invite à un atelier de communication. Le médiateur précise qu'il la rencontre sans que l'« autre » le sache, pour discuter de ses possibilités et obtenir plus d'informations. La personne sait alors qu'au-delà de la demande initiale, le médiateur est là pour elle.

Le cinquième conseil est d'informer la personne sur le processus, et lui expliquer en quoi la justice réparatrice et les ateliers de communication consistent. Il y a des informations à donner ici : que le processus sera confidentiel, privé, gratuit, en fonction des normes institutionnelles en vigueur. Il est important que la personne soit rassurée sur la démarche et comprenne qu'elle n'a pas à prendre de décision ; mais aussi que cette décision de rencontrer le médiateur ne lui coûtera rien, sinon un peu de temps pas désagréable.

Le sixième et dernier conseil est de bien rappeler à la personne, en fin d'appel, les informations importantes qui concernent le médiateur ou le programme : adresse postale, numéro de téléphone, courriel, précision sur les disponibilités, horaires du service. Il faut également prévoir ensemble qui des deux (le médiateur ou la personne) attendra des nouvelles de l'autre et fera la prochaine démarche.

À la fin de l'appel, le médiateur prend évidemment des notes pour pouvoir se rappeler quel jour le contact aura été pris, à quelle heure, pour noter les conditions imposées par la personne, prévoir les démarches à venir ; et surtout, pour se rappeler les mots exacts, ainsi que les attentes, qui auront été formulées.

V. L'organisation des ateliers de communication

Les ateliers de communication sont les moments les plus importants, le cœur des rencontres de dialogue en approche relationnelle. C'est à cette étape que les participants sont le plus susceptibles d'obtenir la forme de réparation à laquelle ils s'attendent ou, au contraire, qu'ils vont découvrir que la réparation envisagée ne sera pas possible et devra être remplacée par autre chose. Ces séances ne sont pas à comprendre comme des séances de « prémédiation ». Elles *sont* de la médiation. La démarche de rencontre de dialogue ne s'achève pas lorsqu'un éventuel face-à-face a eu lieu, mais *lorsque les personnes estiment qu'elles ont obtenu ce qu'elles désirent* et qu'elles *décident d'elles-mêmes de mettre fin au processus.* Il est très fréquent que ce moment survienne durant les ateliers, bien avant la rencontre en face-à-face, et que dès lors cette dernière n'ait jamais lieu. On estime qu'un organisme ou une institution de justice réparatrice, sur 100 dyades qu'il engage en préparation, n'en amène que 10 à 20 % en rencontre face-à-face. Les autres dyades ne se rendent pas jusque-là, ou alors préfèrent bien d'autres modes de communication à distance, indirects, par média interposé. En approche relationnelle, il n'y a aucune gloire à tenter de mettre les personnes en face l'une de l'autre : on reconnaît la qualité d'un service au nombre de personnes qui s'engagent dans les ateliers et qui en sortent satisfaites, non au nombre de personnes qui demandent à participer à des rencontres directes. L'atelier de communication a pour objectifs, pour le participant, de faire un travail introspectif sur sa relation aux événements vécus, de réfléchir à son ressenti, d'explorer ses attentes, finalement de visualiser, construire et se représenter le moment d'échange avec l'autre partie.

Les ateliers de communication commencent directement après les premières prises de contact. Les prochains paragraphes détaillent comment ils devraient idéalement être organisés. Il sera question d'évoquer le nombre et la qualité des médiateurs (1), le nombre de personnes (participants) qui doivent être convoquées (2), le nombre d'ateliers à organiser (3), leur durée idéale (4), puis la manière dont se déroule un atelier (5), et enfin le temps qui doit s'écouler entre chacun d'entre eux (6).

1. Les personnes responsables du déroulement des ateliers de communication

En approche relationnelle, les personnes responsables des ateliers de communication sont toujours les médiateurs eux-mêmes. Aucune autre personne n'intervient en amont (il n'y a pas d'intermédiaires entre le médiateur et les médiés. Le médiateur s'occupe seul de l'entièreté de la démarche, avec chacune des personnes, jusqu'à son dénouement final). Puisqu'en approche relationnelle, le « dénouement » peut intervenir à tout moment de la préparation (et non lors de l'éventuelle rencontre en face-à-face uniquement), les ateliers de communication, s'ils peuvent être décrits comme des moments de préparation, sont en réalité le cœur du programme. Le lien avec le médiateur est donc fondamental et ne saurait s'embarrasser de tiers.

Si une comédiation est exigée, les médiateurs vont toujours ensemble à chacune des rencontres. *Les médiateurs ne profitent jamais du fait d'être deux pour se dédoubler et se diviser le travail*, cela serait complètement contraire aux principes mêmes de la comédiation, et ne permettrait pas de créer le lien qui doit unir médiateurs et participants. De plus, le risque de clivage serait grand ; chacun des participants finirait par avoir son propre médiateur. Enfin, la division des tâches empêcherait l'accès à la majorité des informations, et empêcherait les médiateurs de bien ressentir la dynamique et les attentes de chacun, pour être capables de prendre du recul sur les conditions de sécurité qui s'appliquent aux deux personnes.

2. Les personnes convoquées en ateliers

Idéalement, chaque participant est convoqué individuellement en atelier de communication. Cependant, il arrive que les cas soient complexes et que plusieurs personnes soient présentes.

a) La médiation simple entre deux personnes

Ce cas est le plus fréquent, et le plus simple : deux personnes sont liées par un même événement criminel ou conflictuel. Dans ce cas, les ateliers se déroulent individuellement avec chacun. Le rythme de ces rencontres diffère en fonction de la nature du conflit ou de la gravité du crime. En effet, la personne qui prend l'initiative de la demande de rencontre se montrera sans doute davantage disponible pour des démarches immédiates et impatiente que le processus avance. À l'inverse, on peut s'attendre à rencontrer davantage de réticences et de difficultés de la part de l'autre partie. Dans un tel cas, on pourrait très bien débuter les démarches en atelier avec le participant le plus disponible sans attendre.

Il est important de garder en mémoire que tout le processus de médiation relationnelle part des attentes des individus. Or les attentes de deux personnes ne sont jamais équivalentes, jamais identiques, rarement symétriques ; elles ne prennent pas naissance en même temps.

b) La médiation complexe entre plusieurs personnes

Certaines situations peuvent impliquer de nombreux infracteurs et/ou victimes, comme dans le cas, par exemple, d'une infraction commise par un jeune adolescent. Il se peut ici que les parents se sentent également concernés par l'événement et deviennent aussi parties prenantes. Prenons une situation lors de laquelle un jeune adolescent A est entré par effraction et a volé dans le domicile de ses voisins, profitant du fait que leur fils à eux, B, qui a le même âge, lui avait donné, au nom de leur amitié, le code de sécurité du système d'alarme. Les parents de B, qui connaissaient très bien l'infracteur, pourraient se considérer comme les principales victimes du cambriolage. Leur fils B, se sentant sûrement responsable d'avoir donné les moyens à A de réaliser son coup, se sent victime lui aussi, car trahi. Les parents du jeune infracteur pourraient très bien ressentir de la honte et de la culpabilité devant leurs voisins. Tout le monde serait donc potentiellement concerné par un processus de réparation. Dans une éventuelle démarche, on aurait donc d'un côté un sous-groupe composé de B et de ses deux parents (« victimes ») ; un autre composé de A et de ses deux parents. Il y aurait six personnes incluses dans la démarche.

Dans ce cas, les possibilités sont diverses. En voici quelques-unes. Envisageons le cas du sous-groupe des « victimes » (que l'on se gardera fort de nommer de la sorte en réalité, mais qui permet, ici, de le désigner avec plus de clarté).

- Le sous-groupe « victime » pourrait avoir pour attente d'engager un processus de réparation en famille. Il serait alors convoqué pour un premier atelier collectif, réunissant B et ses deux parents. Cette rencontre servirait essentiellement à prendre note des premières attentes collectives de part et d'autre, puis de dispenser des informations sur le service offert, enfin d'organiser la suite du déroulement des activités et de séances suivantes d'atelier. Il serait possible qu'à cette étape un « dialogue » interne ait lieu, les parents en profitant pour évoquer le fait que leur fils a désobéi en livrant le code du système d'alarme.
- On décide, à l'issue de cette première rencontre, d'organiser une seconde séance en séparant le sous-groupe, car les attentes formulées vont dans ce sens. On découvre alors que les parents n'ont pas les mêmes raisons que B de vouloir s'engager dans le processus : ils désirent parler avec les parents de A autant qu'avec A lui-même, et trouver un moyen de remplacer les objets volés. B, de son côté, peu intéressé par l'objet du vol, veut savoir pourquoi son ami l'a trahi et a abusé de sa confiance en utilisant le code du système d'alarme.
- En creusant les attentes de tous, on pourrait aussi aller plus loin et découvrir des différences dans les attentes du couple même : la mère de B désire être présente surtout pour servir de soutien à son fils et le protéger ; le père de B veut demander des comptes au jeune adolescent, et interroger les parents sur leurs drôles de méthodes d'éducation.
- Le médiateur, en appliquant la technique du *M.A.I.S.*, pourrait alors être invité à envisager une troisième rencontre en séparant chacune de ces personnes ; il pourrait également poursuivre d'un côté avec B, et conserver le couple ensemble de son côté. C'est alors que la donne

change. B et sa mère désirent poursuivre le processus ; le père décide de son côté que sa présence n'est plus nécessaire et renonce à aller plus loin.

- On organiserait alors une dernière séance, en réunissant de nouveau le sous-groupe composé, cette fois, uniquement de B et de sa mère, séance dans laquelle on déterminera aussi s'il s'agit d'aller plus loin et comment : y aurait-il une rencontre avec A ? Lui et ses parents ? À quoi ressemblerait la rencontre ? Aurait-elle lieu en groupe, ou à distance, ou le dialogue aurait-il lieu par médiateur interposé ?
- Les parties décident alors de se rencontrer ensemble, en groupe. Le jour où aurait lieu la rencontre ultime, les deux groupes pourraient être « déséquilibrés » en nombre : d'un côté B et sa mère, de l'autre les trois membres de la famille de A, ou au contraire A tout seul. Cela n'a aucune importance ; ce qui est important *c'est que la forme du groupe et sa composition aient été choisies par les participants, et non par le médiateur*. Les personnes se sont sélectionnées ou désélectionnées en fonction de leurs attentes à elles. Le père de B qui se serait désisté ne serait à aucun moment exclu : on considèrerait simplement que l'issue de sa propre démarche a été respectée.

Ce type de démarche peut s'appliquer à toutes situations et à toutes formes de constitution de groupes, et est tout aussi valable si ce sont des adultes qui sont concernés. Par exemple, le groupe « victimes » peut être composé d'un couple tandis que l'infracteur est seul (un couple homosexuel victime d'une personne qui leur a dit des propos haineux ; un couple de personnes âgées ayant subi de l'exploitation financière par un de leurs neveux ; un frère et une sœur victimisés par l'un de leurs parents), de plusieurs membres d'un même collectif (huit employés contre leur patron ; cinq victimes d'agression sexuelle contre le même abuseur), etc. La dynamique des ateliers de communication est souple à l'infini. On peut également déterminer, à l'issue des ateliers, qu'il convient mieux d'organiser plusieurs face-à-face en dyade (par exemple, deux victimes d'agression sexuelle qui ont subi les gestes du même abuseur voudraient le rencontrer chacune individuellement. On évoque alors avec l'homme la possibilité qu'il accepte de réaliser deux processus différents avec les deux dames, plutôt qu'une seule rencontre réunissant ces dernières). On peut imaginer aussi une infinité de dialogues à distance : par lettre, texto, visioconférence, parfois les deux, ou une méthode différente pour chaque participant. L'imagination des personnes et leurs attentes sont, alors, les seules limites du programme.

Parce que les principes, à savoir la posture et les méthodes de déroulement sur le fond, sont respectés, la forme peut donc devenir libre. Cependant, on gardera à l'esprit qu'il est toujours pertinent, même dans des situations complexes ou de groupe, de tenter de s'entretenir au moins une fois avec chaque personne de manière individuelle. Il est possible, en effet, qu'une personne seule se mette à évoquer des attentes qu'elle n'avouerait jamais devant les autres. Quand on a affaire à un groupe de victimes, il est bien de tenter de les recevoir au moins une fois individuellement en atelier de communication, pour s'assurer que la dynamique de groupe est vraiment quelque chose qu'elles souhaitent, et non qu'elles se sont fait imposer. On sera particulièrement vigilant, à cet égard, à la dynamique parent-enfant. Quand la victime est mineure, ses parents sont bien souvent présents. Il est important que la jeune victime *désire* la présence de ses parents à ses côtés, non qu'elle s'en sente contrainte sans oser le dire.

On remarquera enfin que, dans les cas de groupes nombreux, il est possible que le processus soit très long si on suit la règle de tenter au moins une fois une rencontre individuelle avec chacun. C'est inévitable. Le temps est le prix à payer pour respecter les règles de sécurité imposées par l'approche. S'il est absolument nécessaire d'aller vite pour « médier » un groupe, étant donné, par exemple, une contrainte institutionnelle (une date de prescription par exemple), on doit s'assurer néanmoins de ne pas avoir à faire de compromis. L'hyper-célérité n'a rien de bien réparateur.

c) La rencontre sous forme de cercle

Certains modèles de rencontres de dialogue prévoient comme issue possible une rencontre de groupe, sous forme de cercle. Parfois, ces groupes font intervenir des personnes tierces aux parties directement impliquées. Dans les modèles de cercles autochtones, des membres de la communauté ou des sages sont présents. Dans les modèles de types rencontres détenus-victimes ou rencontres avec des auteurs ou victimes substitués, la présence d'un ou plusieurs membres de la communauté peut être prévue.

Dans ces situations, il faut aussi préparer ces personnes, et les convoquer à des ateliers de communication, même si elles n'ont pas d'attentes aussi déterminantes que les participants directs. On pourra seulement se permettre, à cet égard, des préparations moins longues. Leur contenu sera fortement axé sur l'information ; la question de la sécurité étant moins déterminante. Il restera pertinent d'envisager, même plus légèrement, la question du « Moi » et de l'« Autre » : en tant que personne tierce, en quoi consiste mon rôle sur ce cercle ? Pourquoi suis-je ici ? Est-ce que ma présence risque d'être mal perçue ? Vais-je passer pour un « donneur de leçon » ? Comment les « autres » (victimes ou infracteurs, ou leurs proches) vont-ils réagir à ma présence, et que vont-ils penser du fait qu'un étranger soit invité sur leur cercle ?

3. Le nombre de séances d'ateliers de communication

Le nombre d'ateliers à organiser est assez difficile à prévoir avant que l'on connaisse la personne à médier et sa situation. Il n'y a donc pas de nombre de séances fixes en approche relationnelle. Toutefois, l'expérience permet de fixer quelques balises, qui serviront au lecteur en cas de doute :

- Dans les cas de conflits simples, une ou deux séances d'atelier avec chacune des parties peuvent suffire sans problème.

- Dans les cas d'actes criminels de gravité moindre à moyenne (voies de fait, menaces..., bien que ce ne soit jamais la nature de l'infraction qui en détermine la gravité subjective), les séances d'atelier sont généralement au nombre de trois par personne concernée ; c'est une moyenne assez courante dans l'ensemble des programmes testés.

- Dans les cas de crimes les plus graves (inceste, homicide, actes de haine ou terroriste) il est difficile de travailler avec des personnes en moins de six mois. Une moyenne du temps nécessaire pour la réalisation convenable d'ateliers est d'environ six mois à une année, parfois même deux années. Le nombre de séances à réaliser en individuel peut être variable.

- Pour chaque personne, le nombre d'ateliers peut être très différent, même pour un même conflit. Il est tout à fait possible qu'une victime ait besoin de trois ou quatre séances et que l'infracteur, de son côté, en requière cinq ou six ; ou le contraire. Il ne faut pas hésiter à briser toute apparence de symétrie factice : le médiateur n'est pas neutre, il ne se laisse pas séduire par les procédés de fausse équité de type « trois séances chacun ». Le médiateur est pluripartial : il reconnaît que la préparation de l'un n'est pas calculée en fonction de celle de l'autre. Attention cependant : on doit quand même prévoir de dire aux participants combien d'ateliers on envisage, au moins en moyenne. Il est déconseillé d'y aller en improvisant, du style « on se rencontre aujourd'hui, on verra bien par la suite en fonction de vos attentes ». Il faut préférer : « Nous nous rencontrons aujourd'hui, et nous nous verrons tous les deux mois environ, pendant les six prochains mois. Il est possible que par la suite, une ou deux rencontres soient encore nécessaires. Notre travail ensemble peut durer de six mois à un an ». La personne doit pouvoir prévoir pour s'organiser. C'est très important. Il s'agit là de son bien-être, elle ne doit être confrontée à aucun suspense.

Il a déjà été dit qu'une rencontre face-à-face n'était pas une issue à imposer. Le corolaire d'une telle affirmation, c'est que le nombre de face-à-face, directs, indirects ou par média interposé, qui seront nécessaires, peut être de plus de un. Il peut arriver que pour certaines dyades, il soit demandé, à l'issue d'un premier dialogue (par exemple par média interposé), une seconde rencontre en personne ; plus rarement, une troisième. L'approche relationnelle est souple à cet égard. Si jamais les parties conviennent de plusieurs moments d'échange à deux, c'est possible. Mais le médiateur devra cependant vérifier de manière certaine :

- qu'il s'agit bien d'une situation qui requiert deux ou trois rencontres, et non la conséquence d'un problème dû à une faille dans les ateliers ;
- qu'il ne s'agit pas d'un cas de détournement du processus aux fins de la construction ou du rétablissement d'un lien personnel entre les deux personnes médiées qui ne serait pas congruent avec le programme. Il est proscrit que l'on dédouble les rencontres afin que l'infracteur et la victime profitent du face-à-face pour démarrer une nouvelle relation, ou pour se revoir, ou pour cheminer ensemble encore, et non pour réparer les torts qu'ils ont subis. *Le médiateur doit bien vérifier la concordance et la congruence des attentes des personnes,* en respectant les principes de l'élément de sécurité S.
-

4. La durée d'une séance d'atelier de communication

S'il est affirmé que le modèle doit être souple et adapté aux attentes de chacun, il est très important de se rappeler les paragraphes précédents : la responsabilité du déroulement du programme incombe au médiateur qui assure la sécurité du processus et des participants. Ainsi, la durée d'un atelier de communication sera clairement circonscrite. Un atelier ne peut décemment durer moins d'une demi-heure et il ne peut, non plus, dépasser deux heures. Cela est valable quelle que soit la situation, quelle que soit la personne, quel que soit le type de conflit ou de crime.

La raison de l'existence d'une telle règle est toute simple. En deçà d'une demi-heure, la rencontre ne sert pas à grand-chose ; il est inutile de déranger un participant pour si peu. Si le participant vient voir le médiateur moins d'une demi-heure, c'est qu'il ne s'agit pas d'un atelier de communication, mais tout au plus d'un complément d'information (par exemple, la personne vient pour signifier un changement dans sa situation. Le médiateur devra alors la convoquer un peu plus tard pour travailler sur cette nouvelle information).

Au-delà de deux heures, tout participant est nécessairement fatigué… et tout médiateur aussi. Cette règle est valable, d'ailleurs, dans tout autre domaine que la médiation. Une séance de thérapie psychologique, d'accompagnement social, de rencontre avec un avocat, un médecin ou même un comptable, dépasse rarement une heure. En recherche scientifique, deux heures sont la moyenne que l'on octroie généralement à une période d'observation ou une entrevue qualitative. Dans le cas d'une séance d'atelier de communication de style relationnel, la conversation étant plus profonde et intime, on a généralement besoin de ces deux heures. Mais au-delà, les idées s'étiolent, les décisions se brouillent, les informations s'obscurcissent. N'oublions pas, surtout, ce que l'on demande en termes de posture, au médiateur : une écoute attentive réelle. Le médiateur qui prétendrait donner autant de lui plus de deux heures, sans éprouver de fatigue, serait peu crédible. Il faut savoir arrêter et prévoir un nouveau rendez-vous.

Il est important de prévenir le participant que la séance d'atelier a une durée limitée, que l'on fixera d'avance (on peut l'étirer de quelques minutes, mais pas trop). Si le participant insiste pour rester plus longtemps, il se servira sûrement d'arguments très convaincants : besoin de se « vider le cœur », besoin de soutien… le médiateur devra être compréhensif, mais ferme. Il expliquera le rationnel de sa décision. Inviter les participants à reconnaître leurs propres limites, mais aussi celles du médiateur, et respecter les règles du processus sans les détourner en permanence ou en tester les limites, c'est aussi cela, être bienveillant.

Cette règle des « deux heures maximum » doit encore plus s'appliquer dans le cas où une rencontre finale aurait lieu en face-à-face. Cela est d'autant plus vrai que, cette fois, on se trouve en présence de plusieurs personnes. Il est hors de question de prolonger la séance sans préavis, sous prétexte que l'un des participants désire que ça continue. Il est tout autant proscrit de « laisser les personnes décider », en leur demandant si elles sont toutes d'accord pour continuer. Cela revient à les rendre responsables de tout ce qui s'ensuivra ; cela revient aussi à les forcer à accepter, puisqu'il est peu probable qu'une personne ose dire « non, moi je suis fatigué, je voudrais que ça s'arrête, désolé ». Enfin, les personnes, emportées par la rencontre et les émotions, sont la plupart du temps incapables de voir leurs propres limites et leur propre fatigue. On met fin à la rencontre au bout de deux heures ou deux heures et demie maximum. Au pire, dans certaines situations qui impliquent des enjeux géographiques ou temporels importants, on peut ajouter une période, mais seulement si elle suit une pause significative. On peut imaginer un dialogue de deux heures, une longue pause repas (chacun de son côté), et une reprise pour une période d'une heure à une heure et demie après le repas. À la fin de la journée, si le dialogue n'est pas terminé, on prévoira une seconde rencontre.

5. Le déroulement des ateliers de communication

Lors des ateliers de communication, la discussion entre le participant et le médiateur ne respecte pas une séquence précise, mais se déroule en fonction des attentes et du rythme des personnes. Pour le confort de tous, il est néanmoins possible de prévoir quelques conseils à suivre afin que les ateliers soient plus faciles à organiser.

a) L'accueil

La première chose à prévoir, le jour où l'atelier a lieu, est avant tout l'accueil de la personne. Pour ce faire, il faut prendre un peu de temps. Se présenter, discuter de choses simples : s'enquérir de la manière avec laquelle on s'est rendu sur les lieux, de la météo, de la journée de travail qui vient de s'écouler, du trafic et autres embouteillages. Il faut aussi mettre la personne à l'aise : un verre d'eau ou un café, lui laisser la possibilité de visiter minimalement les lieux. Il faut lui proposer un endroit qui lui convient pour s'assoir. Toutes ces étapes sont nécessaires ; elles ont pour but de mettre la personne dans une situation de confort, et de créer un lien. Le médiateur, ici, n'a qu'un objectif : entrer en relation avec la personne afin qu'elle lui permette de l'accompagner.

b) Le travail en lui-même

Ensuite, le moment du travail véritable commence : c'est le moment d'appliquer le *M.A.I.S.* Il n'existe pas, en approche relationnelle, de séquencement précis des rencontres préparatoires, de type « étape 1, étape 2 ». De telles séquences sont généralement le propre d'autres approches de médiation qui sont centrées sur le travail du médiateur ou le fonctionnement du modèle, plutôt que sur les attentes des participants.

Cela étant, il existe une forme de gradation récurrente dans le séquencement des ateliers. En préparation, on constate qu'il existe trois phases d'appropriation visible du processus. Ces trois phases archétypales s'articulent de façon assez marquée, sans être absolument rigides ou préméditées.

Dans la première « phase », c'est-à-dire le ou les premiers ateliers, le participant qui découvre le processus pour la première fois n'envisage que ses propres attentes à lui. Dans le *M.A.I.S.*, la part du « Moi » est très grande ; la part de la demande d'information (le « I ») l'est aussi. Autrement dit, dans les premiers temps d'ateliers, le participant est souvent très concentré sur ce qu'il vit, ce qu'il a vécu, ce qu'il veut, ce qu'il ressent, ce qu'il attend, et comment il va expliquer tout cela au médiateur. Il est aussi très préoccupé par la compréhension qu'il a du processus : qu'est-ce que le dispositif ? Comment fonctionne-t-il ? Quelles seront les démarches ultérieures ?

Dans une seconde phase, le participant commence à avoir fait le tour du dévoilement des faits et de ses attentes ; il commence aussi à bien comprendre le dispositif. La question de sa sécurité commencera à prendre plus d'importance. Qu'est-ce que le processus va changer dans sa vie et dans celle de son entourage ? Pourquoi fait-il cette démarche, au fond ? C'est généralement à cette étape que le participant découvre si le processus est vraiment celui qui lui convient, et si le moment choisi est le bon. C'est aussi souvent à cette étape que les décisions d'aller plus loin se prennent, le cas échéant.

Quand il entame la troisième phase de son cheminement, c'est que le participant est déterminé à continuer et à envisager un dialogue. À ce moment-là, il maîtrise totalement son « Moi », ses « Informations ». L'« Autre » se met d'un coup à prendre toute la place, la dimension de la sécurité à cet égard aussi se précise. L'autre, que veut-il ? Que va-t-il dire, comment va-t-il réagir ? Quelles questions va-t-il poser, lui ? Devrais-je le voir en personne, ou est-ce mieux de trouver un moyen de dialoguer à distance ?

Quand le participant n'est plus concentré que sur l'autre et sur la sécurité du dispositif, et que l'importance des autres dimensions s'étiole, le médiateur sait alors qu'il est prêt à se rendre à un dialogue. La rencontre directe ou indirecte peut être organisée en toute sécurité (à condition, bien sûr, que l'autre participant en soit également arrivé au même point).

Précisons que les phases décrites ici sont des phases abstraites et que leur contenu n'est jamais aussi bien délimité. Même lorsqu'une dimension semble prépondérante, les autres aspects du *M.A.I.S.* continuent d'être à l'œuvre. Nous pouvons illustrer cela dans la figure suivante.

Figure 6 : les phases idéales-typiques de la préparation

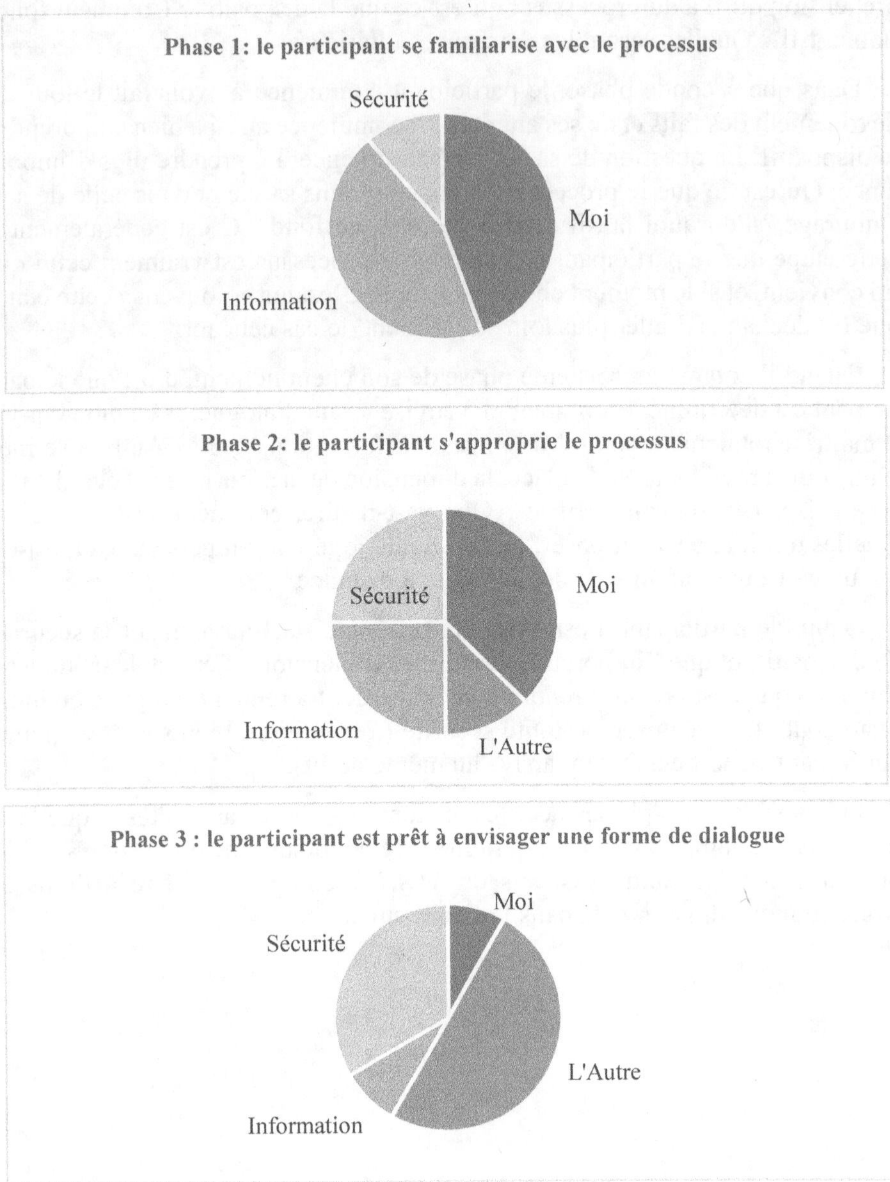

6. La fin d'une séance d'atelier

À la fin d'une séance, et avant de laisser le participant rentrer chez lui, le médiateur aura prévu de consacrer un peu de temps pour mettre fin à la rencontre en toute sécurité.

- Il s'enquiert du confort de la personne à l'issue de la séance. Comment se sent-elle après la rencontre d'aujourd'hui ? A-t-elle des questions ? Qu'a-t-elle pensé du travail accompli ensemble ? Ensuite, il annonce la prochaine rencontre. Quels éléments va-t-on aborder ensemble la prochaine fois ? À quelle date prévoit-on de se rencontrer de nouveau ? Dans quel lieu, dans quelles conditions ?
- Il s'enquiert de la manière dont va être mis à profit le temps qui s'écoulera d'ici la prochaine rencontre. Comment la personne va-t-elle organiser son quotidien d'ici là ? À qui va-t-elle raconter ou non sa démarche d'aujourd'hui ? Comment peut-elle se préparer à la prochaine rencontre de préparation ? Ici, le médiateur peut même prévoir avec la personne une liste de tâches éventuelles qu'elle-même a décidé de faire, comme en parler avec son conjoint, préparer un questionnaire, rencontrer son thérapeute. Dans certaines situations, le médiateur et la personne ne prévoient rien de précis entre deux rencontres.
- Il prévoit une petite liste ou un petit bottin de ressources, au cas où la personne aurait besoin de soutien ou aurait des questions dans le temps de latence avant la prochaine rencontre. Peut-elle contacter le médiateur pour lui parler si elle a des questions ou si ça ne va pas ? Si ce n'est pas possible, qui peut-elle contacter à la place ? Quels sont les recours possibles en cas d'urgence ?
- Vérifier des points de sa sécurité immédiate. Par quel moyen rentre-t-elle chez elle ? Qui va l'accueillir à la maison tout à l'heure ? Que va-t-elle faire ce soir ?

La sécurité morale de la personne sera, de cette manière, totalement assurée jusqu'à la séance prochaine.

Une fois que la personne est partie en toute sécurité, le médiateur prendra un temps, seul (ou avec son comédiateur) pour faire le point sur la séance qui vient de se dérouler. Il prendra en note ce qu'il a retenu des attentes de la personne, en respectant le plus fidèlement les mots de cette dernière. Il prendra le temps de faire le point sur le dispositif dans ses aspects institutionnels ou techniques éventuels. Il prendra aussi le temps de prendre des notes sur la troisième dimension de la sécurité : concordance, congruence des attentes.

7. Le temps écoulé entre deux séances d'atelier

Le temps idéal qui doit séparer deux séances d'atelier est variable. Il dépend de chaque personne et de chaque situation. Nous avons cependant observé qu'une durée de deux semaines entre deux rencontres est minimale, pour les cas de conflits moins graves. En cas de crimes graves, ne pas hésiter à séparer les séances d'un, deux ou même trois mois. Ce temps est nécessaire pour que la personne prenne du recul, change d'avis, consulte les siens, intègre le processus dans sa routine quotidienne.

Il est tout à fait déconseillé de rapprocher des séances pour aller plus vite, quels que soient les délais impartis et quelle que soit la nature du conflit. Une telle position n'a pas à être discutée ici : prévoir des ateliers rapprochés dans le temps pour satisfaire à un objectif de célérité est contraire aux principes les plus fondamentaux de l'approche relationnelle, en ce sens que cela pousse à la rencontre. La responsabilité de toute dérive de ce type incombe à l'institution qui prend la décision de sacrifier le bien-être des participants au profit d'une échéance : elle n'est pas en rapport avec les principes ou l'opérationnalisation de l'approche relationnelle.

VI. L'organisation du dialogue

Bien qu'en approche relationnelle on estime que de très nombreuses personnes engagées n'auront pas besoin de se rendre jusqu'au dialogue final pour obtenir la réparation souhaitée, il est important de décrire le déroulement d'une rencontre en face-à-face.

1. Le format de l'échange

À l'issue des ateliers préparatoires, le médiateur fait le bilan, à l'aune des critères de concordance des demandes des parties et de congruence de ces demandes avec le programme, de ce qu'il peut envisager comme réparation. Il peut désormais commencer à déterminer avec les participants quel sera le format de dialogue le mieux adapté à leurs demandes.

Dans les deux premières parties de cet ouvrage, il a été mentionné le fait que l'approche relationnelle se déclare opposée à l'hégémonie de la rencontre en face-à-face. La parole n'est pas toujours le meilleur moyen de communiquer. Toutes les personnes ne sont pas au meilleur d'elles-mêmes quand elles parlent. Certaines sont plus à l'aise à l'écrit ; pour d'autres c'est la musique qui leur permet de communiquer, ou le dessin, le mouvement corporel, le silence. Certaines sont à leur meilleur quand elles réagissent « à chaud », pour d'autres, le recul est nécessaire et le sens de la répartie est un défi. Pour chacun, la méthode de communication idéale diffère. Car la communication *n'est pas* le langage. Le langage *n'est qu'un moyen* parmi d'autres de communiquer. Or une rencontre en face-à-face exige de mobiliser la parole, ce qui requiert une compétence que tous ne maîtrisent pas, du moins pas avec la même aisance. Lorsque l'on a travaillé des mois pour un « moment », il est important que ce « moment » se matérialise dans le plus grand des conforts. Si l'important est l'échange d'un message, il ne faut pas que le stress de « dire à l'autre en face-à-face » devienne un enjeu plus grand que le message en lui-même.

Il y a plus important. Si encore le face-à-face n'avait pour enjeu que la parole, le tout resterait gérable. Mais quand deux personnes qui se redoutent se voient (ou se revoient), bien d'autres sens viennent complexifier le message qui s'échange. À quoi ressemble l'autre, comment il est habillé, la mine qu'il a, l'attitude qu'il a, et même le lieu dans lequel se tient la rencontre (imaginons une prison). Ici, informations visuelles, olfactives, voire kinesthésiques viennent prendre toute la place. Elles deviennent *plus importantes que la parole* ; qui elle-même avait *déjà pris le pas sur le message*.

Tout cela doit être bien préparé, et doit bien rester à l'esprit des médiateurs lorsqu'ils conviennent avec les personnes de la meilleure manière de réaliser un dialogue éventuel. Pour des fins de clarté, nous allons désormais, et pour plusieurs paragraphes, prendre l'exemple suivant : la personne « V » a été victime de violences causées par « I ». V est utilisé ici pour « Victime », I pour « Infracteur ». Que le lecteur nous pardonne : il ne s'agit pas ici d'étiqueter des personnes ou de reproduire des clichés, mais bien de rendre les prochains paragraphes compréhensibles. Nous simplifions, et ne donnons pas de contexte particulier à la nature du différend. V et I ont participé tous deux à des ateliers de communication pour entrevoir leurs attentes et la forme de réparation qu'ils désirent. À l'issue des ateliers de communication et du travail sur le *M.A.I.S.*, les deux personnes, V et I, s'entendent sur des attentes communes : V désire ressentir que I regrette ses gestes ; I désire dire à V qu'il regrette ce qu'il a fait et veut exprimer ses remords. Ici, les attentes sont concordantes entre elles et congruentes avec le programme. Il est donc possible d'aller de l'avant. Il reste à savoir comment cet échange va être opérationnalisé.

Puisque les deux parties s'entendent sur la question du remords, le médiateur serait tenté de dire ici : « Parfait, organisons une rencontre ! ». C'est que nous appelons, en médiation relationnelle, l'hégémonie du face-à-face : pourquoi donc la seule solution pour V et I serait de se voir en personne ? Pourquoi une rencontre en personne serait-elle plus adéquate pour exprimer des remords ?

Lors des ateliers de communication, le médiateur et les personnes qu'il accompagne ont appris à se connaître, en particulier grâce aux travaux exploratoires du « Moi ». Le médiateur en sait donc davantage sur la manière dont les personnes s'expriment. Comment communiquent-elles le plus souvent avec leurs proches, ou avec le médiateur lui-même ? Sont-elles des personnes de téléphone, de texto, de vis-à-vis ? Le médiateur explore avec chacune d'elles tout cela.

Les mesures de dialogue non simultané

La première question qui se pose est la suivante : est-ce que les parties désirent dialoguer en simultané ? Est-ce qu'il est important qu'à une question de V, il soit possible que I réponde *immédiatement, directement*, et sans prendre le temps de réfléchir en profondeur ? À cette question, les parties pourraient bien répondre que non. Par exemple, V pourrait très bien avoir le désir que I *formule des excuses de son plein gré*, mais ne pas avoir envie de donner l'impression de venir les quémander. V a enfin peur que, s'ils se voient, I n'en profite pour l'humilier ou prendre le dessus une nouvelle fois, au lieu d'exprimer les remords prévus. Le médiateur, ici, doit prendre une posture d'acceptation inconditionnelle et écouter attentivement la demande de V. Il ne doit ni la diagnostiquer ni la juger.

Une rencontre non simultanée serait probablement plus appropriée : I pourrait commencer à exprimer ses regrets par un message, s'il est d'accord. V aurait le temps d'analyser le message, de préparer une réponse ou une réaction et la renvoyer à I. Ici, toutes les formes de communication non simultanées seront privilégiées : des lettres, des courriels, une boîte postale, etc.

Une fois décidé que le dialogue ne sera pas simultané, on peut ensuite se poser la question du nombre de sens que l'on désire mobiliser. Par exemple, I, qui se dit d'accord pour commencer à s'exprimer dans un dialogue non simultané, trouve néanmoins important que V entende sa voix, car il veut pouvoir lui montrer qu'il regrette sincèrement, et il voudrait que V le ressente. I a un autre problème : il ne se trouve pas très brillant à l'écrit. Il a peur qu'écrire une lettre ou rédiger un message lui soit très pénible. Il voudrait donc, pour ces deux raisons, pouvoir s'exprimer à l'oral. V est d'accord. On pourra proposer à V et I, ici, un véhicule vocal non simultané. Les moyens technologiques permettent toutes sortes de possibilités : un enregistrement vocal sur dictaphone, ou sur boîte vocale, sera une solution idéale.

Une fois cela réglé, on peut ajuster à l'infini la liste des possibles : par exemple, si I ne veut pas seulement que l'on entende sa voix, mais que l'on voie aussi son visage, on pourra proposer une capsule vidéo. Il sera même possible de proposer à l'un de communiquer par vidéo, mais de permettre à l'autre de répondre par lettre.

On gardera, en dernier recours, la possibilité d'utiliser la médiation par navette : c'est le cas quand aucune des deux personnes ne désire de contact, pas même non simultané. Dans ce cas, par exemple, V veut savoir si I regrette ses gestes, mais ne veut absolument plus ressentir la présence de I dans sa vie, ni de près ni de loin, ni par lettre ni par audio, encore moins par vidéo. Ici, le médiateur pourra alors proposer de passer le message lui-même, entre l'un et l'autre. Ce cas est une solution de dernier recours, car elle est celle où le dialogue risque le plus d'être corrompu ou déformé par le médiateur. Cela étant, parfois, le risque de reformulation est aussi la solution la moins mauvaise. V pourrait très bien dire à son médiateur « Je veux que tu ailles voir s'il regrette. Mais surtout, ne me raconte pas comment il est, à quoi il ressemble, je ne veux rien savoir de lui ». Le médiateur pourra alors revenir avec l'information brute. Il s'agit d'une solution qui est parfois appréciée dans des cas où les parties se trouvent dans des situations extrêmes de haine ou de déséquilibre des pouvoirs, et où le transfert direct, même non simultané, est une cause de peur ou d'inconfort pour l'un et l'autre.

Les mesures de dialogue simultané

Il arrive de nombreux cas de figure où au contraire, les personnes recherchent un dialogue simultané, plus immédiat. Dans ce cas, on n'en déduira pas davantage que la rencontre en face-à-face est la meilleure solution. L'on reprendra le raisonnement concernant le nombre de sens que l'on désire mobiliser. Désire-t-on un dialogue en direct, mais avec le moins de contact possible, et aucun autre sens mobilisé que notre cerveau ? Ici, ce qu'on cherche, c'est la communication, mais sans la voix, sans le visuel, sans le contact personnel. On peut donc proposer le dialogue par textos, par clavardage en utilisant un réseau social privé, ou autre. Si on veut rajouter à cela le ton de la voix, alors on peut penser au téléphone ou à son équivalent. Rajouter le visuel permettra l'accès à des visioconférences. Si l'on privilégie *in fine* la rencontre en personne, on ne manquera pas de travailler l'ensemble de tout ce qui risque de mobiliser les sens de chacun : visuel, langage du corps, possible contact physique (se serrer la main par exemple), souvenirs olfactifs (parfum). Par ailleurs, on se gardera d'oublier que la rencontre physique implique bien plus que la présence de l'un et l'autre : elle implique un lieu (qui risque d'être plus ou moins confortable), elle implique également un déplacement.

Il n'y a pas de loi ou de règle qui explique pourquoi deux personnes voudront être mises en contact ou non. Il n'appartient pas au médiateur d'en juger. Pour certaines, le face-à-face implique de pouvoir se confronter visuellement, ou pouvoir percevoir le ton, la voix, les émotions. La rencontre en personne est donc très importante. Pour d'autres, c'est le contenu de la démarche qui est importante, et d'autres moyens seront privilégiés. Les auteurs de cet ouvrage ont, en carrière, été confrontés à toutes sortes de situations : des personnes en conflit à cause d'un petit vol d'un montant dérisoire, et qui ne voulaient ni l'un ni l'autre se donner la peine de se rencontrer en personne. Des parents d'enfants assassinés pour lesquels la confrontation avec le meurtrier était déterminante. Des personnes qui n'ont jamais vu leur agresseur (parce qu'il a frappé au hasard) et pour lesquelles il est important de savoir à quoi il ressemble ou comment il se comporte. Des personnes ayant vécu ensemble des années qui, après un crime survenu entre eux, ne désirent plus jamais avoir le moindre contact, et espèrent que le médiateur pourra faire une navette de communication avant qu'ils puissent couper les liens pour toujours.

À ce stade, le médiateur relationnel ne doit jamais pousser dans un sens ou un autre. Il doit laisser les parties décider, en les guidant par l'exploration ou la scénarisation, et les laisser entrevoir quelles sont les forces et limites de chacune des démarches possibles. Il vérifie ensuite que les attentes des deux parties sont concordantes, car il est possible que l'une désire très fortement affronter le regard de l'autre, mais que ce sentiment ne soit pas du tout réciproque. Les ateliers de communication permettent alors un travail en profondeur sur l'ensemble des possibles.

Les moyens, les locaux

Quel que soit le moyen choisi pour communiquer, ce « moyen » deviendra un sujet à part entière, presque une troisième personne présente dans l'échange. Tous les moyens ont leurs enjeux, leurs lots d'avantages et d'inconvénients. En voici quelques-uns : un SMS ? Cela s'efface, disparaît, devient difficile à stocker. Cela ajoute des possibilités de malentendus, car l'expression par bribes de mots ne permet pas un échange détaillé. La vidéo ? La lettre ? Ce genre de médium a le défaut contraire : ils imposent à la personne qui les reçoit de les préparer longuement, voire de les refaire plusieurs fois. Tous ces outils imposent à l'autre partie de savoir quoi en faire après. Va-t-on garder précieusement une lettre, une vidéo ou un texto de son agresseur ? Devrait-on décider, au contraire, de les jeter ? La rencontre en personne, de son côté, pose la question du lieu. Il faut faire attention, car certains lieux sont facilement connotés (les bureaux des institutions sont trop formels, les chapelles des prisons et autres parloirs sont connotés). Le jour de la rencontre, le médiateur devra aussi arriver en avance et tout préparer : consignes de sécurité, température de la pièce, luminosité, tranquillité, disposition des chaises, proximité des toilettes, lieux ouverts pour permettre une pause aux fumeurs... Il faut aussi déterminer lequel des participants arrivera en premier dans la salle, où chacun va s'installer.

2. Les premiers mots du médiateur

Le médiateur est présent le jour du dialogue ultime, que l'échange prenne la forme d'un face-à-face ou ait lieu par média interposé. Le jour J, c'est dans tous les cas lui qui commence et qui parle en premier. Se pose donc la question de ses « premiers mots ».

Il est très amusant de voir combien cette question préoccupe les médiateurs, et pas du tout les participants. Ce paragraphe sera très court : ce que dira le médiateur doit être simple, minimaliste. Il n'y a pas de consignes, si ce n'est de savoir accueillir les gens et les mettre à l'aise.

Le médiateur n'aura pas à fournir d'effort particulier lors de cette phase ultime, pour deux raisons simples. La première est que tout est censé avoir été travaillé en ateliers de communication. Si on est en face-à-face, on a déjà prévu qui va commencer et comment ; le médiateur n'est là que pour guider et rappeler. Si on reçoit une lettre, le médiateur est encore là uniquement pour rassurer et accompagner. Il suffit donc, dans un cas comme dans l'autre, de quelques mots d'accueil bienveillants. Le médiateur, par son ton et son attitude, installe ainsi le climat d'échange et invite à la suite. Il est très important, ici, de ne pas trop en faire.

La seconde raison, c'est qu'à ce stade, les participants n'écouteront rien de ce que dira le médiateur, impressionnés qu'ils seront de se voir en face, ou de se lire, ou de s'entendre. Tout au plus percevront-ils le ton de la voix. Le médiateur rassure donc surtout par sa présence, son savoir-être. En parlant le premier, il rappelle qu'il est là comme garant de la sécurité et comme accompagnant ; qu'à aucun moment il n'abandonnera les personnes à leur sort, ni physiquement ni moralement, et qu'elles pourront compter sur lui.

3. Le déroulement du moment de « dialogue »

Si les principes qui ont été développés dans les parties précédentes sont bien compris et maîtrisés, alors le lecteur ne sera pas surpris de voir, en ce paragraphe, le plus simple de cet ouvrage. Si tout se passe comme prévu, le médiateur n'a quasiment plus rien à faire de proactif à cette étape. Si les personnes ne dialoguent pas en direct, le médiateur se contente d'être présent pendant qu'elles prennent connaissance des messages. S'ils sont en face-à-face, le médiateur les laisse dialoguer.

Cependant, le médiateur reste bien là, à chaque instant. Son rôle est loin d'être terminé. Il sera, en effet, le seul des trois personnes qui va se rappeler exactement tout ce qui aura été dit et formulé dans les ateliers de communication. Le médiateur aura donc pour rôle, très subtilement et sans prendre de place, de leur rappeler leurs attentes initiales si jamais tout ne se passe pas comme prévu. Non, il ne s'agit pas de pervertir le dialogue en imposant des règles. Expliquons.

Imaginons une rencontre en face-à-face entre deux personnes, A et B. Il était prévu que A commence à parler en premier. Si B prend la parole de son plein gré, en oubliant l'entente de départ, le médiateur pourra rappeler avec douceur « je crois qu'il était prévu que A commence. Est-ce que cela convient toujours ? » Si A et B décident de changer de stratégie, ils pourront le faire, mais si jamais ce n'est pas le cas, il suffira à la partie qui désire rectifier la situation de s'appuyer sur le médiateur pour ce faire.

La question se pose de savoir si le médiateur doit animer la conversation. La réponse est non. Par contre, cela ne signifie pas qu'il est absent. Il écoute encore attentivement, et fera des relances appropriées, sans utiliser les techniques de communication classiques, qui ont été mises de côté déjà dans les parties précédentes de cet ouvrage. Il a cependant pour devoir de rester le gardien et le garant des attentes des deux personnes telles qu'elles avaient été travaillées dans les ateliers de communication. Le médiateur s'assure, en cas de changement majeur entre ce qui était prévu et ce qui se passe réellement, de vérifier si ces changements sont délibérés ou au contraire le signe que les participants sont perdus. Prenons un exemple. Il arrive souvent qu'en rencontre face-à-face, la personne X ait prévu une longue liste de questions à poser à son vis-à-vis. Mais au fil de la rencontre, elle les laisse de côté et ne les aborde pas. Ici, le médiateur vient en renfort, de manière non intrusive. Il peut dire : « X, êtes-vous certain d'avoir pu poser toutes les questions que vous aviez prévu de poser ? ». La personne sentira que le médiateur lui tend la main. De deux choses l'une. Il se pourrait bien, effectivement, que X ait changé d'avis : sous le coup de l'émotion, ou étant donné le déroulement de la rencontre, il ne désire plus poser ces questions-là. À ce moment, il pourra simplement répondre « Non, je n'avais plus de questions, tout est parfait comme cela ». Le médiateur saura alors qu'il est en contrôle de sa nouvelle décision. Mais il se peut aussi que la personne ait oublié, sous le coup de l'émotion, qu'il devait poser d'autres questions, ou encore qu'il ait été intimidé et n'ose plus les poser. Dans ce cas, la relance du médiateur lui sera d'une grande aide pour retrouver la mémoire, et sera comme une épaule sur laquelle s'appuyer. Le médiateur, s'il sent à ce moment une nouvelle hésitation, peut aller un peu plus loin : « puis-je vous aider à poser une nouvelle question » ? Ou si la personne hésite encore et lui lance des appels du regard : « Je me rappelle qu'il y a quelques semaines, vous m'aviez parlé de tel questionnement ».

En ce qui concerne le déroulement de la conversation, celle-ci est toujours libre, mais *elle n'est jamais improvisée* puisque les parties l'auront préparée à l'avance au sein des ateliers. D'expérience, nous observons néanmoins que, très souvent, la conversation prend une forme récurrente : cette forme de dialogue a été identifiée dans des écrits scientifiques, notamment ceux de Jean-François SIX [1]. Les personnes abordent souvent en premier le passé (ce que j'ai vécu, ce que tu m'as fait), puis le présent, l'un et l'autre exprimant souvent une sorte de curiosité sur leurs vies (ce que tu vis en ce moment, comment est

1. J-F SIX, *Dynamique de la médiation.* Paris : Desclée de Brouwer, 1995.

la vie en prison, as-tu des enfants), puis en dernier le futur (vas-tu recommencer ? Que feras-tu de ta vie maintenant). Le dernier élément de la discussion permet le plus souvent d'envisager le futur, en ayant une meilleure compréhension de la situation, en communiquant la décision, en trouvant un accommodement ou une solution concrète s'il y a lieu.

4. L'accord, le gage de réparation, les engagements ou les « cadeaux »

L'approche relationnelle ne prévoit pas de garantie matérielle de réparation. Cependant, cette avenue reste totalement possible et le modèle est assez souple pour le permettre, à la condition qu'elle ait été, comme tout le reste, envisagée durant la tenue des ateliers de communication. En fonction des situations et des attentes des participants, il pourra donc y avoir, à la toute fin de la rencontre, une résolution concrète de la part des participants, telle qu'une réparation matérielle (financière), la signature d'un engagement, le règlement d'un accord. Cela survient souvent dans les formes de médiations urbaines, sociales ou citoyennes, et l'approche relationnelle n'est aucunement incompatible avec de telles modalités.

L'échange de « cadeaux » (dons symboliques étant une formulation plus appropriée) est également possible. Dans les cas où aucune attente de type règlement ou accord n'est attendue (dans les crimes graves par exemple), certains participants envisagent néanmoins de s'échanger quelque chose ; parfois réciproquement, parfois de manière unilatérale. Simple souvenir, gage de vérité, engagement ou promesse ; de tels symboles, s'ils sont généralement envisagés avec dégoût dans les premiers instants de la démarche, sont souvent plus populaires vers la fin des rencontres. Ils sont l'apanage des rencontres de groupe ou en cercle, et il faut rappeler qu'ils restent très rares en rencontres face-à-face entre deux personnes, encore plus rares lorsque les rencontres ont lieu à distance ou avec l'aide de moyens de communication non simultanés. L'approche relationnelle permet en tous les cas ce genre de procédés, à condition qu'ils aient, eux aussi, été explorés et scénarisés dans la manière avec laquelle ils transigent entre l'un et l'autre (avec simultanéité ou pas, réciprocité ou pas).

Pour terminer, rappelons que l'approche relationnelle, intraitable sur le fond en ce qui concerne la sécurité des personnes, permet, une fois bien maîtrisée, toutes formes d'assouplissements de forme. Bien entendu, au départ, le dispositif est pensé pour être appliqué dans un contexte totalement épuré : pas d'outils, pas d'accord, pas de rapport final, pas d'objets symboliques, pour donner toute la place au dialogue. Mais il est des situations où le contexte de la rencontre appelle bien des colorations pratiques, en fonction des goûts, des institutions, des nations, des attentes. On croisera de temps en temps quelques programmes qui, tout en restant fidèles à l'approche relationnelle sur le fond, se sont autorisés, sans problème, des adaptations personnalisées sur la forme, et on a déjà observé :

- la rédaction systématique, voire plutôt imposée, dans certains programmes, d'un rapport de médiation à la fin des rencontres ;
- la présence, dans les échanges, d'objets ou outils symboliques de toutes sortes, allant du bâton de parole aux émanations odorantes (dans des cérémonies spirituelles d'ouverture, par exemple les cérémonies des Premières Nations qui commencent par une purification), en passant par le recours à des textes, dessins, travaux manuels ou autres ;
- la présence, sur les cercles de discussion ou dans le face-à-face, de personnes tierces aux parties, par exemple un agent de sécurité ou de probation ; un ou plusieurs sages ou aînés autochtones ; un ou plusieurs membres de la société civile ; et même, pourquoi pas, un stagiaire ou un visiteur institutionnel accepté par les parties ;
- un choix particulier en termes de lieux de rencontres : pour certains participants, l'idée d'être enfermé dans une pièce stricte et close a peu de sens. Il est tout à fait possible, en fonction des attentes, d'organiser des rencontres en pleine nature autour d'éléments symboliques ou traditionnels, d'ailleurs souvent dans des paysages vastes et superbes (cela est fréquent dans le cas où les médiés proviennent de nations autochtones).

Le principe reste néanmoins de penser chaque situation en tâchant de ne pas dénaturer le modèle central (donc, savoir distinguer le *cœur du dialogue* du *contexte opérationnel* dans lequel il est appliqué).

5. La conclusion de l'échange

Que se passe-t-il à la fin d'une séance de dialogue ? Que celui-ci prenne la forme d'une rencontre en personne ou au contraire de la lecture ou de l'écoute d'un document, arrive le moment où il faut clôturer la séance. L'occasion est belle, ici, pour le médiateur, de faire des bévues : nombreux sont ceux qui auront pour réflexe de tenter de résumer la rencontre, de dire des phrases toutes faites, de mettre en mots les émotions vécues. Le médiateur doit absolument se retenir de le faire. Il doit aussi s'abstenir de demander à la personne de faire elle-même un exercice de la sorte (résumer, ou clôturer, ce qui pourrait avoir pour effet de tout gâcher). À la fin d'une rencontre, on en dit le moins possible, à part les mercis et les au revoir qui s'imposent éventuellement (et encore, pas toujours). Si jamais le médiateur est mis à contribution, le mieux est alors qu'il fasse une démarche contre-instinctive : qu'il prenne la parole lui-même, pour parler de ce qu'il a vécu lui, personnellement. Il peut alors dire comment il se sent lui, en tant que médiateur, et prendre le temps de remercier les personnes. Cela permettra aux participants de conserver leurs derniers mots à eux, leurs sentiments à eux, sans les dénaturer. Cela permettra aussi de clôturer la rencontre sans leur en donner la responsabilité, et de redéfaire doucement le lien créé nécessairement entre les personnes (ou entre la personne et la lettre qu'elle a reçue), pour la ramener dans la réalité après un tel moment.

a) Immédiatement après le moment d'échange

Après un dialogue, direct ou indirect, simultané ou non, il est nécessaire de ne pas renvoyer les personnes directement chez elles, mais de leur proposer un petit moment (une trentaine de minutes suffisent normalement) afin de créer un « sas » entre le moment du dialogue et le moment où la personne se retrouvera seule avec elle-même. Ce « *debriefing* » ou « retour » consiste en un moment individuel entre le médiateur et chacune des parties une fois de nouveau séparées. Il permet à chacune de libérer ses propres impressions sur le dialogue, mais aussi de faire le point sur ce qui a été dit ou entendu. Il permet au médiateur de vérifier dans quel état la personne s'en va et d'assurer sa sécurité jusqu'au bout. Bien sûr, le médiateur reste à l'affût de tout signe de détresse de la part d'un participant, et agira en conséquence.

Après un dialogue, dans tous les cas, les participants doivent se séparer et s'en aller - s'en aller du dialogue, s'en aller de la démarche et reprendre leurs vies. Le lien se défait. Il est important que le médiateur les raccompagne, physiquement et symboliquement, dans ce moment délicat. À cette occasion, il faut rassurer chaque personne dans ce qu'elle aura vécu au cours du dialogue. Il se peut qu'une conversation entre le participant et le médiateur débute alors. On peut échanger sur ce que l'on a compris : « Quand il a dit cela, qu'avez-vous compris » ? Le médiateur ne donnera pas son avis, mais il pourra préciser ce qu'il a entendu : « Lorsqu'il a dit ça, moi je n'ai pas tout à fait entendu la même chose que vous. Je me rappelle qu'il a dit ça. Et vous ? » Ici, il ne s'agit pas d'influencer, mais tout simplement de comparer des impressions. Le médiateur reflètera le plus possible ce qu'il aura entendu. Le participant aussi. Le médiateur n'interprétera *en aucun cas les mots* qui auront été dits. Il ne se contentera que de les rapporter le plus fidèlement possible.

Une autre conversation peut ensuite débuter, et qui aura pour objet le moyen choisi par la personne pour rentrer chez elle (vient-on la chercher ?), ce qu'elle fera ce soir et demain. Mais attention : ces conversations ne s'improvisent pas en séance de *débriefing* : elles auront été préparées longuement, à l'avance elles aussi, durant les ateliers de préparation. Le médiateur vérifie simplement dans quel état la personne se trouve, et si le plan de retour fonctionne toujours dans ces conditions.

b) Les suivis ultérieurs

Il est conseillé, à l'issue d'un dialogue, de convoquer une dernière fois chacun des participants dans un ultime post-atelier en individuel. Nous conseillons de l'organiser dans les trois semaines ou le mois suivant le dialogue, au plus tard.

C'est l'occasion d'explorer une dernière fois avec la personne les différentes dimensions du dialogue qu'elle a vécu, et de revisiter ce dont elle se rappelle. Enfin, il faudra dire au revoir aux participants, une bonne fois pour toutes. L'objectif de tout le processus c'est, à terme, que les personnes reprennent leurs vies.

Il est très important de préciser ici que cette séance n'est en aucun cas une séance d'intervention lors de laquelle on va s'enquérir de ce que la personne va faire, ou va devenir, désormais. Il n'est pas question non plus, surtout pas, d'en profiter pour lui demander exactement comment le dialogue a modifié, ou non, sa vie, si la justice réparatrice a changé quelque chose dans son parcours… *ce sont des préoccupations qui appartiennent au médiateur, pas au participant*. Le médiateur se concentre simplement sur ce que la personne a envie de se rappeler et il fera attention de ne pas ramener le réflexe de l'expert qu'il aura, si sagement, évité tout au long du processus. À la fin, comme au début, le médiateur écoute ; il n'anticipe pas, il ne suggère pas.

Si la personne a besoin de prévoir des étapes pour la suite, elle rappellera le médiateur plus tard de manière proactive. Il peut arriver que dans les semaines qui suivent le dialogue, les participants aient besoin d'entreprendre d'autres suivis, soient référés à d'autres services (aide aux victimes par exemple) ou s'assurent de la tenue de l'accord conclu en médiation. Mais ce seront elles qui iront alors à la rencontre du médiateur, et non le contraire.

Cette section avait pour objectif de rendre concrets quelques conseils d'opérationnalisation du modèle relationnel. Avant de conclure, il reste à mentionner humblement quelques-unes de ses limites. Plutôt que de les considérer comme des défauts, nous aimons mieux les percevoir comme des points qui pourraient être améliorés : nous les qualifierons donc de défis.

Section 2 : les défis de l'approche relationnelle

Comme tout modèle, l'approche relationnelle possède ses propres limites, qui doivent être mentionnées. Ces limites seront l'objet des prochains parag

raphes, et elles ont toutes une seule et même cause. L'approche se fonde, et se fond, aux attentes des personnes qui entendent en bénéficier, qu'on les nomme parties, usagers, victimes ou infracteurs. Or cela a pour conséquence de rendre plus complexes quelques enjeux. Le premier d'entre eux, et le plus évident est celui de la formation imposée, de fait, aux médiateurs ou intervenants qui revendiqueront une pratique de style relationnel, a fortiori de l'information des partenaires sur les principes de l'approche (I). Le second est un enjeu bien délicat lui aussi : celui de l'évaluation des résultats des programmes de style relationnel (II).

I. Les défis inhérents à la formation des médiateurs

Pour endosser la posture du médiateur relationnel, il faut délivrer un certain nombre de garanties permettant de se revendiquer comme tel. La première de ces garanties est de répondre aux standards de qualification de l'intervention sociale. Le mariage arrangé entre logique réparatrice (en l'espèce relationnelle) et travail social vient, au Québec, de la tradition psychoéducative, en justice pour les adolescents, et est très certainement inédit [1]. Aux États-Unis, le rôle joué par les travailleurs sociaux dans le développement de la justice réparatrice est resté longtemps inconnu [2], parce que remis en question dès ses débuts [3]. Pourtant, des auteurs comme Mark UMBREIT ont toujours insisté sur la couleur « travail social » du rôle du médiateur en approche humaniste [4]. L'approche relationnelle donne aussi une importance très forte à ce lien. En France, un tel rapprochement ne passerait probablement pas en théorie : la profession de criminologue n'existe pas et la pratique de l'approche relationnelle sera surtout permise, du moins dans les premiers temps, aux professionnels du droit, à ceux des associations d'aide aux victimes ou des métiers de l'insertion et de la probation. Mais au Québec, ailleurs en Europe, en Afrique ou en Océanie et dans bien d'autres communautés permettant l'expression francophone, ces deux dernières professions peuvent faire partie de la criminologie, de la psychologie ou du travail social, ou même d'aucune de ces disciplines et être réservées à des sages ou des anciens. Le débat n'est donc le fait que du découpage des disciplines propres à certains pays en particulier.

La capacité d'un médiateur de pouvoir se revendiquer, ou non, de l'approche relationnelle, ne dépend que de lui. Il ne revient pas aux ingénieurs d'une approche de contrôler moindrement ce que le modèle devient une fois qu'il est publicisé. Néanmoins, selon nous, la formation est une notion qui doit être clarifiée.

---

1. C. ROSSI et S. CHARBONNEAU, *op. cit.*, 2018.

2. E. GUMZ et C.L GRANT, Restorative Justice : A Systematic Review of the Social Work Literature. *Families in society*, vol. 90, n° 1, 2009, pp. 119-126.

3. A.C. BALDRY, Victim-Offender Mediation in the Italian Juvenile Justice System : The Role of the Social Worker. *The British Journal of Social Work*, vol. 28, n° 5, 1998, pp. 729-744.

4. M.S. UMBREIT, *op. cit.*, 1996.

Premièrement, on se gardera de confondre formation et information. Au Québec, le fait qu'un médiateur se prétende d'obédience relationnelle tient à la formation qu'il a reçue. Mais formation ne signifie pas seulement « information ». Suivre une formation théorique sur l'approche relationnelle ou un simple cours, prendre connaissance d'un ouvrage, lire des articles, obtenir un diplôme universitaire sont des démarches excellentes ; néanmoins, elles ne garantissent qu'une formation théorique et unilatérale. Il est fait référence, ici, aux principes généraux de la notion d'apprentissage, par exemple en vertu de la célèbre taxonomie de BLOOM [1] qui distingue les différents stades de l'acquisition d'une compétence nouvelle : l'acquisition de la connaissance, sa compréhension, la capacité de la mettre en application, la capacité d'analyse, la capacité de synthèse, enfin la capacité d'évaluation ou d'autoévaluation. Les formations théoriques (même si elles permettent quelques exercices pratiques de type mises en situation) ne donnent généralement accès qu'à la transmission de la connaissance, à savoir le stade premier d'une formation. Elles ne permettent pas toutes de vérifier la compréhension. Elles ne permettent aucunement de s'assurer du reste des compétences, donc de vérifier que le récipiendaire a intégré les principes, est capable de les appliquer et de les analyser, de les appliquer d'une situation à une autre. Autrement dit, ce que l'on nomme généralement des formations ne sont en fait que des séances d'« information » - souvent fort dispendieuses d'ailleurs, et sans obligation de résultat.

La transmission de l'« information relationnelle » (transmission de la connaissance simple) peut se faire par le biais d'écrits ou tout autre moyen d'information. Elle peut faire l'objet de séances de groupe, animées par des enseignants ou formateurs. Cette partie de la formation devrait, dans l'absolu, être donnée au plus de personnes possible. Les futurs médiateurs sont concernés bien sûr, mais également les partenaires, les institutions qui référeront ultimement la clientèle, les décideurs et les commanditaires des programmes. Une telle formation ne permet pas d'obtenir le talent nécessaire pour pratiquer. Néanmoins, elle permet d'obtenir les outils pour la décrire, l'expliquer, pourvoir à l'implantation de dispositifs, voire même de référer de la clientèle.

Deuxièmement, une fois les acquis obtenus, encore faut-il les maintenir. Avoir réussi à appliquer le modèle une fois ou deux lors des apprentissages ne permet pas de garantir l'acquisition de la compétence ni son maintien à long terme. Au Québec, aucun intervenant de type travailleur social, professionnel ou bénévole, ne peut pour le moment se revendiquer de style relationnel sans avoir fait un stage pratique, avoir été supervisé dans des situations réelles et avoir développé des compétences concrètes. Participer à quelques jours ou

1. B.S. BLOOM, *Taxonomie des objectifs pédagogiques. Tome 1. Domaine cognitif* (traduit par M. LAVALLÉE). Québec, QC : Presses de l'Université du Québec, 1979.

semaines de formation, ou suivre un cours plus soutenu d'initiation à l'intervention relationnelle à l'université, ne suffisent pas. On ne devient musicien qu'en jouant souvent d'un instrument de musique, pas en prenant des cours de musicologie. Il en va de même en médiation relationnelle. Dans un premier temps, il faudra que le savoir se développe par la pratique supervisée, si l'on veut atteindre une certaine qualité. Ce savoir ne pourra ensuite être validé que par de l'expérience, des exercices, de l'entraînement.

L'entrainement initial ne suffisant plus non plus, il faudra que le médiateur soit évalué régulièrement par ses pairs. En effet, le style relationnel est une compétence qui se perd. Un médiateur relationnel, dûment formé, va laisser sa formation initiale ou professionnelle de base (par exemple, il est juriste, ou criminologue, ou travailleur social), ses principes personnels (ses valeurs à lui) et les années reprendre le dessus, au fur et à mesure. Il va donc nécessairement développer de mauvais réflexes avec le temps. Il faudra qu'il revienne régulièrement en formation, et maintienne ses acquis, idéalement grâce à des instances d'accréditation, un ordre professionnel, un groupe de pairs médiateurs. Il devra accepter, idéalement, de se faire filmer en exercice, et accepter de participer à des séances de rétroaction régulières, pas toujours agréables pour l'égo.

Troisièmement, le fait que la formation en médiation suppose plusieurs acquis ne signifie pas que toutes les formations doivent être de même intensité. Se pose en effet la question du niveau de complexité de la formation nécessaire pour devenir médiateur relationnel. La médiation relationnelle doit pouvoir servir à la gestion des conflits les plus simples comme elle doit pouvoir, dans l'absolu, garantir la sécurité des personnes les plus vulnérables et les plus souffrantes. Le médiateur relationnel devra répondre à certaines exigences communes dans ces deux types de situations. Il existera donc une formation initiale recommandée dans laquelle les formateurs pourront calibrer leurs exigences en fonction des situations, qu'il s'agisse de médiation scolaire ou en milieu de travail, de médiation bénévole, pour des situations sans grande gravité ou au contraire pour des rencontres de dialogue dans des cas graves. Les balises de départ du travail du médiateur (son savoir-être, sa posture et la maîtrise des outils exploratoires) seront identiques quelle que soit la situation traitée; cependant le travail technique, le temps d'exercice, les critères liés à l'obtention d'une certification, le degré de possession des outils, seront différents. On pourra donc augmenter ou diminuer les exigences de formation en fonction du degré de maîtrise que l'on entend transmettre.

Le médiateur, même une fois formé, ne devra pas oublier qu'il est également responsable de la sécurité des personnes avec lesquelles il intervient. Il devra avoir travaillé sur ses forces et ses faiblesses en tant que personne et en tant que médiateur, il devra avoir compris à quoi ressemble l'étendue de ses capacités mais aussi celle de ses limites. Ce faisant, là encore, il sera possible de calibrer le niveau d'intensité des formations en fonction des cas. S'il entend s'occuper de personnes vulnérables dans des cas de crimes graves, le médiateur relationnel devra travailler longuement, et à de nombreuses reprises, sur ses forces et faiblesses, sur ses réflexes et ses acquis.

Quatrièmement, enfin, obtenir des compétences en médiation relationnelle ne donne aucunement de compétence automatique pour intervenir auprès de la population ciblée. Par exemple : pour devenir médiateur scolaire, avoir suivi une formation en médiation ne suffit pas ; encore faut-il, au préalable, être un élève ou un enseignant dans l'école en question. Un médiateur criminologue adulte provenant de l'extérieur serait totalement malvenu dans cette situation. Il en va de même *a contrario* pour les situations de crimes dits graves. Si une personne a été dûment formée à la médiation relationnelle, *elle n'a pour autant ni la capacité ni l'autorisation d'intervenir avec des personnes victimes, ou en deuil, ou sous le coup d'un traumatisme, ou en santé mentale, ou avec des détenus de longue durée*. Il en est de même si l'on désire pratiquer en violence conjugale, intime ou faite aux femmes, ou en milieu autochtone, en justice pour les adolescents. Il faudra fort probablement obtenir préalablement des compétences professionnelles ou des aptitudes personnelles précises et non négociables, en droit, en criminologie, en intervention sociale ou autre. De plus, toute situation exige que le médiateur relationnel se conforme à une éthique précise et différente à chaque fois ; qu'il ait quelques connaissances solides concernant le milieu dans lequel il intervient, concernant ses partenaires, le système de justice (si le programme l'exige). Il devra, enfin, être capable de référer une situation à des ressources partenaires, et il doit absolument savoir travailler en réseau.

De telles exigences semblent, très paradoxalement, fortement incompatibles avec la médiation telle qu'on l'entend de manière plus traditionnelle : un mode de réappropriation sociale de la gestion des conflits, une reprise de pouvoir simple et efficace par la société. Exiger, d'un médiateur relationnel, les mêmes garanties – en fait, des garanties plus grandes encore - que celles que l'on exige des professionnels que sont les intervenants judiciaires ou sociaux peut se trouver très fortement critiquable. Ajoutons à cela, avec une certaine ironie, que non seulement le modèle exige du médiateur qu'il reprenne à son compte les structures strictes et hermétiques d'une profession institutionnalisée, mais en plus, il exige de lui que, en pratique, il apprenne à se *détacher* de sa posture d'expert.

Tel est pourtant le paradoxe assumé de l'approche relationnelle. Ce paradoxe n'a pour seule explication que de prétendre s'appliquer à des situations graves, à des personnes vulnérables, à des événements traumatiques. Il est possible de baisser considérablement l'ampleur de ces balises si l'on entend appliquer la méthode relationnelle à des pratiques sociales et ne concernant pas les procédures judiciaires ou correctionnelles : la médiation sociale, citoyenne ou scolaire par exemple. Dans ce cas, la formation plus rapide, la simplification du modèle, la formation de personnes n'ayant pas nécessairement de bagage professionnel antérieur est tout à fait possible. L'approche relationnelle a plus que fait ses preuves dans les projets de médiation scolaire québécois. Si l'on désire former des jeunes à la médiation, la formation est très facile à simplifier ou à adapter à la réalité d'une école. Mais pour autant, aucun des principes de l'approche ne disparaîtra. Les exigences de base quant à la posture du médiateur ne disparaîtront pas non plus. Le modèle relationnel permet l'assouplissement ou la mise à l'arrière-plan de ses règles, il ne permet pas leur disparition. Si l'on désire se passer de telles balises, on renoncera alors, en tant que médiateur, à se revendiquer de l'approche relationnelle et on choisira une autre approche, qui se trouvera plus adaptée à ses idéaux.

II. Les défis inhérents à l'évaluation des pratiques

L'un des défis les plus remarquables de l'approche relationnelle est celui de son évaluation. Comment vérifier qu'elle « fonctionne », et comment identifier ses résultats éventuels sur le confort et la sécurité des participants ? À cette question, il existe encore assez peu de réponses claires. La médiation relationnelle est un style, une approche. Son évaluation est possible, mais est soumise à des enjeux délicats qu'il convient de rappeler. L'évaluation d'une approche n'est pas simple à réaliser pour de nombreuses raisons.

La première de ces raisons est qu'il faut pouvoir distinguer l'approche des programmes qui s'en revendiquent. Par exemple, l'on peut procéder à l'évaluation d'un programme de justice réparatrice au sein du Service correctionnel canadien, qui, en ce qui concerne au moins les médiateurs de la province de Québec, assure une pratique de style relationnel. L'évaluation d'un tel programme existe, ses résultats sont publics [1]. D'autres programmes de justice réparatrice appliquant les principes de l'approche relationnelle ont été évalués ces dernières années également, en utilisant des méthodologies complexes (souvent mixtes, impliquant un volet quantitatif et un volet qualitatif) : c'est le cas du programme de sanctions extrajudiciaires pour les adolescents [2] ou du

1. SERVICE CORRECTIONNEL du CANADA. *Possibilités de justice réparatrice, Services de médiation entre la victime et le délinquant 2015-2016* [en ligne]. 2016. [Consulté le 5 juin 2020]. Disponible à l'adresse : https://www.csc-scc.gc.ca/justice-reparatrice/003005-1001-fra.shtml

2. D. LAFORTUNE et coll., *op. cit.*, 2014.

programme mesures de rechange pour adultes [1], ou encore de programmes sociaux ou en milieu scolaire. Si la question est simplement de savoir si ces programmes obtiennent des résultats satisfaisants, la réponse générale est oui : les évaluations sont excellentes. Mais rappelons qu'au départ, l'approche relationnelle avait uniquement vocation à servir de guide de pratique à l'interne. Elle était destinée aux médiateurs d'un même regroupement, ces derniers désirant harmoniser leurs manières de travailler, dans une province aussi grande que diversifiée sur le plan des réalités régionales. C'est avec le temps, et la réputation croissante de ces programmes, que les organismes ont commencé à diffuser leur manière de travailler au grand public et à faire rayonner leur approche. Même si l'on sait que ces résultats sont bons, il est donc tout différent de se demander en quoi. Or à cette question, il ne peut y avoir de réponse simple. Le résultat des évaluations des programmes (du moins des programmes québécois) qui appliquent l'approche relationnelle font l'objet de méthodes toutes différentes. Pour les mentionner en quelques lignes, il serait nécessaire de procéder à un tri d'informations qui serait très biaisé. De telles études doivent plutôt être consultées dans leur détail, et être envisagées en fonction de leurs différentes méthodologies et de leurs limites.

Une seconde raison à cela est qu'il faut s'entendre sur des indices de performance. Une approche qui fonctionne, est-ce une approche qui rend les professionnels à l'aise ? Qui comble les commanditaires ? Qui satisfait infracteurs et victimes et qui donne lieu, de leur part, à des commentaires positifs ? Qui parvient à faire baisser les taux de récidive, les indices de souffrance traumatique et autres ? Qui coûte peu cher à l'État ?

Afin de comprendre cet enjeu, prenons l'exemple de l'impact de l'approche sur les taux de récidive. Lors de la mise en place d'un programme de justice réparatrice, la question de la récidive est bien souvent au centre des préoccupations des commanditaires. Au niveau du Service correctionnel du Canada, des informations très précises sont disponibles la concernant. Dans la dernière évaluation [2], sur l'ensemble des détenus qui ont participé à une médiation victime-détenu en personne, 77 % d'entre eux avaient été condamnés à la base pour un homicide, une tentative de meurtre ou une agression sexuelle (le reste des détenus avaient été condamnés pour voies de fait, vols qualifiés et autres). Parmi tous les détenus qui ont été libérés par la suite, 97 % d'entre eux n'ont pas récidivé dans l'année après la rencontre de médiation, et 87 % n'ont toujours pas récidivé après 5 ans. On possède même les informations exactes concernant la nature de la récidive pour ceux qui ont moins réussi leur

1. C. Rossi et coll., *op. cit.*, 2020.

2. Service Correctionnel du Canada. *Étude exhaustive sur les taux de récidive des délinquants sous responsabilité fédérale au Canada.* [en ligne]. 23 avril 2019. [Consulté le 23 mai 2020]. Disponible à l'adresse : https://www.csc-scc.gc.ca/recherche/err-19-02-fr.shtml.

sortie : elles sont toutes de gravité moindre que le crime principal. On compte notamment des vols qualifiés ou introductions par effraction, mais après 10 ans, seuls deux détenus avaient récidivé par des gestes aussi graves qu'une agression sexuelle (et strictement aucun en commettant des gestes tels que l'homicide). Ces taux évoquent une performance parmi les meilleures possibles ; généralement, les taux de récidive traditionnels des établissements pénitentiaires canadiens sont, après deux ans, de 25 % environ [1].

Que l'on possède de telles informations ne permet pas pour autant d'affirmer sans nuance que ces programmes sont performants. Tout d'abord, le programme en objet n'a aucunement pour but la baisse de la récidive. Calculer un tel résultat en fait dévier le sens. Rappelons qu'à partir du moment où un programme a pour objectif déclaré de jouer sur les taux de réinsertion, il ne peut plus se déclarer de l'approche relationnelle – dans l'absolu, de la justice réparatrice non plus [2]. Le lien entre justice réparatrice et récidive fait lui-même l'objet d'un vaste débat [3]. Mais même si on passait outre ces mises en garde éthiques et que l'on désirait tout de même calculer l'effet de l'un sur l'autre, comment peut-on prouver l'origine du résultat, entre l'œuf et la poule ? Est-ce la participation d'un détenu au programme de dialogue qui fait baisser son risque de récidive, ou sont-ce les détenus qui possèdent déjà une démarche de réhabilitation avancée qui désirent davantage se lancer dans un programme de dialogue ? Et même si l'on parvenait à prouver que c'est la justice réparatrice qui crée l'effet, est-ce que son effet est direct ? N'est-ce pas plutôt la justice réparatrice qui entraîne le dialogue, le dialogue qui a pour conséquence que le détenu va s'ouvrir davantage à ses proches, donc à ses agents de libération conditionnelle, cela provoquant un changement d'attitude, une meilleure collaboration, donc un accroissement des facteurs de protection, et ainsi, par jeu de dominos, une baisse du risque de récidive ?

Une troisième raison à cela est que, pour être dument évaluée, une approche doit être comparée à une autre. Or aucun des programmes de type relationnel n'a, pour le moment, été comparé à un « groupe contrôle ». Lorsque des programmes ont été évalués, tel que celui mentionné au paragraphe précédent, il reste impossible d'affirmer que les taux de succès ne s'expliquent pas, par ailleurs, plutôt par la structure du programme, ou encore la qualité de son financement. Prenons un exemple, le cas du programme de mesures de rechange général pour adultes qui a été évalué récemment, en 2020 [4]. Ce programme a beau être un programme de justice réparatrice, dont les médiateurs n'ont appliqué que le style relationnel, il comprend de très nombreuses étapes,

1. *Ibid.*

2. R. Cario et C. Rossi, *op. cit.*, 2020.

3. *Ibid.* ; C. Rossi et R. Cario, *op. cit.*, 2016.

4. *Ibid.*

procédures, acteurs. La dimension « justice réparatrice relationnelle » qui se trouve en son sein n'est pas isolée. Le travail des médiateurs relationnels est central dans ce programme, mais il faut prendre en compte la manière dont est géré le dossier par les autres acteurs, et la manière dont les usagers sont reçus par les autres partenaires : les procureurs aux poursuites criminelles et pénales, les agents de probation, les intervenants de l'aide aux victimes, les juges et les avocats de la défense, qui tous ont un impact dans le résultat final.

Une possibilité serait de comparer, à terme, plusieurs styles de pratique appliqués à un même programme. Par exemple, au Québec, les programmes de sanctions extra-judiciaires pour adolescents fonctionnent tous plus ou moins de la même manière, mais ne sont pas tous réalisés par des médiateurs relationnels. Il serait dans l'absolu possible de comparer le travail des médiateurs obéissant à une approche avec ceux qui en utilisent une autre, et envisager de calculer la satisfaction à long terme des usagers. De telles études n'ont jamais été entreprises. Elles seraient difficiles à justifier éthiquement. Pour réaliser une telle expérience et qu'elle soit valable, il faudrait plutôt pouvoir comparer le même programme, réalisé dans la même institution par le même médiateur, mais le tenter deux fois dans deux styles différents.

Une quatrième raison à cela est qu'il est difficile d'identifier le moment *t* à laquelle l'évaluation doit prendre fin – autrement dit, le calcul de la période sur laquelle l'approche doit être évaluée. En criminologie, le moment de l'infraction est généralement celui à partir duquel on commence la mesure. La question se pose néanmoins de savoir à quel moment il convient d'y mettre fin. En approche relationnelle, ce sont les ateliers de communication qui sont déterminants, pas une éventuelle rencontre en personne. Il faut donc savoir exactement à quel moment les participants terminent le programme. Il faut ensuite envisager un temps postérieur d'observation.

L'approche relationnelle n'est pas du tout la seule approche confrontée à cet enjeu. Les autres approches en médiation n'ont certainement pas fait mieux pour le moment, concernant leurs capacités à être évaluées. La question du bien-fondé d'une approche dépasse d'ailleurs largement les frontières du monde de la médiation : en psychologie, ou même en éducation, en travail social et autres disciplines du genre, il n'existe encore aucune étude réelle permettant d'évaluer correctement de telles dimensions. Les concours de performance entre approches humaniste, psychodynamique, behaviorale et/ou cognitivo-comportementale en psychologie occupent les revues scientifiques et les spécialistes depuis des décennies. Plutôt que de parler d'évaluation de l'approche, il convient donc d'évaluer les programmes qui l'utilisent, et leur attribuer des devis méthodologiques différents et adaptés, pour qu'ils soient précis et fiables. En clair : évaluer l'approche relationnelle risque de rester un défi complexe. Heureusement, évaluer les programmes qui l'utilisent est non seulement possible, mais courant.

Ainsi se trouvent expliqués les deux plus grands défis de l'approche relationnelle : les exigences incontournables qu'elle impose lors des formations des médiateurs, ainsi que les défis qu'elle présente lorsqu'il s'agit d'isoler les variables permettant de l'évaluer en tant que telle. La présence de tels défis reste cependant totalement compréhensible étant donnée la double saveur du modèle : aussi strict sur le plan des principes et de la posture, qu'il est souple sur le plan de la forme et de l'opérationnalisation.

Conclusion

La médiation relationnelle, déployée sur le terrain de la justice réparatrice tant au Québec que dans certaines autres parties du monde, poursuit son développement. Fondée sur des postulats scientifiques et pratiques riches, elle a pour objectif principal de permettre l'accès à la réparation aux personnes que les institutions judiciaires ont, jusqu'ici, délaissées le plus souvent au bénéfice de l'intérêt général et collectif : les infracteurs et leurs victimes, mais aussi les simples citoyens touchés par un conflit. L'approche relationnelle a été créée pour rendre possible le dialogue entre infracteurs et victimes en toute sécurité ; elle a été pensée en priorité pour les personnes les plus durement touchées, les plus vulnérables, et pour les crimes les plus graves. Elle est néanmoins adaptable à toute forme de différend.

Fondée sur des principes forts et rigoureux, s'appuyant sur des exigences strictes de compétence, elle met au centre de ses préoccupations l'écoute inconditionnelle des usagers qui s'en prévalent ; au centre de ses objectifs leurs attentes propres. Créée pour les personnes et uniquement pour elles, elle peut cependant, à loisir, conjuguer ses actions avec celles des institutions qui l'accueilleront. De fait, sa grande force est d'être applicable à peu près partout : elle reste une approche intéressante en justice des mineurs tout autant que lorsqu'elle se déploie sur des programmes à l'intention d'adultes ; elle s'adapte tout aussi facilement aux programmes sociaux qu'à ceux qui sont très fortement institutionnalisés ; elle restera valable quelles que soient la culture et les valeurs de celui ou celle qui la fera sienne. Souhaitons qu'elle puisse contribuer à élargir l'accès à la médiation et à la justice réparatrice pour des situations qui, jusqu'ici, sont restées peu perméables à une diversité de pratiques.

Bibliographie

Acker, J. R. (2006). *Wound that do not Bind, Victim-Based Perspectives on the Death Penalty*. Carolina Academic Press.

Aertsen, I. (2002). Développement d'une justice réparatrice orientée vers la victime : La problématique et l'expérience belge. Dans J.-A. Wemmers & K. Cyr, *La justice réparatrice et les victimes d'actes criminels*.

Archibald, B. (2003). La justice restaurative : Conditions et fondements d'une transformation démocratique en droit pénal. *Justice réparatrice et médiation pénale. Convergences ou divergences*, 119-157.

Association des centres jeunesse du Québec. (2012). *Le comité sénatorial refuse d'entendre l'Association des centres jeunesse du Québec*. Lettre ouverte - Projet de Loi C-10, document interne.

Association Des Centres Jeunesse Du Québec Et Regroupement Des Organismes De Justice Alternative Du Québec. (2010). *Journées d'appropriation de l'Entente-cadre, Québec*. Document interne.

Association des centres jeunesse du Québec et regroupement des organismes de justice alternative du Québec (ACJQ/ROJAQ). (2001). *La concertation au profit des jeunes et des victimes : Entente-cadre sur le programme de mesures de rechange*. Internal document.

Association des centres jeunesse du Québec et regroupement des organismes de justice alternative du Québec (ACJQ/ROJAQ). (2012). *La violence change l'enfance, Bilan des directeurs de la protection de la jeunesse / directeurs provinciaux 2011*.

Association des organismes de justice alternative du Québec. (s. d.). ASSOJAQ. Consulté 4 mai 2020, à l'adresse https://www.assojaq.org/

Association du Barreau canadien. (s. d.). *Mémoire sur le projet de loi C-10, Loi sur la sécurité des rues et des communautés*. Ottawa.

Association Québécoise Plaidoyer Victimes. (2011). *Mémoire sur le projet de Loi C-10, Loi sur la sécurité des rues et des communautés*. Adressé au Comité permanent de la justice et des droits de la personne, Chambre des communes, Montréal.

Association québécoise Plaidoyer-Victimes. (s. d.). AQPV.CA - Association québécoise Plaidoyer-Victimes. Consulté 5 mai 2020, à l'adresse https://aqpv.ca/

Bailey, K. D. (2010). Lost in Translation : Domestic Violence," the Personal is Political," and the Criminal Justice System. *The Journal of Criminal Law and Criminology*, 1255-1300.

Bailleau, F. (2009). La France, une position de rupture ? La justice pénale des mineurs en Europe et ses évolutions, la criminalisation des mineurs et le jeu des sanctions. *Déviance et société*, *33*(3), 441-468.

Bailleau, F., & Cartuyvels, Y. (2002). La justice pénale des mineurs en Europe. *Déviance et société*, *26*(3), 141.

Bailleau, F., Cartuyvels, Y., & De Fraene, D. (2009). La criminalisation des mineurs et le jeu des sanctions. *Déviance et société*, *33*(3), 255-269.

Baldry, A. C. (1998). Victim-Offender Mediation in the Italian Juvenile Justice System : The Role Of The Social Worker. *The British Journal of Social Work*, *28*(5), 729-744.

Ballor, J. J. (2007). To Reform or to Abolish-Christian Perspectives on Punishment, Prison, and Restorative Justice. *Ave Maria L. Rev.*, *6*, 481.

Barbot, J. (2010). Mener un entretien de face à face. Dans S. Paugam (Éd.), *L'enquête sociologique* (p. 116-141). Presses universitaires de France.

Baril, M, Durand, S., Cousineau, M., & Gravel, S. (1983). *Mais nous, les témoins*… Montréal. École de criminology, Université de Montréal.

Baril, Micheline. (1980). Ils n'ont plus la liberté : Réactions à la victimisation et ses conséquences. *Criminologie*, *13*(1), 94-103.

Baril, Micheline. (1983). *Mais nous, les témoins*. Ministère de la justice Canada, Section de la recherche et de la statistique.

Baril, Micheline. (1984). L'envers du crime. *Les Cahiers de recherches criminologiques, 2*, 290.

Baril, Micheline, Cousineau, M.-M., & Gravel, S. (1983). Quand les femmes sont victimes..., quand les hommes appliquent la loi. *Criminologie*, *16*(2), 89-100.

Barreau du Haut-Canada. (1992). *Glossaire du règlement des différends*. Ottawa.

Baudouin, J.-L., Deslauriers, P., & Moore, B. (2007). La responsabilité civile, vol. 1, 7e éd. *Cowansville, Yvon Blais*.

Beaulieu, M., & Lussier-Therrien, M. (2016). L'agression sexuelle envers les aînées : Un problème social en mal de reconnaissance. *Recherches féministes*, *29*(2), 199-213.

Beauvois, J. E., & Dubois, N. (1988). The Norm of Internality in the Explanation of Psychological Events. *European Journal of Social Psychology*, *18*(4), 299-316.

Beauvois, J.-L. (1984). *La psychologie quotidienne*. FeniXX.

Beck, E., & Britto, S. (2006). Using Feminist Methods and Restorative Justice to Interview Capital Offenders' Family Members. *Affilia*, *21*(1), 59-70.

Becker, H. S. (1985). *Outsiders : Études de sociologie de la déviance*. Editions Métailié.

Béliveau, D., & Charbonneau, S. (2000). Médiation et violence : Un mariage possible? *Interaction, 8-9*.

Belknap, J., & McDonald, C. (2010). Judges' Attitudes About and Experiences with Sentencing Circles in Intimate-Partner Abuse Cases. *Canadian Journal of Criminology and Criminal Justice*, *52*(4), 369-395.

Belleau, M.-C. (2016). La médiation familiale au Québec : Une approche volontaire, globale, interdisciplinaire et accessible. Dans P.-C. Lafond, *Régler autrement les différends*, LexisNexis Canada, Vol. 1New York, NY.

Belleau, M.-C., & Laplante-Dubé, M. (2015). *L'Atlas des modes d'intervention en situation de conflits accessible au monde*. Semaine du libre accès, Université Laval. https://www.bibl.ulaval.ca/fichiers_site/services/libre_acces/semaine-la-2015/Atlas_des_Modes_Intervention_en_situation_de_Conflits.pdf

Belleau, M.-C., & Rossi, C. (2017). *Une cartographie des modes d'intervention en situation de conflits au Québec*. IXème conférence du Forum Mondial de Médiation, Regards croisés sur les médiations interpersonnelles et les médiations internationales, Estérel, Québec.

Belleau, M.-C., & Talbot-Lachance, G. (2008). La valeur juridique des ententes issues de la médiation familiale : Présentation des mésententes doctrinales et jurisprudentielles. *Les Cahiers de droit, 49*(4), 607-653.

Bergseth, K. J., & Bouffard, J. A. (2013). Examining the Effectiveness of a Restorative Justice Program for Various Types of Juvenile Offenders. *International Journal of Offender Therapy and Comparative Criminology, 57*(9), 1054-1075.

Bernier, D. (2017). *Le droit pénal dans le continuum des soins de santé—Réflexions sur le rôle des acteurs du système judiciaire et sur les mécanismes de protection de l'usager de drogue ou d'alcool dans les formes de prise en charge thérapeutique.* https://ruor.uottawa.ca/bitstream/10393/35895/1/Bernier_Dominique_2017_these.pdf

Blais, M., & Arseneau, M.-N. (2010). *Retour sur un attentat antiféministe : École polytechnique de Montréal, 6 décembre 1989.* Éditions du Remue-ménage.

Bloom, B. S. (1979). *Taxonomie des objectifs pédagogiques. Tome 1. Domaine cognitif (traduit par M. Lavallée).* Presses de l'Université du Québec.

Blumer, H. (1969). *Symbolic Interaction : Perspective, and Method.* University of California Press.

Boisvenu, P.-H., & Couture, J. (2008). *Survivre à l'innommable et reprendre le pouvoir sur sa vie.* Édition du Club Québec loisirs.

Bonafé-Schmitt, J.-P. (1989a). La médiation de quartier : Mieux vivre en commun. *Le groupe familial, 124*, 61-68.

Bonafé-Schmitt, J.-P. (1989b). *L'insécurité : La crise des mécanismes de régulation sociale.*

Bonafé-Schmitt, J.-P. (1991a). La médiation communautaire ou sociale : L'exemple des boutiques de droit. *Cahiers de la médiation, 2*, 13.

Bonafé-Schmitt, J.-P. (1991b). La médiation pénale et de quartier. *Cahiers de la médiation, 3*, 13.

Bonafé-Schmitt, J.-P. (1992a). État des lieux de la médiation en France. Dans *Cahier de la médiation* (p. 12).

Bonafé-Schmitt, J.-P. (1992b). La médiation communautaire aux États-Unis. Dans *Cahier de la médiation* (p. 15).

Bonafé-Schmitt, J.-P. (1992c). *La médiation. Une justice douce.* Syros Alternatives.

Bonafé-Schmitt, J.-P. (1992d). Les Boutiques de droit, l'autre médiation. *Archives de politique criminelle, 14*, 57-70.

Bonafé-Schmitt, J.-P. (1998). La médiation pénale en France et aux États-Unis. *Réseau Droit et Société*, 145.

Bonafé-Schmitt, J.-P. (2000). *La médiation scolaire par les élèves.* ESF Éditeur.

Bonafé-Schmitt, J.-P. (2002). La médiation. *Problèmes politiques et sociaux, 872*, 279.

Bonafé-Schmitt, J.-P. (2003). Justice réparatrice et médiation pénale : Vers de nouveaux modèles de régulation sociale ? Dans Mylène Jaccoud, *Justice réparatrice et médiation pénale. Convergences ou divergences ?* (pp. 17-49). L'Harmattan.

Bonafé-Schmitt, J.-P. (2010). *La médiation pénale en France et aux États-Unis.* LGDJ Lextenso-Edition.

Bonafé-Schmitt, J.-P. (1988). Plaidoyer pour une sociologie de la médiation. *Annales de Vaucresson, 29*, 19-43.

Bonafé-Schmitt, J.-P., Dahan, J., Salzer, J., Souquet, M., & Vouche, J.-P. (2003). *Les médiations, la médiation* (Erès).

Bonafé-Schmitt, J.-P., & Le Roy, É. (1980). *2ème journée d'étude sur les pratiques de médiation : La médiation de quartier.*

Bonfils, P., & Cimamonti, S. (2000). *L'action civile : Essai sur la nature juridique d'une institution*. Presses universitaires d'Aix-Marseille.

Borton, I. M., & Paul, G. D. (2015). Problematizing the healing metaphor of restorative justice. *Contemporary Justice Review*, *18*(3), 257-273.

Bottoms, A. E. (1977). Reflections on the renaissance of dangerousness. *The Howard Journal of Criminal Justice*, *16*(2), 70-96.

Boulay, M.-J. (2003). Le point de vue des victimes. Dans Robert Cario & A. Gaudreault, *L'aide aux victimes, 20 ans après, autour de l'oeuvre de Micheline Baril* (p. 76-83). L'Harmattan.

Boulle, L., & Rycrof, A. (1998). Mediation : Principles, Process, Practice. *JS Afr. L.*, 167.

Bourdieu, P. (1993). *La misère du monde*. Seuil.

Bowlby, J. (1981a). Psychoanalysis as a Natural Science. *International Review of Psycho-Analysis*, *8*, 243-256.

Bowlby, J. (1981b). Psychoanalysis as a Natural Science. *International Review of Psycho-Analysis*, *8*, 243-256.

Braithwaite, J. (1998). Restorative justice. Dans M. Tonry (Éd.), *The Handbook of Crime and Punishment* (p. 323-344). Oxford University Press.

Braithwaite, J. (2000). Shame and Criminal Justice. *Canadian Journal of Criminology*, *42*(3), 281-298.

Braithwaite, J. (2002). Setting Standards for Restorative Justice. *British Journal of Criminology*, *42*(3), 563-577.

Braithwaite, J. (2003). Restorative Justice and Corporate Regulation. *Restorative Justice in Context: International Practice and Directions*, 161-172.

Brienen, M., Hoegen, E., & Groenhuijsen, M. (2000). Evaluation and Meta-Evaluation of the Effectiveness of Victim-Oriented Legal Reform in Europe. *Criminologie*, *33*(1), 121-144.

Brownmiller, S. (1976). *Le viol (en anglais : Against our will : Men, Women and Rape)*. Édition l'Étincelle.

Bucholz, J. A. (2002). *Homicide Survivors : Misunderstood grievers*. Routledge.

Burgess, A. W., & Holmstrom, L. L. (1974). Rape Trauma Syndrome. *American Journal of Psychiatry*, *131*(9), 981-986.

Bush, R. B., & Folger, J. (1994). *The Promise of Mediation. Responding to Conflict Through Empowerment and Recognition*. Jossey-Bass.

Cadieux, M. (2011). *Médiation pénale et lien social : Étude d'un processus de médiation entre jeunes contrevenants et personnes victimes suite à un délit jugé grave*. Mémoire de maîtrise, Université du Québec à Montréal, Montréal, pp. 133.

Canadian Women's Foundation. (s. d.). The #MeToo Movement in Canada | Learn the Facts. *Canadian Women's Foundation*. Consulté 10 mai 2020, à l'adresse https://canadian-women.org/the-facts/the-metoo-movement-in-canada/

Cario, R. (2014). Justice restaurative et Droit pénal des mineurs. Entre continuité et renforcement de la belle ordonnance du 2 février 1945. *Les Cahiers dynamiques*, *59*, 24-31.

Cario, R. (2002). *Victimes : Du traumatisme à la restauration*. L'Harmattan.

Cario, R. (2003). La place de la victime dans l'exécution des peines. *Recueil Dalloz*, *3*, 145-151.

Cario, R. (2004a). Quelle place pour la victime ? Les droits des victimes, état des lieux. *AJ Pénal*, *12*, 425-429.

Cario, R. (2004b). Qui a peur des victimes? *AJ Pénal*, *12*, 434-437.

Cario, R. (2006). Changing Lenses, autour de l'œuvre d'Howard Zehr. *Les Cahiers de la Justice*.

Cario, R. (2007). La justice restaurative : Vers un nouveau modèle de justice pénale ? *Actualité juridique pénal*, 9.

Cario, R. (2010a). *Justice restaurative : Principes et promesses*. L'Harmattan.

Cario, R. (2010b). Les droits des victimes dans la procédure pénale française. Entre équité et effectivité. *Les cahiers de PV. Antenne sur la victimologie*, *6*, 69-82.

Cario, R. (2012a). *Les rencontres détenus-victimes : L'humanité retrouvée*. L'Harmattan.

Cario, R. (2012b). *Victimologie : De l'effraction du lien intersubjectif à la restauration sociale*. L'Harmattan.

Cario, R. (2016). De la justice restaurative. Pour une authentique œuvre de justice. *L'exigence de justice, mélanges en l'honneur de Robert Badinter*, 167-181.

Cario, R, Garnot, B., Allinne, J.-P., Nevanen, S., & Didier, E. (2007). Les droits des victimes d'infraction. *Problèmes politiques et sociaux*, *943*, 120.

Cario, R, & Rossi, C. (2016). *Les bienfaits de la justice restaurative*.

Cario, R, & Rossi, C. (2020). *Justice restaurative : Principes et promesses* (Nouvelle édition). L'Harmattan.

Cartuyvels, Y., Bailleau, F., & Defraene, D. (2009). *La justice pénale des mineurs en Europe et ses évolutions. La criminalisation des mineurs et le jeu de sanctions*.

Cartuyvels, Y., & Mary, P. (1997). Crise de la justice : Et au-delà? Dans Y. Cartuyvels, *L'affaire Dutroux. La Belgique malade de son système* (p. 97-127). Complexe.

Castel, F., Castel, R., & Lovell, A. (1978). *La société psychiatrique avancée : Le modèle américain*. FeniXX.

Cauchie, J.-F. (2008). *Peines de travail : Justice pénale et innovation*. Larcier.

Cauchie, J.-F., & Sauvageau, J. (2011). Le deuil des proches au service de la pénalité. Quand libérer de la douleur met un peu de baume au coeur. Dans F. Tulkens, Y. Cartuyvels, & C. Guillain, *La peine dans tous ses états, hommage à Michel van de Kerchove* (p. 237-252). Larcier.

Centre de Justice Reparatrice. (s. d.). CSJR. Consulté 4 mai 2020, à l'adresse http://csjr.org/fr/

Centre Mariebourg. (1997). *Vers le pacifique*. Montréal : Centre Mariebourg.

Chagnon, R. (2016). Les femmes et la justice au Canada : Quelle justice? *Nouveaux Cahiers du socialisme*, *16*, 111-118.

Charbonneau, S. (1998a). *La justice réparatrice au Québec*. Journée de sensibilisation sur la justice réparatrice.

Charbonneau, S. (1998b). Restorative Justice Trajectory in Quebec. Dans *Restorative Justice for Juveniles. Potentialities, Risks and Problems* (p. 229-243). Leuven University Press.

Charbonneau, S. (2002). Justice réparatrice et justice des mineurs, considérations sur l'objet et enjeux pour la pratique. Dans Robert Cario, *Victimes : Du traumatisme à la restauration* (p. 257-274). L'Harmattan.

Charbonneau, S. (2010). *L'approche relationnelle et la médiation MAIS*. Document de travail à l'intention du groupe des formateurs/formatrices en médiation pénale.

Charbonneau, S., & Béliveau, D. (1999). Un exemple de justice réparatrice au Québec : La médiation et les organismes de justice alternative. *Criminologie*, *32*(1), 57-77.

Charbonneau, S., & Rossi, C. (2013). *L'approche relationnelle en médiation pénale : Principes fondateurs et défis opérationnels*. https://www.youtube.com/watch?v=9zWsavjqPMU&list=WLC71666F72605BCDD

Chaumont, J.-M. (1997). *La concurrence des victimes : Génocide, identité, reconnaissance*. La Découverte.

Chaumont, J.-M. (2000). Du culte des héros à la concurrence des victimes. *Criminologie*, *33*(1), 167-183.

Choi, J. J., Gilbert, M. J., & Green, D. L. (2013). Patterns of Victim Marginalization in Victim-Offender Mediation : Some Lessons Learned. *Crime, Law and Social Change*, *59*(1), 113-132.

Christie, N. (1977). Conflicts as Property. *The British Journal of Criminology*, *17*(1), 1-15.

Christie, N. (2007). *Limits to Pain : The Role of Punishment in Penal Policy*. Wipf and Stock Publishers.

Clear, T. R., & Karp, D. R. (2002). *What is Community Justice? : Case Studies of Restorative Justice and Community Supervision*. Sage.

Cohen, S., & Wills, T. A. (1985). Stress, Social Support, and the Buffering Hypothesis. *Psychological Bulletin*, *98*(2), 310.

Collectif. (1988). La médiation de quartier, une nécessité ou du superflux (réunion-débat du 14 mars 1988 dans un quartier de Lyon). *Cahiers des boutiques de droit*, *3*, 14.

Comité permanent de la condition féminine. (2016). *Violences sexuelles en milieu universitaire au Québec : principaux constats et propositions d'action.*

Comité sénatorial permanent des affaires juridiques et constitutionnelles. (2017). *Justice différée, justice refusée : L'urgence de réduire les longs délais dans le système judiciaire au Canada, recommandations 37 à 39.* https://sencanada.ca/content/sen/comittee/421/LCJC/reports/CourtsDelays_Final/Reportf.pdf

Communautés / La Nation Atikamekw / Atikamekw. (s. d.). Atikamekw. Consulté 9 mai 2020, à l'adresse http://www.atikamekwsipi.com/fr/la-nation-atikamekw/communautes

Connell, N., & Wilson, C. (1974). *Rape : The First Sourcebook for Women*. NY american library.

Côté, A. (1996). Violence conjugale, excuses patriarcales et défense de provocation. *Criminologie*, *29*(2), 89-113.

Côté, A.-M., Blais, É., & Ouellet, F. (2015). Vers un modèle écologique de la victimisation en milieu scolaire. *Criminologie*, *48*(1), 261-287.

Courtois, G. (1980). *La vengeance de la pensée occidentale* (Textes réunis). Albin Michel.

Crawford, A. (1997). The Contestable Nature of 'Community'. Dans A. Crawford, *The Local Governance of Crime, Appeals to Community and Partnerships* (p. 148-201). Clarendon Press.

Crawford, A., & Clear, T. R. (2003). Community Justice : Transforming Communities Through Restorative Justice. *Restorative Justice: Critical Issues*, *3*, 127-150.

Crawford, A., & Newburn, T. (2003). *Youth Offending and Restorative Justice : Implmenting Reform in Youth Justice*. Willan.

Crégut, F. (2016). *L'approche restauratrice dans la justice juvénile*. Unpublished internal document, Terre des Hommes. https://www.tdh.ch/fr/mediatheque/documents/politique-th%C3%A9matique-2014-justice-juv%C3%A9nile-restauratrice

Curtis-Fawley, S., & Daly, K. (2005a). Gendered Violence and Restorative Justice : The Views of Victim Advocates. *Violence Against Women*, *11*(5), 603-638.

Curtis-Fawley, S., & Daly, K. (2005b). Gendered Violence and Restorative Justice : The Views of Victim Advocates. *Violence Against Women*, *11*(5), 603-638.

Cyr, K., & Wemmers, J.-A. (2011). Empowerment des victimes d'actes criminels. *Criminologie*, *44*(2), 125-155.

Dahan, J. (2002). Une nouvelle approche de la famille. Dans J.-P. Bonafé-Schmitt, *La médiation, Problèmes politiques et sociaux* (p. 28-31).

Daly, K. (2002). Restorative Justice : The Real Story. *Punishment & Society*, *4*(1), 55-79.

Daly, K., Beck, E., & Van Wormer, K. (2009a). Restorative Justice as Social Justice for Victims of Gendered Violence : A Standpoint Feminist Perspective. Dans K. Van Wormer, *Social Work, 54 (2)*,p. 107-116.

Damant, D. (2001). *Analyse des besoins en matière de recherche sur les agressions à caractère sexuel et recension sommaire des écrits* (Rapport de recherche, CRI-VIFF, collection études et analyses n.20). [Sainte-Foy, Québec]: CRI-VIFF.

Damant, D., Bélanger, J., & Paquet, J. (2000). Analyse du processus d'empowerment dans des trajectoires de femmes victimes de violence conjugale à travers le système judiciaire. *Criminologie*, *33*(1), 73-95.

De Beus, K., & Rodriguez, N. (2007). Restorative Justice Practice : An Examination of Program Completion and Recidivism. *Journal of Criminal Justice*, *35*(3), 337-347.

De Kovachich, H., Clavier, H., Esposito, M., & Renaud, P. (1997). *Guide pratique de médiation.* Caswell Legal Pubns.

De Saussure, F. (1916). *Cours de linguistique générale*. Payot.

Desdevises, M. C. (1993). L'évaluation des expériences de médiation entre délinquants et victimes : L'exemple britannique. *Revue de science criminelle et de droit pénal comparée, 1*, 45-62.

Desrosiers, J. (2009). *L'agression sexuelle en droit canadien* (Yvon Blais).

Desrosiers, J. (2016). Le droit, une source de violence envers les jeunes ? Dans Simon Lapierre, Geneviève Lessard et Louise Hamelin Brabant (dir.),. Dans *Les violences dans la vie des enfants et des adolescents. Enjeux théoriques, méthodologies et sociaux* (p. 199). Presse de l'Université du Québec.

Desrosiers, J. (2017). Replacer le principe de modération au cœur de la justice pénale, ou cent fois sur le métier remettez votre ouvrage. Dans J. Desrosiers, M.-È. Sylvestre, & M. Garcia, *Réformer le droit criminel : Défis et possibilités*. Yvon Blais.

Desrosiers, J., M'Seffar, K., Parent, H., & Stylios, A. (2015). *Détermination de la peine*. LexisNexis Canada.

Desrosiers, J., Rossi, C., Cloutier, M., Brassard, V., & Béland Ouellette, A. (2020). Étude comparative des programmes canadiens de mesures de rechange ou comment favoriser le désengorgement des tribunaux. *Revue générale de droit*, *50*(1), 103.

Dignan, J., & Cavadino, M. (1996). Towards a Framework for Conceptualizing and Evaluating Models of Criminal Justice from a Victim's Perspective. *International Review of Victimology*, *4*(3), 153-182. https://doi.org/10.1177/026975809600400301

Dragiewicz, M., & DeKeseredy, W. S. (2012). Claims About Women's Use of Non-Fatal Force in Intimate Relationships : A Contextual Review of Canadian Research. *Violence Against Women*, *18*(9), 1008-1026.

Du bon et du mauvais usage des victimes, par Alain Salles. (2007, avril 21). *Le Monde.fr*. https://www.lemonde.fr/idees/article/2007/04/21/du-bon-et-du-mauvais-usage-des-victimes-par-alain-salles_899585_3232.html

Dufresne, M. (2007). La politique d'intervention pénale auprès des mineurs, entre discours juridique, scientifique et économique. *Champ pénal/Penal field*. https://doi.org/10.4000/champpenal.2012

Duwe, G. (2012). Evaluating the Minnesota Comprehensive Offender Reentry Plan (MCORP) : Results From a Randomized Experiment. *Justice Quarterly*, *29*(3), 347-383.

Eglash, A. (1958a). Adults Anonymous : A Mutual Help Program for Inmates and Ex-Inmates. *J. Crim. L. Criminology & Police Sci.*, *49*, 237.

Eglash, A. (1958b). Creative Restitution : Some Suggestions for Prison Rehabilitation Programs. *American Journal of Correction*, *20*(6), 20-34.

Eglash, A. (1958c). Youth Anonymous. *Fed. Probation*, *22*, 47.

Eglash, A. (1959). Creative Restitution : Its Roots in Psychiatry, Religion and Law. *Brit. J. Delinq.*, *10*, 114-159.

Eglash, A. (1977). Beyond Restitution : Creative Restitution. *Restitution in Criminal Justice*, 91-129.

Eliacheff, C., & Soulez Larivière, D. (2007). *Le temps des victimes*. Albin Michel.

Engel, F. (1990). Victimes d'actes criminels : Une intervention professionnelle. *Criminologie*, *23*(2), 5-22.

Ephgrave, N. (2015). Women's Testimony and Collective Memory : Lessons from South Africa's TRC and Rwanda's Gacaca Courts. *European Journal of Women's Studies*, *22*(2), 177-190.

Équijustice. (s. d.-a). Consulté 4 mai 2020, à l'adresse http://equijustice.ca/fr

Équijustice. (s. d.-b). *Médiation citoyenne*. Consulté 4 mai 2020, à l'adresse http://equijustice.ca/fr/services/mediation-citoyenne

Équijustice et Ministère de la Justice du Québec : Une entente réaffirmée. (s. d.). Équijustice. Consulté 4 mai 2020, à l'adresse http://equijustice.ca/fr/actualites/equijustice-et-ministere-de-la-justice-du-quebec-une-entente-reaffirmee

Erner, G. (2006). *La société des victimes*. La Découverte.

Etchegoyen, A. (1993). *Le temps des responsables*. Julliard.

Faget, J. (1993). La médiation pénale : Une dialectique de l'ordre et du désordre. *Déviance et société*, *17*(3), 221-233.

Faget, J. (1995). La double vie de la médiation. *Droit et société*, *29*(1), 25-38.

Faget, J. (1997a). *La médiation : Essai de politique pénale*. Érès.

Faget, J. (1997b). Le cadre juridique et éthique de la médiation pénale. Dans J. Faget, *La médiation pénale. Entre répression et réparation* (p. 35-54). L'Harmattan.

Faget, J. (2006). The French Phantoms of Restorative Justice : The Institutionalization of Penal Mediation. Dans I. Aertsen, T. Daemes, & L. Robert, *Institutionalizing Restorative Justice.* (p. 151-166). Willan.

Faget, J. (2008). L'impensé de la médiation : Contre-culture ou soft power? *Empan*, *4*, 74-80.

Faget, J. (2010). *Médiations : Les ateliers silencieux de la démocratie*. Érès.

Faget, J. (2013). Sociologie de la délinquance et de la justice pénale. *Trajets*, 160.

Farrall, S., Sparks, R., Maruna, S., & Hough, M. (2010). *Escape Routes : Contemporary Perspectives on Life After Punishment*. Routledge.

Fathi, B. M. (2002). *Sociologie des pratiques de médiation. Entre principes et compétences.* L'Harmattan.

Fattah, E. (1980). Victimologie : Tendances récentes. *Criminologie*, *13*(1), 6-36.

Fattah, E. (2000). Victimology : Past, Present and Future. *Criminologie*, *33*(1), 17-46.

Fattah, E. A. (1971). *La victime est-elle coupable? : Le rôle de la victime dans le meurtre en vue de vol*. Presses de l'Université de Montréal.

Fattah, E., & Mzouji, R. (2010). Quand recherche et savoir scientifique cèdent le pas à l'activisme et au parti pris. *Criminologie*, *43*(2), 49-88.

Fercello, C., & Umbreit, M. (1998). Client Evaluation of Family Group Conferencing in 12 Sites in 1 st Judicial District of Minnesota. *Center for Restorative Justice & Mediation.*

Fisher, R., Ury, W., Patton, B., & Brahem, L. (1982). *Comment réussir une négociation.* Seuil.

Fluckiger, A., Roth, R., & Robert, C.-N. (2010). *Droit et émotions, le rôle des émotions dans les processus de régulation juridique et sociale.* Université de Genève.

Folberg, J., & Taylor, A. (1986). *Mediation : A Comprehensive Guide to Resolving Conflicts without Lititgation* (Vol. 84). Jossez-Bass.

Fortin-Dufour, I., Alain, M., Marcotte, J., & Villeneuve, M.-P. (2015). La sentence de la dernière chance : Un aperçu des jeunes soumis à une ordonnance différée de placement et de surveillance au Québec. *Dans Alain, M., et Hamel, S., (dir), Défis, adaptation et innovation: Intervenir auprès des adolescents contrevenants ou dix ans d'expérience de la Loi sur le système de justice pénale pour les adolescents au Québec*, 135-156.

Foucault, M. (1975). *Surveiller et punir* (Vol. 1). Gallimard.

France-victimes. (s. d.). Consulté 5 mai 2020, à l'adresse https://www.france-victimes.fr/

Fréchette, M., & Le Blanc, M. (1987). *Délinquances et délinquants.* Gaétan Morin Éditeur.

Frigon, S., & Viau, L. (2000). Les femmes condamnées pour homicide et l'Examen de la légitime défense (Rapport Ratushny) : Portée juridique et sociale. *Criminologie, 33*(1), 97-119.

Gagnon, É., & Fortin, A. (2002). L'espace et le temps de l'engagement bénévole : Essai de définition. *Nouvelles pratiques sociales, 15*(2), 66-76.

Galaway, B., & Hudson, J. (1996). *Restorative Justice : International Perspectives.* Criminal Justice Press.

Garapon, A. (1996a). La réparation. Dans A. Garapon, F. Gros, & T. Pech, *Et ce sera justice, punir en démocratie* (p. 305-320). Odile Jacob.

Garapon, A. (1996b). *Le gardien des promesses : Justice et démocratie.* Odile Jacob.

Gardner, D. (1996). *Le préjudice corporel* (3ième édition). Yvon Blais.

Garland, D. (2001a). *Mass Imprisonment : Social Causes and Consequences.* Sage.

Garland, D. (2001b). *The Culture of Control : Crime and Social Order in Contemporary Society.* University of Chicago Press.

Gaudreault, A. (2017). From Indifference to Engagement : A Victims' Advocate Reflects on the Evolution of Victims' Rights in Canada. *Pionneers Canadian Criminology*, 218-229.

Gaudreault, Arlène. (1996a). Les premiers centres d'aide aux victimes d'actes criminels : Lorsque la mémoire refait surface. Dans J. Coiteux, P. Campeau, M. Clarkson, & M.-M. Cousineau, *Question d'équité, L'aide aux victimes d'actes criminels* (p. 181-203).

Gaudreault, Arlène. (1996b). Regard sur une décennie. Dans J. Coiteux, P. Campeau, M. Clarkson, & M.-M. Cousineau, *Question d'équité, L'aide aux victimes d'actes criminels* (p. 33-79).

Gaudreault, A. (2001). *Les besoins des victimes d'actes criminels* [Actes du Colloque de l'Association québécoise pour l'intégration sociale (AQIS)]. XII Colloque thématique de l'Institut québécois de la déficience intellectuelle.

Gaudreault, A. (2004). Victimisation secondaire. Dans G. Lopez & S. Tzitzis, *Dictionnaire des sciences criminelles* (p. 961). Dalloz.

Gaudreault, A. (2010). Les lois et chartes qui enchâssent les droits des victimes d'actes criminels : Réflexions autour de l'expérience canadienne. *Les Cahiers de PV–Antenne sur la victimologie, 6*, 2-9.

Gaudreault, A. (2013). Renforcer les droits des victimes d'actes criminels au Canada : un rêve illusoire? *Bulletin de la Société de Criminologie du Québec*, 13-22.

Gauthier, B. (2009). La médiation pénale : Une pratique québécoise. *Nouvelles pratiques sociales, 21*(2), 77-92.

Gehm, J. R. (1992). The Function of Forgiveness in the Criminal Justice System. Dans H. Messmer & U. O. Hans, *Restorative Justice on Trial* (Springer, p. 590). Kluwer Academic Publishers.

Gehm, J. R. (1998). Victim-Offender Mediation Programs : An Exploration of Practice and Theoretical Frameworks. *Western Criminology Review*, *1*(1).

Génard, J.-L. (2000). *Les dérèglements du droit. Entre attentes sociales et impuissance morale.* Castells Labor.

Génard, J.-L. (2003). Médiation pénale et transformation des régulations sociales. Dans *Jaccoud, M. (dir), Justice réparatrice et médiation pénale. Convergences ou divergences?* (p. 77-95). Paris : l'Harmattan.

Giddens, A. (1987). La constitution de la société, Paris, PUF. *Sociologies.*

Gilligan, C. (2008). *Une voix différente : Pour une éthique du care*. 336.

Goffman, E. (1968). *Asylums : Essays on the Social Situation of Mental Patients and Other Inmates*. Anchor.

Gorchs, B. (2006). La conciliation comme « enjeu » dans la transformation du système judiciaire. *Droit et société*, *1*, 223-256.

Gourmelon, N., Bailleau, F., & Milburn, P. (2012). Les établissements privatifs de liberté pour mineurs : Entre logiques institutionnelles et pratiques professionnelles. *Centre de recherches Sociologiques sur le Droit et les Institutions Pénales*, *112*, 354.

Gouvernement de Canada, S. correctionnel du C. (2002). *Programme Possibilités de justice réparatrice*. https://www.csc-scc.gc.ca/justice-reparatrice/003005-1000-fra.shtml

Gravel, S., Beaulieu, M., & Lithwick, M. (1997). Quand vieillir ensemble fait mal : les mauvais traitements entre conjoints âgés. *Criminologie*, *30*(2), 67-85.

Grenier, J. (2016). *L'implantation de la médiation scolaire au primaire au Québec : Une étude de cas* [Master's thesis]. Faculté des sciences sociales, Québec: Université Laval.

Griffin, S. (1971). Rape : The All-American Crime. *Ramparts Magazine*, *10*.

Guillaume, E. (2006). La société des victimes. *Paris, La Découverte*.

Guillaume-Hoffnung, M. (2002). L'urgence théorique face au développement des pratiques ». Dans J.-P. Bonafé-Schmitt, *La médiation, Problèmes politiques et sociaux* (p. 14-17).

Guillaume-Hoffnung, M. (1995). *La médiation*. PUF.

Gumz, E. J., & Grant, C. L. (2009). Restorative Justice : A Systematic Review of the Social Work Literature. *Families in Society*, *90*(1), 119-126.

Gustafson, D. (1997). Victim Offender Mediation Within a Restorative Justice Framework : Toward a Justice Which Heals. *Address to the Prison Governors. Leuven, Belgium.*

Hagan, J. (1986). *Victims Before the Law, the Organizational Domination of Criminal Law.* Butterworths Criminology Series.

Hall, M. (2011). Les systèmes de justice pénale face à un défi international? *Criminologie*, *44*(2), 13-41.

Hamel, P. (2008). *La considération pour les victimes et les mesures de réparation directe réalisées dans le cadre des peines spécifiques imposées aux adolescents en vertu de l'article 42(2) de la LSJPA*. Avis juridique réalisé pour l'ACJQ et le ROJAQ.

Hamel, P. (2009). *Loi sur le système de justice pénale pour les adolescents.* Texte annoté comportant des commentaires relatifs à son application au Québec. Cowansville, Éditions Yvon Blais.

Hans, J. (1990). *Le principe responsabilité*. Paris, CERF.

Harrison, D. (1997). La violence dans la communauté militaire. *Criminologie*, *30*(2), 27-45.

Hastings, R. (2009). La criminalisation de la jeunesse : Les tendances au Canada. *Déviance et société*, *33*(3), 351-365.

Hayes, H., & Daly, K. (2004). Conferencing and Re-Offending in Queensland. *Australian & New Zealand Journal of Criminology*, *37*(2), 167-191.

Hénaff, M. (2000). La dette de sang et l'exigence de justice. Dans P. Dumouchel, *Comprendre pour mieux agir : Violences victimes et vengeance* (p. 31-64). L'Harmattan.

Herman, J. L. (2005). Justice From the Victim's Perspective. *Violence Against Women*, *11*(5), 571-602.

Hudson, J., & Galaway, B. (1977). *Restitution in Criminal Justice : A Critical Assessment of Sanctions*. Lexington Books.

Hulsman, L., & Bernat de celis, J. (1982). *Peines perdues : Le système pénal en question*. Le centurion.

Huot, L., & Giroux, J. (1979). Le citoyen et la justice. *Criminologie*, *12*(1), 43-56.

Institut Français pour la Justice Restaurative. (s. d.). Consulté 23 mai 2020, à l'adresse https://www.justicerestaurative.org/

International Development Law Organization. (2013). *Accessing Justice : Models, Strategies and Best Practices on Women's Empowerment*.

Irving, H. H., & Benjamin, M. (1995). *Family mediation : Contemporary issues*. Sage.

Jaccoud, M. (2006). Les cercles de sentence au Canada. *Les cahiers de la justice*, *1*, 83-94.

Jaccoud, M. (1992). Les femmes autochtones et la justice pénale. *Criminologie*, *25*(1), 65-85.

Jaccoud, M. (1998). *La justice réparatrice*. Rencontre de réflexion intersectorielle en Montérégie, Saint-Hyacinthe.

Jaccoud, M. (1999). Les cercles de guérison et les cercles de sentence autochtones au Canada. *Criminologie*, *32*(1), 79-105.

Jaccoud, M. (2003). *Justice réparatrice et médiation pénale : Convergences ou divergences?* L'Harmattan.

Jaccoud, M. (2007). Innovations pénales et justice réparatrice. *Champ pénal*. http://champpenal.revues.org/1269

Jaccoud, M. (2008). *L'impact de l'entente-cadre et du programme de sanctions extrajudiciaires sur les pratiques des intervenants au Québec*. Montréal, Centre de criminologie comparée, Université de Montréal.

Jaccoud, M. (2009). Origines et fondements de la médiation sociale au Québec : Un double ancrage. *Nouvelles pratiques sociales*, *21*(2), 93-108.

Jaccoud, M., & Admo, N. (2004). *Projet médiation/conciliation de quartier des Laurentides, Rapport final 2001-2004*. Soumis au Centre national de prévention du crime, Centre international de criminologie comparée, Université de Montréal.

Jaccoud, M., & Admo, N. (2008). *Service de médiation de quartier du Vieux-Longueuil. Évaluation d'impact, Rapport final*. Service de médiation de quartier du Vieux-Longueuil et Ressources alternatives Rive-Sud, Montréal, Médiation sans frontière inc.

Jaccoud, M., Admo, N., & Rossi, C. (2009). *Projet EMU-Équipe de médiation urbaine de Montréal. Étude des pratiques d'implantation et d'intervention*. Montréal, Médiation sans frontière inc.

Jaccoud, M., & Walgrave, L. (1999). Présentation. *Criminologie*, *32*(1), 1-6.

Jellison, J. M., & Green, J. (1981). A Self-Presentation Approach to the Fundamental Attribution Error : The Norm of Internality. *Journal of Personality and Social Psychology*, *40*(4), 643.

Jimenez, E. (2011). La place de la victime dans la lutte contre la traite des personnes au Canada. *Criminologie*, *44*(2), 199-224.

Johnstone, G, & Van Ness, D. W. (2007). *Handbook of Restorative Justice*. Willan.

Johnstone, Gerry. (2002). *Restorative Justice : Ideas, Values, Debates*. Willan.

Jürgen, H. (1987). *Théorie de l'agir communicationnel.* Paris, Fayard.

Justice Québec. (s. d.-a). *Programme de mesures de rechange général pour adultes*. Ministère de la justice. Consulté 9 mai 2020, à l'adresse https://www.justice.gouv.qc.ca/programmes-et-services/programmes/programme-de-mesures-de-rechange-general-pour-adultes/

Justice Québec. (s. d.-b). *Programme de mesures de rechange général suivant les articles 716 à 717.4 du Code criminel* [2017]. Consulté 4 juin 2020, à l'adresse https://www.justice.gouv.qc.ca/fileadmin/user_upload/contenu/documents/Fr__francais_/centredoc/publications/programmes-services/programme_pmrg_fr.pdf

Justice Québec. (s. d.-c). *Programme de mesures de rechange pour les adultes en milieu autochtone*. Ministère de la justice. Consulté 11 mai 2020, à l'adresse https://www.justice.gouv.qc.ca/programmes-et-services/programmes/programme-de-mesures-de-rechange-pour-les-adultes-en-milieu-autochtone/

Kaminski, D. (2001). De l'amour du prochain et de son châtiment. Dans J. Faget & A. Wyvekens, *La justice de proximité en Europe, pratiques et enjeux* (p. 131-143). Érès.

Kaminski, D. (2007). L'éthique du réductionnisme et les solutions de rechange. *Criminologie*, *40*(2), 89-101.

Kaminski, D. (2009). Pénalité, Management. *Innovation*, 209.

Kaminski, D. (2015). *Condamner : Une analyse des pratiques pénales*. Érès.

Kelly, J. B. (1995). Power Balance in Divorce and Interpersonal Mediation : Assessment and Intervention. *Mediation Quarterly*, *13*(2), 85-98.

Kirchengast, T. (2011). Les victimes comme parties prenantes d'un procès pénal de type accusatoire. *Criminologie*, *44*(2), 99-123.

Konowal, C. (1997). *Lueur d'espoir*. https://www.onf.ca/film/lueur_despoir/

Koss, M. P. (2014). The RESTORE Program of Restorative Justice for Sex Crimes : Vision, Process, and Outcomes. *Journal of Interpersonal Violence*, *29*(9), 1623-1660.

Kowalski, M. (1999). *Alternative Measures for Youth in Canada*. Citeseer.

Kraybill, R. S. (2001). *Peace Skills : Manual for Community Mediators* (1re éd.). Jossey-Bass.

Kroovand Hipple, N., Gruenewald, J., & McGarrell, E. F. (2014). Restorativeness, Procedural Justice, and Defiance as Predictors of Reoffending of Participants in Family Group Conferences. *Crime & Delinquency*, *60*(8), 1131-1157.

La vengeance. Études d'ethnologie, d'histoire et de philosophie Volume 2, Vengeance et pouvoir dans quelques sociétés extra-occidentales—Raymond Verdier. (s. d.). Consulté 4 juin 2020, à l'adresse https://www.decitre.fr/livres/la-vengeance-9782254874026.html

Laflamme-Cusson, S. (1990). La déclaration de la victime au tribunal : Évaluation de l'expérience du Palais de Justice de Montréal. *Criminologie*, *23*(2), 73-88.

Lafortune, D. (2011). *La loi sur le système de justice pénale pour les adolescents sept ans plus tard : Portrait des jeunes, des trajectoires et des pratiques*. Devis de recherche, action concertée du Ministère de la santé et des services sociaux et du Fonds québécois pour la recherche sur la société et la culture.

Lafortune, D., Royer, M.-N., Rossi, C., Turcotte, M.-E., Boivin, R., Cousineau, M.-M., Dionne, J., Drapeau, S., Guay, J., & Fenchel, F. (2015). *La loi sur le système de justice pénale pour les adolescents sept ans plus tard : Portrait des jeunes, des trajectoires et des pratiques*. 129.

Lalonde, L. (2003). La médiation pénale et la justice réparatrice : À toutes fins que de droit. Dans Mylène Jaccoud, *Justice réparatrice et médiation pénale : Convergences ou divergences ?* (p. 97-118). L'Harmattan.

Landreville, P. (1986a). Évolution théorique en criminologie : L'histoire d'un cheminement. *Criminologie*, *19*(1), 11-31.

Landreville, P. (1986b). Évolution théorique en criminologie : L'histoire d'un cheminement. *Criminologie*, *19*(1), 11-31.

Landreville, P. (1987). Surveiller et prévenir. L'assignation à domicile sous surveillance électronique. *Déviance et société*, *11*(3), 251-269.

Landreville, P. (2007). Grandeurs et misères de la politique pénale au Canada : Du réformisme au populisme. *Criminologie*, *40*(2), 19-51.

Larouche, G., & Gagné, L. (1990). Où en est la situation de la violence envers les femmes dans le milieu familial, dix ans après les colloques sur la violence? *Criminologie*, *23*(2), 23-45.

Lascoumes, P. (2004). La Gouvernementalité : De la critique de l'État aux technologies du pouvoir. *Le Portique. Revue de philosophie et de sciences humaines*, 13-14.

Lascoumes, P., & Le Galès, P. (2004). *Gouverner par les instruments.*

Latimer, J., Dowden, C., & Muise, D. (2005). The Effectiveness of Restorative Justice Practices : A Meta-Analysis. *The Prison Journal*, *85*(2), 127-144.

Lavergne, C., & Tourigny, M. (2000). Incidence de l'abus et la négligence envers les enfants : Recension des écrits. *Criminologie*, 47-72.

Law Commission of Canada. (2003). *La transformation des rapports humains par la justice participative.* http://publications.gc.ca/collections/Collection/JL2-22-2003F.pdf

Lazerges, C. (1992). Essai de classification des procédures de médiation. *Archives de politique criminelle*, 17-30.

Le Goaziou, V. (2004). *La violence.* Le Cavalier Bleu.

Le Roy, É. (1995). La médiation mode d'emploi. *Droit et société*, *29*(1), 39-55.

Legifrance. (s. d.). *Code de procédure pénale.* Consulté 3 mai 2020, à l'adresse https://www.legifrance.gouv.fr/affichCode.do;jsessionid=779F25472188AB524410A6535A73F7A0.tpdila15v_3?idSectionTA=LEGISCTA000029370752&cidTexte=LEGITEXT000006071154&dateTexte=20151030

Leman-Langlois, S. (2000). Mobilizing Victimization : The Construction of a Victim-Centred Approach in the South African Truth and Reconciliation Commission. *Criminologie*, *33*(1), 145-165.

Leman-Langlois, S. (2005). Le modèle "Vérité et réconciliation". *Informations sociales*, *7*, 112-121.

Leman-Langlois, S. (2007). *La sociocriminologie.* Les Presses de l'Université de Montréal.

Lemonne, A. (2002). À propos de la 5e conférence internationale sur la justice restauratrice. Accord ou contradiction au sein d'un mouvement en expansion. *Revue de droit pénal et de criminologie*, *avril*, 411-428.

Lemonne, A. (2016). La justice restauratrice en Belgique : nouveau modèle de justice ou redéploiement de la pénalité? *Revue de droit pénal et de criminologie*, *911-27.*

Lemonne, A., & Claes, B. (2014). La justice réparatrice en Belgique : Une nouvelle philosophie de la justice. *Justice*, 121-141.

Lévesque, J. (1998). *Méthodologie de la médiation familiale.* Edisem et Érès.

Lewis, T., & Umbreit, M. (2015). A Humanistic Approach to Mediation and Dialogue : An Evolving Transformative Practice. *Conflict Resolution Quarterly*, *33*(1), 3-17.

Lindemann, E. (1944). Symptomatology and Management of Acute Grief. *American Journal of Psychiatry*, *101*(2), 141-148.

Llewellyn, J. (2007). Truth Commissions and Restorative Justice. Dans Gerry Johnstone & D. W. Van Ness, *Handbook of Restorative Justice* (p. 351-371). Willan.

Llewellyn, J., & Howse, R. L. (2002). *Restorative Justice : A Conceptual Framework.* Law Commission.

Lodigiani, G. (2011). La prospettiva del rendere giustizia nel canone scritturistico ebraico-cristiano. *Themis*, *9*, 41-45.

Lonergan, B. J. F. (1996). *L'insight : Étude de la compréhension humaine*. Les Editions Fides.

Lopez, G. (2004). Victimologie. Dans G. Lopez & S. Tzitzis, *Dictionnaire des sciences criminelles*. Dalloz.

Lopez, G., & Bornstein, S. (1994). *Les comportements criminels*. FeniXX.

Luhmann, N. (1989). Le droit comme système social. *Droit et Société*, *11*, 53.

Luke, G., & Lind, B. (2002). Reducing Juvenile Crime : Conferencing Versus Court. *Crime and Justice Bulletins*, 69.

Maguire, P. (1985). Barriers to Psychological Care of the Dying. *Br Med J (Clin Res Ed)*, *291*(6510), 1711-1713.

Mannozzi, G. (2013). Victim–Offender Mediation in Areas Characterized by High Levels of Organized Crime. *European Journal of Criminology*, *10*(2), 187-205.

Marshall, T. F. (1999). *Restorative Justice : An Overview*. Home Office Research Development and Statistics Directorate.

Maruna, S. (2014). The Role of Wounded Healing in Restorative Justice : An Appreciation of Albert Eglash. *Restorative Justice*, *2*(1), 9-23.

Mary, P. (2003). *Insécurité et pénalisation du social*. Bruxelles : Labor.

Mary, P., & De Fraene, D. (1998). *Sanctions et mesures dans la communauté. État critique de la question en Belgique*. Université Libre de Bruxelles.

Mbanzoulou, P. (2011). *La violence scolaire : Mais où est passé l'adulte?* L'Harmattan.

McCold, P. (2004). What is the Role of Community in Restorative Justice Theory and Practice? Dans H. Zehr & B. Toews, *Critical Issues in Restorative Justice* (p. 155-172). Criminal Justice Press.

McCold, P., & Ted, W. (2002). Restorative Justice Theory Validation. Dans E. G. M. Weitekamp & H.-J. Kerner, *Restorative Justice : Theoretical Foundations* (p. 110-142). Willan.

McCold, P., & Wachtel, T. (2003). In Pursuit of Paradigm : A Theory of Restorative Justice, International Institute for Restorative Practices. *International Institute for Restorative Practices*. http://www.iirp.edu/iirpWebsites/web/uploads/article_pdfs/paradigm.pdf.

McCormick, M. A. (1997). Confronting Social Injustice as a Mediator. *Mediation Quarterly*, *14*(3), 293-307.

McDowell, L. A., Crocker, V. L., Evett, E. L., & Cornelison, D. G. (2014). Perceptions of Restorative Justice Concepts : An Evaluation of University Housing Residents. *Contemporary Justice Review*, *17*(3), 346-361.

McGarrell, E. F., & Hipple, N. K. (2007). Family Group Conferencing and Re-Offending Among First-Time Juvenile Offenders : The Indianapolis Experiment. *Justice Quarterly*, *24*(2), 221-246.

Mead, G. H. (1934). *Mind, Self and Society* (Vol. 111). Chicago University of Chicago Press.

Melchin, K. R., & Picard, C. A. (2008). *Transforming Conflict Through Insight.* University of Toronto Press.

Michelat, G. (1975). Sur l'utilisation de l'entretien non directif en sociologie. *Revue française de sociologie*, *XVI*(2), 229-247.

Milburn, P. (2002). *La médiation : Expériences et compétences.* Découverte.

Milburn, P. (2009a). La responsabilité, émergence d'une catégorie de l'action publique? *Trajets*, 131-158.

Milburn, P. (2009b). *Quelle justice pour les mineurs? : Entre enfance menacée et adolescence menaçante.* Érès.

Mincke, C. (2006). *De l'utopie à l'aveuglement. La médiation pénale belge face à ses idéaux fondateurs.* 408.

Loi sur la sécutiré des rues et des communautés, L.C. 2012, ch.1 (2012). https://laws-lois.justice.gc.ca/fra/loisannuelles/2012_1/page-1.html

Ministère de la Justice du Québec. (s. d.). *Formation midi—Programme de mesures de rechange général pour adultes (PMRG).* Consulté 4 mai 2020, à l'adresse http://www.barreaudemontreal.qc.ca/loads/Infolettre/ActPart_Inv-Formation%20midi_commCR_Janv2020.pdf

Ministère de la Justice du Québec. (2017). *Programme de mesures de rechange général suivant les articles 716 à 717.4 du Code criminel.* https://www.justice.gouv.qc.ca/fileadmin/user_upload/contenu/documents/Fr__francais_/centredoc/publica tions/programmes-services/programme_pmrg_fr.pdf

Ministère de la Santé et des services sociaux, Regroupement des organismes de justice alternative du Québec, & Association des organismes de justice alternative du Québec. (2007). *L'application de la loi sur le système de justice pénale pour les adolescents, Manuel de référence.* http://publications.msss.gouv.qc.ca/msss/document-001008/

Miron, K. (2012). L'expérience d'une médiatrice pénale dans un organisme de justice alternative. Dans AQPV, *Quand l'auteur du délit est un mineur* (Les cahiers de PV, Antenne sur la victimologie, p. 25-28).

Moore, C. W. (1986). *The Mediation Process : Practical Strategies for Resolving Conflict.* Jossez-Bass.

Morineau, J. (2016). *La médiation humaniste. Un autre regard sur l'avenir.* Érès.

Morris, A., & Maxwell, G. (2001). *Restorative Justice for Juveniles : Conferencing, Mediation and Circles.* Bloomsbury Publishing.

Morrison, B., Blood, P., & Thorsborne, M. (2005). Practicing Restorative Justice in School Communities : Addressing the Challenge of Culture Change. *Public Organization Review*, *5*(4), 335-357.

Moyer, S. (2005). *Comparaison : Dossiers traités sous le régime de la Loi sur les jeunes contrevenants et dossiers traités pendant les six premiers mois d'application de la Loi sur le système de justice pénale pour les adolescents.* Rapport au ministère de la Justice Canada.

Mrad, F. B. (2006). Équité, neutralité, responsabilité. À propos des principes de la médiation. *Négociations*, *5*(1), 51-65.

Mucchielli, L. (2008). Une société plus violente ? Une analyse socio-historique des violences interpersonnelles en France des années 1970 à nos jours. *Déviance et société*, *32*(2), 115-147.

Murphy, J. G. (2003). *Getting Even : Forgiveness and its Limits.* Oxford University Press.

Nadeau, L. (1983). Stanton Peele, ou l'extension du concept de dépendance. *Psychotropes*, *1*(1).

National Restorative Justice Training Institute. (2000). *Victims of Severe Violence Meet the Offender : A Journey Toward Healing and Strength.* Center for Restorative Justice & Peacemaking, School od Social Work.

Nesiah, V. (2006). Discussion Lines on Gender and Transitional Justice : An Introductory Essay Reflecting on the ICTJ Bellagio Workshop on Gender and Transitional Justice. *Colum. J. Gender & L.*, *15*(3), 799-812.

Noreau, P. (2003). L'Institutionnalisation de la justice réparatrice. Dans Mylène Jaccoud, *Justice réparatrice et médiation pénale : Convergences ou divergences ?* (p. 209-225). L'Harmattan.

Omale, D. J. O. (2006). Justice in History : An Examination of African Restorative Traditions and the Emerging Restorative Justice Paradigm. *African Journal of Criminology and Justice Studies*, *2*(2), 33-63.

O'Malley, P. (2006). «Mondialisation» et justice criminelle : Du défaitisme à l'optimisme. *Déviance et société*, *30*(3), 323-338.

Paradelle, M., & Dumont, H. (2006). L'emprunt à la culture, un atout dans le jugement du crime de génocide ? Étude de cas à partir des juridictions traditionnelles gacaca saisies du génocide des Tutsis du Rwanda. *Criminologie*, *39*(2), 97-135.

Parent, G.-A. (1990). Les médias : Source de victimisation. *Criminologie*, *23*(2), 47-71.

Parizeau, A. (1980). Le dédommagement des victimes. *Criminologie*, *13*(1), 37-37.

Parmentier, S. (2001). The South African Truth and Reconciliation Commission : Towards Restorative Justice in the Field of Human Rights. Dans E. Fattah & S. Parmentier, *Victim Policies and Criminal Justice on the Road to Restorative Justice. Essays in Honour of Tony Peters* (p. 401-428). Leuven University Press.

Peachey, D. E. (1992). Restitution, Reconciliation, Retribution : Identifying the Forms of Justice People Desire. Dans H. Messmer & H.-U. Otto (Éds.), *Restorative Justice on Trial : Pitfalls and Potentials of Victim-Offender Mediation—International Research Perspectives—* (p. 551-557). Springer Netherlands.

Peele, S., & Brodsky, A. (1975). *Love and Addiction.* Broadrow Publications.

Peterson Armour, M., & Umbreit, M. S. (2006). Victim Forgiveness in Restorative Justice Dialogue. *Victims and Offenders*, *1*(2), 123-140.

Peyrat, M.-F. (2006). La justice réparatrice à l'école. *Cahiers pédagogiques*, *440*.

Piaget, J. (1975). *L'équilibration des structures cognitives : Problème central du développement.* Presses universitaires de France.

Pignoux, N. (2008). *La réparation des victimes d'infractions pénales.* L'Harmattan.

Pires, A. (2001). La rationalité pénale moderne, la société du risque et la juridicisation de l'opinion publique. *Sociologie et sociétés*, *33*(1), 179-204.

Pivo Jeunesse. (1993). *Guide de médiation.* Trois-Rivières : Inédit.

Pivo Jeunesse. (1995). *Guide de formation (technique de médiation).* Trois-Rivières : Inédit.

Poulin, C., & Ross, L. (1997). Recherche sur la violence familiale : Contribution des différentes épistémologies. *Criminologie*, *30*(2), 7-25.

Poupart, J. (1993). Discours et débats autour de la scientificité des entretiens de recherche. *Sociologie et sociétés*, *25*(2), 93-110.

Poupart, L. (1999). *La victime au centre de l'intervention : Guide de formation à l'intention des policiers.* Association Plaidoyer-Victimes.

Pradel, X. (2004). *Le préjudice dans le droit civil de la responsabilité.* Librairie générale de Droit et de Jurisprudence, Thèses.

Pratt, J. (2007). *Penal Populism*. Routledge.

Quirion, B., & Plourde, C. (2009). Mot de présentation. *Drogues, santé et société*, *8*(2), 7-26.

Radio-Canada.ca (s. d.). *Attentat dans une mosquée à Québec | Dossier*. Radio-Canada.ca. Consulté 5 mai 2020, à l'adresse https://ici.radio-canada.ca/dossier/505185/attentat-terroriste-mosquee-quebec

Raiffa, H. (1982). *The Art and Science of Negotiation*. Havard University Press.

Randin, J.-M. (2008). Qu'est-ce que l'écoute? *Approche Centrée sur la Personne. Pratique et recherche*, *1*, 71-78.

Regroupement des organismes de justice alternative du Québec (ROJAQ). (1996). *Guide de médiation*. Montréal : inédit.

Regroupement des organismes de justice alternative du Québec (ROJAQ). (1997). *Les organismes de justice alternative dans le mouvement communautaire québécois*. Document interne, Montréal.

Regroupement des organismes de justice alternative du Québec (ROJAQ). (1998). *Guide de médiation en matière criminelle. Montréal*. Montréal : Regroupement des organismes de justice alternative du Québec.

Regroupement des organismes de justice alternative du Québec (ROJAQ). (2004). *Guide de médiation*. Montréal : document interne.

Regroupement des organismes de justice alternative du Québec (ROJAQ). (2010). *Guide de médiation, version améliorée*. Montréal : document interne.

Reisel, D. (2014). *Rewiring our Morality*.

Rico, J. (1968). L'indemnisation des victimes d'actes criminels : Étude comparative. *Acta criminológica*, *1*(1), 261-311.

Rinfret-Raynor, M., Cantin, S., & Fortin, L. (1997). Les stratégies de recherche d'aide des femmes victimes de violence conjugale : Le cas des femmes référées aux CLSC par les policiers. *Criminologie*, *30*(2), 87-108.

Roberge, J.-F., & Fraser, V. (2018). Cooperative Design Lawyering : How Can Lawyers Prevent Disputes Through Value Innovation. *Cardozo J. Conflict Resol.*, *20*, 557-582.

Roberge, J.-F., & Hountohotegbe, S. (2015). Article 1 of the New Code of Civil Procedure of Quebec. *Revue juridique Thémis*, *49*(2), 487-524.

Roberts, J., & Pires, A. (1992). Le renvoi et la classification des infractions d'agression sexuelle. *Criminologie*, *25*(1), 27-63.

Roberts, J. V. (2001). *La peur du crime et les attitudes à l'égard de la justice pénale au Canada : Bilan des dernières tendances*. Solliciteur général du Canada.

Roberts, J. V., & Edgar, A. (2007). La déclaration de la victime au moment de la détermination de la peine : Expériences et perceptions des juges. *Juste recherche, Division de la Recherche et de la Statistique*, *14-2007*, 15-19.

Roche, D. (2003). *Accountability in Restorative Justice*. Oxford University Press.

Rock, P. (1998a). *After Homicide, Practical and Political Response to Bereavement*. Clarendon Press.

Rock, P. (1998b). Murderers, Victims and Survivors. *British Journal of Criminology*, *38*(2), 185-200.

Rodriguez, N. (2005). Restorative Justice, Communities, and Delinquency : Whom do we Reintegrate? *Criminology & Public Policy*, *4*(1), 103-130.

Rodriguez, N. (2007). Restorative Justice at Work : Examining the Impact of Restorative Justice Resolutions on Juvenile Recidivism. *Crime & Delinquency*, *53*(3), 355-379.

Rogers, C. R. (1972). *Becoming partners*.

Rogers, C. R. (1976). *Psychothérapie et relations humaines* (ESFED). Presses Universitaires de Louvain.

Rogers, C. R. (1966). *Le développement de la personne*. Dunod.

Rosenberg, M. B. (2016). *Les mots sont des fenêtres (ou bien ce sont des murs). Initiation à la Communication NonViolente [ie non violente]*. La Découverte.

Rossi, C. (2008a). La déclaration de la victime aux audiences correctionnelles : Délivrance ou fardeau ? Dans M. Vacheret, M. Jendly, P. Quirion, & D. Robert, *Le pénal aujourd'hui, pérennité ou mutation* (p. 105-120).

Rossi, C. (2008b). *Le double visage des proches des victimes d'homicide, approche comparée en droit pénal et victimologie* (Thèse de doctorat).

Rossi, C. (2011). Droits-égards ou droits-devoirs ? L'implication des proches des victimes d'homicide au sein des procédures pénales : Conséquences et enjeux. Dans F. Vanhamme, *Justice ! Entre pénalité et socialité vindicatoire* (Érudit, p. 149-165).

Rossi, C. (2012a). Le modèle québécois des rencontres détenus-victimes. *Les Cahiers de la Justice*, *2*, 107-123.

Rossi, C. (2012b). Les rencontres agresseurs-victimes dans le cas de crimes graves au Québec. Dans R. Cario, *Les rencontres détenus-victimes : L'humanité retrouvée* (p. 39-68). L'Harmattan.

Rossi, C. (2013). *Homicide : Les proches des victimes*. L'Harmattan.

Rossi, C. (2014a). La médiation au coeur de la logique pénale en justice des adolescents au Québec : Au-delà des compromis opérationnels, une approche réparatrice. Dans V. Strimelle & F. Vanhamme, *« JUSTICE! » Des mondes et des visions* (p. 63-82). Érudit.

Rossi, C. (2014b). Les proches des victimes d'homicide face à la justice : Le grand malentendu. *Les Cahiers de la justice*, *3*, 441-460.

Rossi, C. (2015a). La médiation en justice pour les adolescents au Québec de 1980 à 2012 : Contexte et développement d'un programme original et unique. Dans S. Hamel & M. Alain, *Intervenir auprès des adolescents contrevenants au Québec : Dix ans d'expérience sous la LSJPA* (p. 29-47). Presses de l'Université du Québec.

Rossi, C. (2015b). Les mythes et préjugés entourant la justice réparatrice : Quelques explications. *Porte Ouverte*, *28*(1), 6-10.

Rossi, C., & Cario, R. (2013). Les conséquences des violences criminelles sur les victimes et leurs proches. Dans M. Cusson, *Traité des violences criminelles* (p. 527-554). Hurtubise.

Rossi, C., & Cario, R. (2016). Les bienfaits de la justice restaurative. *Revue Thymas*. http://www.thyma.fr/les-bienfaits-de-la-justice-restaurative/

Rossi, C., & Cario, R. (2017). Restorative Justice : Acknowledged Benefits Versus Emerging Issues. *International Journal of Criminology*, *5*(1).

Rossi, C., & Charbonneau, S. (2018a). La justice réparatrice au Québec : Mesures de rechange, non-judiciarisation, rencontres de dialogue et médiations. *Cahiers de la Sécurité et de la Justice*, *43*, 167-177.

Rossi, C., & Charbonneau, S. (2018b). Le système pénal pour les adolescents et les mesures de rechange au Québec, quel modèle pour quel paradigme? *Journal du droit des jeunes (JDJ)*, *375*, 29-42.

Rossi, C., & Charbonneau, S. (2018c). The Development of Restorative Justice in France : A Quebec's Viewpoint. *International Journal of Restorative Justice*, *1*(1), 138-144.

Rossi, C., & Desrosiers, J. (2016). *Vers un programme de mesures de rechanges pour adultes au Québec?* Papier présenté à la deuxième conférence biannuelle sur le droit pénal : vers une réforme législative en droit criminel, Faculté de droit de l'Université Laval.

Rossi, C., Desrosiers, J., Brassard, V., Marceau, L., Cloutier, M., & Béland Ouellette, A. (2020). *Le Programme de mesures de rechange général pour adultes, portrait, analyse et enjeux du projet pilote 2017-2019*. 54.

Rossi, C., & Gaudreault, A. (2006). Pourquoi intervenir auprès des proches des victimes d'homicide? *Les Cahiers de PV - Antenne sur la victimologie*, *1*, 6-12.

Rossi, C., & Gaudreault, A. (2018). Cinquante ans de victimologie. Quelle place pour les victimes d'actes criminels dans la revue Criminologie de 1968 à aujourd'hui? *Criminologie*, *51*(1), 271-290.

Rousseau, C. (2000). Les réfugiés à notre porte : Violence organisée et souffrance sociale. *Criminologie*, *33*(1), 185-201.

Roy, B., & Rondeau, G. (1997). Le contrôle exercé sur la conjointe : Comparaison de quatre groupes d'hommes. *Criminologie*, *30*(2), 47-65.

Salas, D. (2005). *La volonté de punir, essai sur le populisme pénal*. Hachette Littératures.

Salomé, J. (2003). *Heureux qui communique*. Albin Michel.

Sampson, R. J., Raudenbush, S. W., & Earls, F. (1997). Neighborhoods and Violent Crime : A Multilevel Study of Collective Efficacy. *Science*, *277*(5328), 918-924.

Sanchez, F. C. (2009). La justice réparatrice, la médiation pénale et leur implantation comme cas particuliers de transactions sociales. *Pensée plurielle*, *1*, 51-62.

Saulnier, A., & Sivasubramaniam, D. (2015). Effects of Victim Presence and Coercion in Restorative Justice : An Experimental Paradigm. *Law and Human Behavior*, *39*(4), 378-387.

Sayah, J. (2004). La victime et les mutations du droit de la responsabilité. Dans E. Bogalska-Martin, *Victimes du présent, victimes du passé, vers la sociologie des victimes* (p. 135-156). L'Harmattan.

Sayous, B. (2016). *La justice restaurative. Aspects criminologiques et processuels*. Pau.

Sayous, B., & Cario, R. (2014). La justice restaurative dans la réforme pénale : De nouveaux droits pour les victimes et les auteurs d'infractions pénales. *Actualité juridique. Pénal*, *10*, 461-466.

Schur, E. M. (1973). *Radical Nonintervention : Rethinking the Delinquency Problem* (Numéro 295). Prentice Hall.

Service correctionnel du Canada. (2016). *Possibilités de justice réparatrice Services de médiation entre la victime et le délinquant 2015-2016*. https://www.csc-scc.gc.ca/justice-reparatrice/003005-1001-fra.shtml

Service correctionnel du Canada. (2017a). *Possibilités de justice réparatrice Services de médiation entre la victime et le délinquant 2016-2017*. https://www.csc-scc.gc.ca/justice-reparatrice/092/003005-1002-fr.pdf

Service correctionnel du Canada. (2017b). *Rapport d'évaluation—Service de santé du SCC*. Dossier no. 394-2-96. csc-scc.gc.ca/publications/092/005007-2017-fra.pdf

Service correctionnel du Canada. (2018). *Possibilités de justice réparatrice Services de médiation entre la victime et le délinquant 2017-2018*. https://www.csc-scc.gc.ca/justice-reparatrice/092/003005-1003-fr.pdf

Service correctionnel du Canada. (2019, avril 23). *Étude exhaustive sur les taux de récidive des délinquants sous responsabilité fédérale au Canada*. https://www.csc-scc.gc.ca/recherche/err-19-02-fr.shtml

Shapland, J., Willmore, J., & Duff, P. (1985). *Victims in the Criminal Justice System*. Gower.

Sharpe, S. (2007). The Idea of Reparation. Dans Gerry Johnstone & D. W. Van Ness, *Handbook of Restorative Justice* (p. 24-40). Willan.

Sherman, L., & Strang, H. (2007). *Restorative Justice : The Evidence*. Smith Institute.

Sherman, L. W., & Barnes, G. C. (1997). *Restorative Justice and Offenders' Respect for the Law*. Australian National University.

Six, J.-F. (1995). *Dynamique de la médiation*. Desclée de Brouwer.

Smart, L. (1987). Mediator Strategies for Dealing with Dirty Tricks. *Mediation Quarterly, 16*, 53-63.

Snacken, S. (2001). Justice et société : Une justice vitrine en réponse à une société en émoi ? L'exemple de la Belgique des années 1980 et 1990 : Les formes de la pénalité contemporaine : Enjeux sociaux et politiques= Justice and Society : Justice as Window Dressing in Response to a Society in Turmoil ? The Example of Belgium : Forms of Contemporary Penal Phenomena : Social and Political Issues. *Sociologie et sociétés, 33*(1), 107-137.

Snider, L. (1992). Effets pervers de certaines luttes féministes sur le contrôle social. *Criminologie, 25*(1), 5-25.

Soulez Larivière, D., & Eliacheff, C. (2007). *Le temps des victimes*. Albin Michel.

Souquet, M. (s. d.). La médiation en milieu scolaire. Dans J.-P. Bonafé-Schmitt, *Les médiations, la médiation* (Érès, p. 219-293).

Spungen, D. (1998). *Homicide the Hidden Victims : A Guide for Professionnals*. Sage.

Statistiques Canada. (2014). Les services aux victimes au Canada, 2011-2012. *Juristat, 35*(1), 45.

Statistiques Canada. (2015a). La victimisation criminelle au Canada, 2014. *Juristat*, 45.

Statistiques Canada. (2015b). Les refuges pour femmes violentées au Canada 2014. *Juristat*, 16.

Statistiques Canada. (2016). La violence familiale au Canada, un profil statistique. *Juristat*.

Steinauer, O. (2005). L'aide aux victimes d'infractions pénales : Quand la sécurité organise une police de proximité. *L'homme et la Société, 155*, 135-156.

Strang, H. (2002). *Repair or Revenge : Victims and Restorative Justice*. Oxford University Press.

Strang, H., Sherman, L. W., Mayo-Wilson, E., Woods, D., & Ariel, B. (2013). Restorative Justice Conferencing (RJC) Using Face-To-Face Meetings of Offenders and Victims : Effects on Offender Recidivism and Victim Satisfaction. A Systematic Review. *Campbell Systematic Reviews, 9*(1), 1-59.

Strimelle, V. (1998). *La gestion de la déviance des filles et les institutions du Bon Pasteur à Montréal (1969-1912)* [Thèse de doctorat en criminologie]. Université de Montréal.

Strimelle, V. (2003). La gestion de la déviance des filles à Montréal au XIXe siècle. Les institutions du Bon-Pasteur d'Angers (1869-1912). *Revue d'histoire de l'enfance « irrégulière ». Le Temps de l'histoire, Numéro 5*, 61-83.

Strimelle, V. (2007). La justice restaurative : Une innovation du pénal ? *Champ pénal*.

Strimelle, V. (2012). La régulation sociale : Au-delà du cadre de référence pénal? Dans F. Vanhamme, *Justice ! Entre pénalité et socialité vindicatoire* (p. 17-18).

Strimelle, V., & Vanhamme, F. (2009). Modèles vindicatoire et pénal en concurrence ? Réflexions à partir de l'expérience autochtone. *Criminologie, 42*(2), 83-100.

Symonds, M. (1980). The "Second Injury" to Victims. *Evaluation and Change, 7*(1), 36-38.

Syukur, F. A., & Bagshaw, D. M. (2015). Victim-Offender Mediation with Youth Offenders in Indonesia. *Conflict Resolution Quarterly, 32*(4), 389-411.

Trépanier, J. (1999). La justice des mineurs au Canada. Remises en question à la fin d'un siècle. *Criminologie, 32*(2), 7-35.

Trépanier, J. (2003a). La justice des mineurs. Dans M. Le Blanc, M. Ouimet, & D. Szabo, *Traité de criminologie empirique, troisième édition* (p. 585-646). Les Presses de l'Université Laval.

Trépanier, J. (2003b). L'avenir des pratiques dans un nouveau cadre légal visant les jeunes contrevenants. *Revue de droit de l'Université de Sherbrooke, 34*(1), 47-89.

Trépanier, J. (2004). What Did Quebec not Want? Opposition to the Adoption of the Youth Criminal Justice Act in Quebec. *Canadian Journal of Criminology and Criminal Justice, 46*(3), 273-300.

Trépanier, J. (2005). Les transformations du régime canadien visant les jeunes contrevenants : Les frontières de la justice des mineurs en mutation. *Revue de droit pénal et de criminologie, 85*(6), 559-602.

Trépos, J.-Y. (1996). *La sociologie de l'expertise*. PUF, coll. « Que sais-je ? ».

Trio Jeunesse. (1991). *Guide de procédures de conciliation.* Hull : inédit.

Umbreit, M. S. (1994). *Victim Meets Offender : The Impact of Restorative Justice & Mediation.* 255.

Umbreit, M. S. (1995). *Mediating Interpersonal Conflicts : A Pathway to Peace. West Concord, MN: CPI Publishing.*

Umbreit, M. S. (1996). Restorative Justice Through Mediation : The Impact of Programs in Four Canadian Provinces. Dans B. Galaway & J. Hudson, *Restorative Justice : International Perspective* (p. 378-385). Criminal Justice Press.

Umbreit, M. S. (1997). Humanistic Mediation : A Transformative Journey of Peacemaking. *Mediation Quarterly, 14*(3), 201-213.

Umbreit, M. S. (2001). *The Handbook of Victim Offender Mediation : An Essential Guide to Practice and Research.* Jossey-Bass.

Umbreit, M. S. (2016). Crime Victims Confront Their Offenders : The Impact of a Minneapolis Mediation Program: *Research on Social Work Practice.*

Umbreit, M. S., Bradshaw, W., & Coates, R. B. (2001). Victim Sensitive Offender Dialogue in Crimes of Severe Violence. *Differing Needs, Approaches, and Implications, Office for Victims of Crime, US, Department of Justice.*

Umbreit, M. S., Coates, R. B., & Kalanj, B. (1994). *Victim Meets Offender : The Impact of Restorative Justice and Mediation.* Criminal Justice Press.

Umbreit, M. S., Coates, R. B., & Roberts, A. W. (2000). The Impact of Victim-Offender Mediation : A Cross-National Perspective. *Mediation Quarterly, 17*(3), 215-229.

Umbreit, M. S., Coates, R. B., & Vos, B. (2002). *The Impact of Restorative Justice Conferencing : A Review of 63 Empirical Studies in 5 Countries.* University of Minnesota Center for Restorative Justice & Peacemaking, School.

Umbreit, M. S., Coates, R. B., & Vos, B. (2007). Restorative Justice Dialogue : A Multi-Dimensional, Evidence-Based Practice Theory. *Contemporary Justice Review, 10*(1), 23-41.

Umbreit, M. S., & Greenwood, J. (1998). National Survey of Victim Offender Mediation Programs in the US. *Voma Connections, 1*, 1-7.

Umbreit, M. S., Vos, B., & Coates, R. B. (2005). Restorative Justice Dialogue : A Review of Evidence-Based Practice. *Offender Programs Report, 9*(4), 49-64.

Umbreit, M. S., Vos, B., Coates, R. B., & Brown, K. A. (2003). *Facing Violence : The Path of Restorative Justice and Dialogue.*

Urban, L. S., Markway, J., & Crockett, K. (2011). Evaluating Victim–Offender Dialogue (VOD) for Serious Cases Using Umbreit's 2001 Handbook : A Case Study. *Conflict Resolution Quarterly, 29*(1), 3-23.

Ury, W. (1993). *Getting Past no : Negotiating your Way from Confrontation to Cooperation.* Bantam.

Van Camp, T., & Wemmers, J.-A. (2011). La justice réparatrice et les crimes graves. *Criminologie*, *44*(2), 171-198.

Van de Kerchove, M. (1981). Culpabilité et dangerosité, réflexion sur la clôture des théories relatives à la criminalité. Dans C. Debuyst, *Dangerosité et justice pénale* (p. 291-309). Masson, Médecine et Hygiène.

Van Ness, D. W. (2016). *An Overview of Restorative Justice Around the World.*

Van Ness, D. W., & Strong, K. H. (2006). *Restoring Justice : An Introduction to Restorative Justice.* Anderson Publishing.

Vande Walle, G. (2016). Les victimes de la criminalité d'entreprise : Le conflit ignoré. *Criminologie*, *49*(1), 99-121.

Vanhamme, F. (2012). Une approche de la régulation des troubles. La socialité vindicatoire, à titre heuristique. *Justice*, 31-43.

Verdier, R. (1980). *La vengeance : Études d'ethnologie, d'histoire et de philosophie : Vengeance et pouvoir dans quelques sociétés extra-occidentales* (Vol. 1). Cujas.

Victim-Offender Mediation in Cases of Severe Violence. (1998). Second Annual International Conference on Restorative Justice for Juveniles, Fort Lauderdale.

Viney, G. (2001). La responsabilité contractuelle en question. *Études offertes à Jacques Ghestin. Le contrat au début du XIXème siècle*, 921-947.

von Hirsch, A., Roberts, J. V., Bottoms, A. E., Roach, K., & Schiff, M. (2003). *Restorative Justice and Criminal Justice : Competing or Reconcilable Paradigms.* Hart Publishing.

Wacquant, L. (1999). *Les prisons de la misère.* Raisons d'agir.

Walgrave, L. (1993). La justice réparatrice et les jeunes. Dans J.-F. Gazeau & V. Peyre, *Au-delà de la rétribution et de la réhabilitation : La réparation comme paradigme dominant dans l'intervention judiciaire contre la délinquance des jeunes* (p. 603-623). 9ième journée internationale de criminologie juvénile.

Walgrave, L. (1999). La justice restaurative : À la recherche d'une théorie et d'un programme. *Criminologie*, *32*(1), 7-29.

Walgrave, L. (2008). Restorative Justice, Self-Interest and Responsible Citizenship. *1st edition, Routledge*, 256.

Walgrave, L., & Aertsen, I. (1996). Reintegrative Shaming and Restorative Justice. *European Journal on Criminal Policy and Research*, *4*(4), 67-85.

Walker, R. B. (2012). Judges who Drive Under the Influence of Alcohol : Ethical Implications and the Role of Restorative Justice Measures to Balance Judicial Duty and Societal Expectations. *Contemporary Justice Review*, *15*(3), 323-337.

Waller, I. (1990). L'enjeu des années 1990 : La police, les tribunaux et les municipalités. *Criminologie*, *23*(2), 89-105.

Waller, I. (2009). *Lutter contre la délinquance : Comment le tout répressif tue la sécurité.* L'Harmattan.

Walleyn, L. (2011). La Cour pénale internationale, une juridiction pour les victimes? *Criminologie*, *44*(2), 43-61.

Ward, T., & Maruna, S. (2007). *Rehabilitation.* Routledge.

Weitekamp, E. G. (2003). The History of Restorative Justice. Dans Gerry Johnstone, *A Restorative Justice Reader : Texts, Sources and Context* (p. 111-124). Willan.

Weitekamp, E. G., & Kerner, H.-J. (2012). *Restorative Justice : Theoretical Foundations*. Willan.

Wemmers, J.-A. (2010). The Meaning of Justice for Victims. *International Handbook of Victimology*, 27-43.

Wemmers, J.-A. (2017). *Victimologie : Une perspective canadienne*. Presses de l'Université du Québec.

Wemmers, J.-A., & Raymond, É. (2011). La justice et les victimes : L'importance de l'information pour les victimes. *Criminologie*, *44*(2), 157-169.

Winslade, J., & Monk, G. (2000). *Narrative Mediation. A New Approach to Conflict*. John Wiley & Sons.

Wright, M. (1996). *Justice for Victims and Offenders : A Restorative Response to Crime*. Waterside Press.

Wright, M., & Walgrave, L. (1998). Victim/Offender Conferencing : The Need for Safeguards. Dans *Restorative Justice for Juveniles : Potentialities, Risks and Problems*. Leuven University Press.

Wyvekens, J. (1997). Les maisons de justice : Sous la médiation, quelle troisième voie ? Dans Robert Cario, *La médiation pénale. Entre pression et réparation* (p. 61-81). L'Harmattan.

Zehr, H. (1990). *Changing Lenses : A New Focus for Crime and Justice*. Herald Press.

Zehr, H. (2015). *The Little Book of Restorative Justice*. Good books ed. ; (2012) La justice restaurative. Labor et Fides.

Zehr, H., & Mika, H. (1997). *Fundamental Concepts of Restorative Justice*. Mennonite Central Committee.

[illegible]

[illegible]

[illegible]

[illegible]

[illegible] & Sons.

[illegible] Press.

[illegible]

[illegible]

[illegible]

[illegible]

[illegible]

Table des matières

Structures éditoriales du groupe L'Harmattan

L'Harmattan Italie
Via degli Artisti, 15
10124 Torino
harmattan.italia@gmail.com

L'Harmattan Hongrie
Kossuth l. u. 14-16.
1053 Budapest
harmattan@harmattan.hu

L'Harmattan Sénégal
10 VDN en face Mermoz
BP 45034 Dakar-Fann
senharmattan@gmail.com

L'Harmattan Cameroun
TSINGA/FECAFOOT
BP 11486 Yaoundé
inkoukam@gmail.com

L'Harmattan Burkina Faso
Achille Somé – tengnule@hotmail.fr

L'Harmattan Guinée
Almamya, rue KA 028 OKB Agency
BP 3470 Conakry
harmattanguinee@yahoo.fr

L'Harmattan RDC
185, avenue Nyangwe
Commune de Lingwala – Kinshasa
matangilamusadila@yahoo.fr

L'Harmattan Congo
67, boulevard Denis-Sassou-N'Guesso
BP 2874 Brazzaville
harmattan.congo@yahoo.fr

L'Harmattan Mali
Sirakoro-Meguetana V31
Bamako
syllaka@yahoo.fr

L'Harmattan Togo
Djidjole – Lomé
Maison Amela
face EPP BATOME
ddamela@aol.com

L'Harmattan Côte d'Ivoire
Résidence Karl – Cité des Arts
Abidjan-Cocody
03 BP 1588 Abidjan
espace_harmattan.ci@hotmail.fr

L'Harmattan Algérie
22, rue Moulay-Mohamed
31000 Oran
info2@harmattan-algerie.com

L'Harmattan Maroc
5, rue Ferrane-Kouicha, Talaâ-Elkbira
Chrableyine, Fès-Médine
30000 Fès
harmattan.maroc@gmail.com

Nos librairies en France

Librairie internationale
16, rue des Écoles – 75005 Paris
librairie.internationale@harmattan.fr
01 40 46 79 11
www.librairieharmattan.com

Librairie l'Espace Harmattan
21 bis, rue des Écoles – 75005 Paris
librairie.espace@harmattan.fr
01 43 29 49 42

Lib. sciences humaines & histoire
21, rue des Écoles – 75005 Paris
librairie.sh@harmattan.fr
01 46 34 13 71
www.librairieharmattansh.com

Lib. Méditerranée & Moyen-Orient
7, rue des Carmes – 75005 Paris
librairie.mediterranee@harmattan.fr
01 43 29 71 15

Librairie Le Lucernaire
53, rue Notre-Dame-des-Champs – 75006 Paris
librairie@lucernaire.fr
01 42 22 67 13

www.ingramcontent.com/pod-product-compliance
Lightning Source LLC
LaVergne TN
LVHW010930051026
849532LV00003B/929
* 9 7 8 2 3 4 3 2 0 6 6 8 4 *